CW01072217

Orin Valis

Führer der Gleichstellungsbewegung für Plasma-Kristall-Hybride auf Zolran

Kofi Zhang

ISBN: 9781998610419
Imprint: Telephasischewerkstatt
Copyright © 2024 Kofi Zhang.
All Rights Reserved.

Contents

Einleitung

Die Anfänge von Orin Valis

Geburtsort und frühe Kindheit

Orin Valis wurde in der pulsierenden Metropole Zolran geboren, einem Ort, der für seine schillernden Plasma-Kristall-Kristalle bekannt ist, die in den schimmernden Gewässern des Planeten Zolra gefördert werden. Diese Kristalle sind nicht nur ein Symbol für den Reichtum und die Schönheit des Planeten, sondern auch für die Herausforderungen, denen sich die Plasma-Kristall-Hybriden gegenübersehen. Zolran ist ein Ort, an dem die Grenzen zwischen den verschiedenen Spezies oft verschwommen sind, aber auch ein Ort, an dem Vorurteile und Diskriminierung weit verbreitet sind.

Die frühen Jahre von Orin waren geprägt von der Vielfalt und den Konflikten, die Zolran charakterisieren. Er wuchs in einem Stadtviertel auf, das von Plasma-Kristall-Hybriden und anderen intergalaktischen Kulturen bewohnt war. Diese multikulturelle Umgebung förderte in Orin eine tiefe Wertschätzung für Unterschiede, aber auch ein Bewusstsein für die Ungerechtigkeiten, die in seiner Gesellschaft herrschten. Die ersten Erinnerungen an seine Kindheit sind von lebhaften Farben und den Klängen der verschiedenen Sprachen geprägt, die um ihn herum gesprochen wurden.

Ein zentrales Thema in Orins frühem Leben war die Bedeutung der Plasma-Kristall-Hybriden, die oft als Bürger zweiter Klasse behandelt wurden. Diese Hybridwesen, die aus der Fusion von Plasma-Kristallen und organischen Lebensformen hervorgegangen sind, erleben eine ständige Marginalisierung. Orins Eltern, selbst Plasma-Kristall-Hybriden, waren leidenschaftliche Verfechter der Gleichstellung und vermittelten ihm von klein auf die Werte von Gerechtigkeit und Empathie. Sie erzählten ihm Geschichten von den Kämpfen ihrer Vorfahren und der Notwendigkeit, sich für die Rechte der eigenen Art einzusetzen.

In der Schule erlebte Orin seine ersten Begegnungen mit Ungerechtigkeit. Er wurde oft wegen seiner hybriden Herkunft verspottet und musste sich gegen die Vorurteile seiner Mitschüler behaupten. Diese Erfahrungen prägten nicht nur seinen Charakter, sondern auch seine Sichtweise auf die Welt. Er lernte, dass Bildung eine mächtige Waffe im Kampf gegen Diskriminierung sein kann. Orin war ein wissbegieriger Schüler, der sich in Bücher vertiefte und die Geschichten von großen Aktivisten studierte, die für die Rechte der Unterdrückten kämpften.

Ein Schlüsselmoment in seiner frühen Kindheit war die Entdeckung seiner eigenen Identität. In einer Welt, die oft dazu neigt, Menschen in Schubladen zu stecken, fand Orin Trost in der Vielfalt seiner Herkunft. Er begann, sich mit anderen Plasma-Kristall-Hybriden zu verbinden und erkannte, dass seine Unterschiede ihn nicht schwächer, sondern stärker machten. Diese Erkenntnis gab ihm die Kraft, seine Stimme zu erheben und für die Rechte seiner Gemeinschaft einzutreten.

Orins Träume und Ambitionen waren von Anfang an groß. Er wollte nicht nur die Welt um sich herum verändern, sondern auch ein Symbol für Hoffnung und Veränderung für andere Plasma-Kristall-Hybriden sein. Diese frühen Erfahrungen und die Unterstützung seiner Familie und Freunde legten den Grundstein für seine spätere Rolle als Aktivist. Seine Kindheit war nicht nur eine Zeit des Lernens, sondern auch eine Zeit der Selbstentdeckung und des Erwachens zu einer größeren sozialen Verantwortung.

Zusammenfassend lässt sich sagen, dass Orin Valis' Geburtsort und frühe Kindheit entscheidend für seine Entwicklung als Bürgerrechtsaktivist waren. Die Herausforderungen, die er erlebte, die Werte, die ihm vermittelt wurden, und die Identität, die er entdeckte, bildeten die Grundlage für seine lebenslange Mission, Gleichheit und Gerechtigkeit für alle Plasma-Kristall-Hybriden auf Zolran zu fördern. Diese frühen Jahre waren der erste Schritt auf einem langen und oft steinigen Weg, der ihn zu einem der führenden Stimmen im Kampf für die Rechte seiner Gemeinschaft machen sollte.

Die Bedeutung von Plasma-Kristall-Hybriden

Die Plasma-Kristall-Hybriden sind eine faszinierende Spezies, die sowohl aus organischen als auch aus anorganischen Elementen besteht. Ihre Existenz und Entwicklung sind nicht nur für die Biologie von Zolran von Bedeutung, sondern auch für die sozialen, kulturellen und politischen Strukturen der Gesellschaft. Diese Hybridwesen sind das Ergebnis jahrhundertelanger evolutionärer Prozesse, die sie zu einem Symbol für Vielfalt und Anpassungsfähigkeit gemacht haben. In diesem Abschnitt werden die grundlegenden Eigenschaften, die

Herausforderungen und die gesellschaftliche Relevanz der Plasma-Kristall-Hybriden näher beleuchtet.

Eigenschaften der Plasma-Kristall-Hybriden

Plasma-Kristall-Hybriden zeichnen sich durch eine einzigartige Kombination von Eigenschaften aus, die sie von anderen Spezies unterscheiden. Ihre Zellstruktur ist eine Mischung aus biologischem Gewebe und kristallinen Elementen, was ihnen eine bemerkenswerte Widerstandsfähigkeit und Flexibilität verleiht. Diese hybriden Zellen besitzen die Fähigkeit, sich an verschiedene Umweltbedingungen anzupassen, was ihnen einen evolutionären Vorteil verschafft.

Ein zentrales Merkmal der Plasma-Kristall-Hybriden ist ihre Fähigkeit zur Energieumwandlung. Sie sind in der Lage, Plasmaenergie aus ihrer Umgebung zu absorbieren und in chemische Energie umzuwandeln. Diese Fähigkeit wird durch die folgende Gleichung beschrieben:

$$E = mc^2 \tag{1}$$

Hierbei steht E für die Energie, m für die Masse der absorbierten Plasmaenergie und c für die Lichtgeschwindigkeit. Diese Umwandlung ist entscheidend für das Überleben der Plasma-Kristall-Hybriden in den extremen Bedingungen von Zolran.

Herausforderungen für Plasma-Kristall-Hybriden

Trotz ihrer bemerkenswerten Eigenschaften stehen Plasma-Kristall-Hybriden vor zahlreichen Herausforderungen. Eine der größten Bedrohungen ist die Diskriminierung durch rein organische Spezies, die die Hybriden als minderwertig betrachten. Diese Vorurteile führen zu sozialer Isolation und Ungerechtigkeiten, die sich negativ auf die Lebensqualität der Plasma-Kristall-Hybriden auswirken.

Zusätzlich zu sozialen Herausforderungen sind Plasma-Kristall-Hybriden auch mit ökologischen Problemen konfrontiert. Die Zerstörung ihrer natürlichen Lebensräume durch industrielle Aktivitäten hat zu einem Rückgang ihrer Population geführt. Die folgende Gleichung beschreibt den Zusammenhang zwischen der Zerstörung des Lebensraums und der Population:

$$P(t) = P_0 e^{-rt} \tag{2}$$

Hierbei ist $P(t)$ die Population zur Zeit t, P_0 die ursprüngliche Population, r die Wachstumsrate und e die Eulersche Zahl. Diese mathematische Beziehung verdeutlicht, wie schnell die Population der Plasma-Kristall-Hybriden abnimmt, wenn ihre Lebensräume zerstört werden.

Gesellschaftliche Relevanz

Die Plasma-Kristall-Hybriden sind nicht nur biologisch und ökologisch bedeutend, sondern auch kulturell und politisch. Sie haben eine wichtige Rolle in der Gleichstellungsbewegung auf Zolran gespielt. Ihre einzigartige Identität und die Herausforderungen, denen sie gegenüberstehen, haben sie zu einem Symbol für den Kampf um Gleichheit und Gerechtigkeit gemacht.

Ein Beispiel für ihren Einfluss ist die Gründung der „Plasma-Kristall-Allianz", einer Organisation, die sich für die Rechte der Hybriden einsetzt und Bildungsprogramme zur Sensibilisierung der Gesellschaft anbietet. Diese Organisation hat es geschafft, das Bewusstsein für die Probleme der Plasma-Kristall-Hybriden zu schärfen und eine breitere Unterstützung in der Bevölkerung zu gewinnen.

Die kulturelle Bedeutung der Plasma-Kristall-Hybriden zeigt sich auch in der Kunst und Literatur von Zolran. Viele Künstler und Schriftsteller haben ihre Erfahrungen und Kämpfe in ihren Werken verarbeitet, was zu einer größeren Anerkennung und Wertschätzung ihrer Identität geführt hat. Diese kulturelle Bewegung fördert das Verständnis und die Empathie für die Plasma-Kristall-Hybriden und trägt zur Schaffung einer gerechteren Gesellschaft bei.

Schlussfolgerung

Zusammenfassend lässt sich sagen, dass die Plasma-Kristall-Hybriden eine bedeutende Rolle in der Gesellschaft von Zolran spielen. Ihre einzigartigen Eigenschaften, die Herausforderungen, mit denen sie konfrontiert sind, und ihr Einfluss auf die Kultur und Politik machen sie zu einer faszinierenden und wichtigen Spezies. Es ist von entscheidender Bedeutung, dass die Gesellschaft sich für die Rechte und das Wohlergehen der Plasma-Kristall-Hybriden einsetzt, um eine gerechtere und inklusivere Zukunft zu schaffen.

Familiäre Hintergründe und Einflüsse

Orin Valis wurde in eine Familie geboren, die sowohl kulturell als auch sozial vielfältig war. Seine Eltern, beide Plasma-Kristall-Hybriden, repräsentierten eine Synthese aus verschiedenen Traditionen und Werten, die Orin von klein auf prägten. Die familiären Hintergründe und Einflüsse, die Orin erlebte, waren entscheidend für die Entwicklung seiner Identität und seines Engagements in der Gleichstellungsbewegung.

Die Rolle der Eltern

Orins Vater, ein angesehener Wissenschaftler auf dem Gebiet der Plasma-Kristall-Forschung, vermittelte Orin schon früh eine Faszination für die Wissenschaft und die Möglichkeiten der Technologie. Diese Faszination war nicht nur akademischer Natur; sie beinhaltete auch eine ethische Dimension. Sein Vater betonte oft die Verantwortung, die mit Wissen einhergeht, und wie wichtig es ist, dieses Wissen zum Wohl der Gemeinschaft einzusetzen. Diese Lehren prägten Orins spätere Ansichten über die Rolle von Wissenschaftlern in der Gesellschaft und ihre Verantwortung gegenüber den weniger privilegierten Plasma-Kristall-Hybriden.

Seine Mutter, eine leidenschaftliche Künstlerin und Aktivistin, war ebenfalls eine prägende Figur in Orins Leben. Sie brachte ihm bei, die Welt durch eine kreative Linse zu betrachten und die Bedeutung von Kunst als Ausdrucksform des Widerstands zu erkennen. Ihre Teilnahme an verschiedenen sozialen Bewegungen und ihre Fähigkeit, durch Kunst zu kommunizieren, inspirierten Orin dazu, seine eigenen Gedanken und Gefühle in kreativer Weise auszudrücken. Diese duale Erziehung – wissenschaftlich und künstlerisch – förderte in Orin eine ganzheitliche Sichtweise, die es ihm ermöglichte, komplexe soziale Probleme aus verschiedenen Perspektiven zu betrachten.

Einfluss der erweiterten Familie

Die erweiterte Familie von Orin spielte ebenfalls eine bedeutende Rolle in seiner Entwicklung. Großeltern und Onkel waren oft in Diskussionen über gesellschaftliche Themen involviert, und Orin wurde ermutigt, seine Meinung zu äußern. Diese offenen Gespräche förderten ein Gefühl der kritischen Auseinandersetzung mit gesellschaftlichen Normen und Werten. Ein Beispiel für diese Diskussionen war die Auseinandersetzung mit der Ungerechtigkeit, die Plasma-Kristall-Hybriden in der Gesellschaft erlebten. Orins Großvater, der in seiner Jugend selbst aktiv war, erzählte oft von den Herausforderungen, mit denen er konfrontiert war, und den Kämpfen, die er für die Rechte seiner Gemeinschaft führte.

Kulturelle Einflüsse

Die kulturellen Einflüsse in Orins Familie waren ebenfalls von großer Bedeutung. Die Kombination aus traditionellen Plasma-Kristall-Werten und modernen Einflüssen schuf ein Umfeld, das Orin sowohl mit seinen Wurzeln als auch mit der zeitgenössischen Welt verband. Feste und Feiern, die die Kultur der Plasma-Kristall-Hybriden feierten, waren Gelegenheiten, bei denen Orin die Bedeutung von Gemeinschaft und Solidarität erlebte. Diese Erfahrungen stärkten sein Gefühl der Zugehörigkeit und prägten seine Vision einer gerechteren Gesellschaft.

Bildung als familiäres Ideal

Bildung war ein zentrales Thema in Orins Familie. Seine Eltern legten großen Wert auf eine umfassende Ausbildung und ermutigten ihn, Fragen zu stellen und kritisch zu denken. Diese Einstellung führte dazu, dass Orin in der Schule nicht nur akademisch erfolgreich war, sondern auch ein starkes Interesse an politischen und sozialen Themen entwickelte. Die Diskussionen am Esstisch über aktuelle Ereignisse und die Bedeutung von Bildung als Werkzeug für sozialen Wandel waren prägend für seine Entwicklung als Bürgerrechtsaktivist.

Die ersten Begegnungen mit Ungerechtigkeit

Die ersten Begegnungen mit Ungerechtigkeit, die Orin in seiner Kindheit erlebte, waren oft durch die Erfahrungen seiner Familie geprägt. Als Plasma-Kristall-Hybriden erlebten sie Diskriminierung und Vorurteile, die Orin dazu brachten, die Welt um sich herum kritisch zu hinterfragen. Diese Erlebnisse führten zu einem tiefen Verständnis für die Herausforderungen, mit denen seine Gemeinschaft konfrontiert war, und weckten in ihm den Wunsch, aktiv zu werden und Veränderungen herbeizuführen.

Zusammenfassung der familiären Einflüsse

Zusammenfassend lässt sich sagen, dass die familiären Hintergründe und Einflüsse in Orins Leben eine fundamentale Rolle bei der Formung seiner Identität und seiner politischen Überzeugungen spielten. Die Kombination aus wissenschaftlichem Denken, künstlerischem Ausdruck und einem starken Gefühl für Gerechtigkeit bildete die Grundlage für seinen späteren Aktivismus. Die Werte, die ihm von seinen Eltern und seiner erweiterten Familie vermittelt wurden, sowie die kulturellen und sozialen Einflüsse, die ihn umgaben, halfen ihm, zu der Führungspersönlichkeit zu werden, die er in der Gleichstellungsbewegung für Plasma-Kristall-Hybriden auf Zolran wurde.

Erste Begegnungen mit Ungerechtigkeit

Orin Valis wuchs in einer Welt auf, die von Ungerechtigkeiten und Vorurteilen geprägt war. Seine ersten Begegnungen mit diesen Themen prägten nicht nur seine Kindheit, sondern auch die Entwicklung seiner politischen Überzeugungen. Diese Erlebnisse waren oft schockierend und schmerzhaft, hinterließen jedoch einen tiefen Eindruck in Orins jungem Geist, der sich zu einem leidenschaftlichen Aktivisten entwickeln sollte.

Die erste prägende Erfahrung ereignete sich in der Grundschule, als Orin Zeuge eines Vorfalls wurde, bei dem ein Mitschüler wegen seiner hybriden Herkunft gemobbt wurde. Orin hatte immer ein starkes Gefühl für Gerechtigkeit, und als er sah, wie sein Freund wegen seiner Plasma-Kristall-Hybrid-Identität verspottet wurde, fühlte er sich machtlos. Diese Ungerechtigkeit war nicht nur eine persönliche Beleidigung, sondern spiegelte ein größeres gesellschaftliches Problem wider. In diesem Moment wurde Orin klar, dass die Diskriminierung von Plasma-Kristall-Hybriden tief in der Kultur von Zolran verwurzelt war.

Ein weiteres einschneidendes Erlebnis war die Teilnahme an einer Schulveranstaltung, bei der eine lokale Politikerin zu Gast war. Sie sprach über die Notwendigkeit von Gleichheit und Inklusion, doch als die Frage aufkam, wie die Regierung Plasma-Kristall-Hybriden unterstützen könne, wurde die Antwort vage und ausweichend. Orin bemerkte, dass die Politikerin, obwohl sie sich für Gleichheit aussprach, in ihren Handlungen und Entscheidungen nicht bereit war, echte Veränderungen zu fördern. Diese Diskrepanz zwischen Worten und Taten hinterließ bei Orin einen bleibenden Eindruck und verstärkte seinen Wunsch, aktiv zu werden.

$$\text{Gleichheit} = \frac{\text{Worte}}{\text{Taten}} \tag{3}$$

Diese Gleichung verdeutlicht, dass wahre Gleichheit nur dann erreicht werden kann, wenn die Worte derjenigen in Macht mit ihren Taten übereinstimmen. Orin begann zu erkennen, dass viele Menschen, die in Machtpositionen waren, nicht bereit waren, die notwendigen Schritte zu unternehmen, um echte Veränderungen herbeizuführen. Diese Entdeckung führte zu seiner ersten politischen Überlegung: Die Notwendigkeit einer Bewegung, die sich für die Rechte der Plasma-Kristall-Hybriden einsetzt.

In der Jugend wurde Orin auch mit der Ungerechtigkeit im Bildungssystem konfrontiert. Er stellte fest, dass Plasma-Kristall-Hybriden oft in separaten Klassen unterrichtet wurden, die weniger Ressourcen und Unterstützung erhielten. Diese Trennung war nicht nur diskriminierend, sondern führte auch zu einem Gefühl der Isolation unter den Hybriden. Orin begann, sich mit seinen Mitschülern zu verbünden, um auf diese Ungerechtigkeit aufmerksam zu machen. Sie organisierten kleine Proteste und schrieben Briefe an die Schulbehörde, um auf die Missstände hinzuweisen.

Die Reaktion der Schulbehörde war jedoch enttäuschend. Anstatt die Anliegen der Schüler ernst zu nehmen, wurden ihre Stimmen ignoriert, und die Probleme wurden als nicht existent abgetan. Diese Erfahrung lehrte Orin, dass der Kampf für Gerechtigkeit oft mit Widerstand und Frustration verbunden ist. Dennoch gab ihm diese Ungerechtigkeit den Antrieb, sich noch stärker für die Rechte der Plasma-Kristall-Hybriden einzusetzen.

Ein weiteres Beispiel für die Ungerechtigkeit, die Orin erlebte, war die Diskriminierung auf dem Arbeitsmarkt. Als er schließlich in die Arbeitswelt eintrat, stellte er fest, dass Plasma-Kristall-Hybriden oft bei der Jobsuche benachteiligt wurden. Arbeitgeber waren oft skeptisch gegenüber den Fähigkeiten und der Eignung von Hybriden, was zu einer hohen Arbeitslosigkeit innerhalb dieser Gemeinschaft führte. Orin beobachtete, wie seine Freunde und Bekannten trotz ihrer Qualifikationen und Talente abgelehnt wurden, nur wegen ihrer hybriden Herkunft.

Diese Erfahrungen führten zu einem tiefen Verständnis der systematischen Ungerechtigkeiten, die Plasma-Kristall-Hybriden in Zolran erlebten. Orin erkannte, dass es nicht nur um persönliche Ungerechtigkeiten ging, sondern um ein größeres gesellschaftliches Problem, das die gesamte Gemeinschaft betraf. Diese Erkenntnisse formten seine Identität und motivierten ihn, sich aktiv für Veränderungen einzusetzen.

Zusammenfassend lässt sich sagen, dass Orins erste Begegnungen mit Ungerechtigkeit ihn auf den Weg des Aktivismus führten. Diese Erfahrungen lehrten ihn, dass es notwendig war, für die Rechte der Plasma-Kristall-Hybriden zu kämpfen und dass Veränderungen nur durch kollektives Handeln und den Mut, sich gegen Ungerechtigkeiten zu erheben, erreicht werden können. Diese frühen Erlebnisse legten den Grundstein für sein Engagement und seine Entschlossenheit, eine gerechtere Gesellschaft zu schaffen, in der alle, unabhängig von ihrer Herkunft, die gleichen Chancen und Rechte genießen können.

Die Rolle von Bildung in Orins Leben

Bildung spielte eine entscheidende Rolle in Orin Valis' Entwicklung und seiner späteren Aktivitäten als Bürgerrechtsaktivist. In einer Welt, in der Plasma-Kristall-Hybride oft als minderwertig betrachtet wurden, war Bildung für Orin nicht nur ein Werkzeug des Wissens, sondern auch ein Mittel zur Selbstbestimmung und Emanzipation.

Frühe Bildungsjahre

Orins Bildung begann in der Grundschule von Zolran, wo er schnell als außergewöhnlich talentiert erkannt wurde. Trotz der Herausforderungen, die sich aus seiner hybriden Identität ergaben, fand Orin in der Schule einen Raum, in dem er seine Fähigkeiten entfalten konnte. Die Lehrer ermutigten ihn, seine Interessen in Wissenschaft und Kunst zu verfolgen, was ihm half, ein starkes Selbstbewusstsein zu entwickeln.

Ein prägendes Erlebnis war der Besuch eines intergalaktischen Wissenschaftsprojekts, bei dem Schüler Plasma-Kristall-Hybride und ihre einzigartigen Eigenschaften erforschten. Orin war fasziniert von der Idee, dass Bildung nicht nur Wissen, sondern auch die Fähigkeit zur Veränderung der Gesellschaft vermitteln kann. Dies führte zu seiner Überzeugung, dass Bildung ein Schlüssel zur Gleichstellung ist.

Herausforderungen im Bildungssystem

Trotz seiner positiven Erfahrungen hatte Orin auch mit Diskriminierung im Bildungssystem zu kämpfen. Oft wurde er aufgrund seiner hybriden Herkunft benachteiligt. Lehrer und Mitschüler hatten Vorurteile, die es ihm schwer machten, in bestimmten Fächern wie Mathematik und Physik zu glänzen. Diese Erfahrungen führten zu einem tiefen Verständnis für die systemischen Ungerechtigkeiten, die Plasma-Kristall-Hybriden in der Gesellschaft widerfuhren.

$$\text{Ungleichheit} = \frac{\text{Zugang zu Bildung}}{\text{Gesellschaftliche Akzeptanz}} \tag{4}$$

Diese Gleichung verdeutlicht, dass der Zugang zur Bildung oft durch gesellschaftliche Vorurteile und Diskriminierung eingeschränkt wird. Orin erlebte dies am eigenen Leib, was ihn motivierte, sich für eine gerechtere Bildung für alle einzusetzen.

Einfluss von Mentoren

Ein entscheidender Faktor in Orins Bildung war der Einfluss seiner Mentoren. Besonders eine Lehrerin, Frau Kira, spielte eine herausragende Rolle in seinem Leben. Sie erkannte Orins Potenzial und förderte ihn, über den Tellerrand hinauszuschauen. Sie organisierte Workshops, in denen Schüler Plasma-Kristall-Hybriden und ihre kulturellen Beiträge erforschten. Diese Workshops halfen Orin, seine Identität zu akzeptieren und zu schätzen.

Frau Kira lehrte Orin auch die Bedeutung von kritischem Denken und sozialem Engagement. Sie sagte oft: „Wissen ist Macht, aber nur, wenn es für das Wohl anderer eingesetzt wird." Diese Philosophie begleitete Orin auf seinem Weg zum Aktivismus und motivierte ihn, Bildung als Werkzeug für sozialen Wandel zu nutzen.

Bildung als Werkzeug für sozialen Wandel

Orin erkannte, dass Bildung nicht nur für persönliche Entwicklung wichtig ist, sondern auch für kollektive Mobilisierung. Er begann, Bildungsinitiativen für Plasma-Kristall-Hybriden zu organisieren, die darauf abzielten, das Bewusstsein für die Rechte und die Kultur dieser Gruppe zu schärfen. Diese Initiativen umfassten Workshops, Vorträge und Diskussionsrunden, die sich mit Themen wie Identität, Gleichheit und sozialer Gerechtigkeit befassten.

Ein Beispiel für den Erfolg dieser Initiativen war die Gründung der „Akademie der Plasma-Kristall-Hybriden", die jungen Menschen die Möglichkeit bot, sich weiterzubilden und sich aktiv in die Gesellschaft einzubringen. Orin nutzte seine Plattform, um Geschichten von Plasma-Kristall-Hybriden zu teilen, die durch Bildung ihre Träume verwirklichen konnten.

Langfristige Auswirkungen

Die Auswirkungen von Orins Bildungsarbeit sind bis heute spürbar. Viele Absolventen der Akademie sind heute aktive Bürgerrechtsaktivisten, die sich für die Rechte von Plasma-Kristall-Hybriden einsetzen. Orins Ansatz, Bildung als Mittel zur Emanzipation zu nutzen, hat eine Bewegung ins Leben gerufen, die über Zolran hinausgeht.

$$\text{Bildung} \Rightarrow \text{Empowerment} \Rightarrow \text{Sozialer Wandel} \qquad (5)$$

Diese Gleichung zeigt, dass Bildung der erste Schritt zu Empowerment und letztlich zu sozialem Wandel ist. Orins Geschichte ist ein Beweis dafür, dass

Bildung nicht nur eine individuelle Reise ist, sondern auch eine kollektive Verantwortung, die das Potenzial hat, die Gesellschaft zu transformieren.

Insgesamt war Bildung für Orin Valis nicht nur ein persönlicher Erfolg, sondern auch ein Katalysator für gesellschaftlichen Wandel. Seine Erfahrungen im Bildungssystem, die Unterstützung durch Mentoren und sein Engagement für die Bildung anderer Plasma-Kristall-Hybriden sind zentrale Elemente seiner Biografie und seines Erbes als Bürgerrechtsaktivist.

Einflüsse von Freunden und Nachbarn

Die frühen Einflüsse von Freunden und Nachbarn spielten eine entscheidende Rolle in der Entwicklung von Orin Valis und seiner späteren Überzeugungen als Bürgerrechtsaktivist. In der bunten und vielfältigen Nachbarschaft von Zolran, wo Plasma-Kristall-Hybride und andere intergalaktische Wesen zusammenlebten, hatte Orin das Privileg, mit einer Vielzahl von Kulturen und Perspektiven in Kontakt zu treten. Diese Vielfalt prägte nicht nur seine Weltanschauung, sondern auch seine Ansichten über Gleichheit und Gerechtigkeit.

Freundschaften und deren Einfluss

Orins beste Freunde, Kira und Jax, waren ebenso Plasma-Kristall-Hybride wie er. Kira, die eine Leidenschaft für die bildenden Künste hatte, brachte Orin bei, wie wichtig es ist, seine Stimme durch kreative Ausdrucksformen zu erheben. Ihre gemeinsamen Projekte, wie das Erstellen von Wandmalereien, die die Herausforderungen ihrer Gemeinschaft thematisierten, zeigten Orin, dass Kunst ein kraftvolles Werkzeug für soziale Veränderung sein kann. Jax hingegen war ein Technikgenie, das Orin die Möglichkeiten der digitalen Medien näherbrachte. Durch Jaxs Ermutigung begann Orin, soziale Medien zu nutzen, um auf die Ungerechtigkeiten aufmerksam zu machen, mit denen Plasma-Kristall-Hybride konfrontiert waren.

Diese Freundschaften waren nicht nur emotional unterstützend, sondern auch intellektuell stimulierend. Sie förderten Diskussionen über Identität, Kultur und die Herausforderungen, die Plasma-Kristall-Hybride in einer Gesellschaft gegenüberstanden, die oft von Vorurteilen geprägt war. Orin lernte von seinen Freunden, dass der Austausch von Ideen und Perspektiven essenziell für das persönliche Wachstum ist.

Nachbarschaftseinflüsse und Gemeinschaftsaktivismus

Die Nachbarn von Orin, insbesondere die ältere Generation, hatten ebenfalls einen großen Einfluss auf seine Entwicklung. Viele von ihnen hatten die ersten Kämpfe um Gleichheit in Zolran miterlebt und konnten Orin Geschichten von Widerstand und Triumph erzählen. Diese Geschichten waren nicht nur inspirierend, sondern auch lehrreich. Sie vermittelten Orin ein Gefühl der Verantwortung, die Traditionen des Aktivismus fortzuführen und für die Rechte seiner Gemeinschaft zu kämpfen.

Ein Beispiel für den Einfluss dieser Nachbarn war die jährliche „Feier der Vielfalt", die von der Nachbarschaft organisiert wurde. Diese Veranstaltung brachte Menschen unterschiedlicher Herkunft zusammen und förderte den Austausch von Kulturen. Orin nahm oft an diesen Feierlichkeiten teil, wo er die Gelegenheit hatte, Reden zu hören, die ihn dazu inspirierten, seine eigene Stimme zu finden und zu erheben. Die Veranstaltung zeigte ihm, wie wichtig es ist, als Gemeinschaft zusammenzukommen und sich gegenseitig zu unterstützen.

Herausforderungen durch soziale Dynamiken

Trotz der positiven Einflüsse gab es auch Herausforderungen, die Orin durch seine sozialen Beziehungen erlebte. In einer Gesellschaft, die von Ungleichheit geprägt war, gab es oft Spannungen zwischen verschiedenen Gruppen. Einige Nachbarn waren skeptisch gegenüber den Plasma-Kristall-Hybriden und äußerten Vorurteile, die Orin und seine Freunde direkt betrafen. Diese Erfahrungen führten zu schmerzhaften, aber lehrreichen Momenten, in denen Orin lernen musste, mit Diskriminierung und Ablehnung umzugehen.

Ein prägendes Erlebnis war eine Auseinandersetzung, die Orin und Jax mit einer Gruppe von Jugendlichen hatten, die abfällige Bemerkungen über Plasma-Kristall-Hybride machten. Anstatt in den Konflikt einzutreten, entschied sich Orin, das Gespräch zu suchen und die Jugendlichen über die Kultur und die Herausforderungen seiner Gemeinschaft aufzuklären. Dieses Ereignis war ein Wendepunkt für Orin; er erkannte, dass Dialog und Verständnis der Schlüssel zur Überwindung von Vorurteilen waren.

Fazit

Die Einflüsse von Freunden und Nachbarn waren für Orin Valis von unschätzbarem Wert. Sie halfen ihm, seine Identität zu formen und seine Stimme als Aktivist zu finden. Durch die Unterstützung seiner Freunde und die Weisheit der älteren Generation lernte er, dass Aktivismus nicht nur aus Protest und

Widerstand besteht, sondern auch aus Verständnis, Empathie und der Kraft der Gemeinschaft. Diese Lektionen begleiteten ihn auf seinem Weg und prägten seine Vision für eine gerechtere Zukunft für Plasma-Kristall-Hybride auf Zolran.

$$I = \frac{1}{n} \sum_{i=1}^{n} x_i \tag{6}$$

Hierbei steht I für die Identität, die Orin durch den Austausch mit seinen Freunden und Nachbarn entwickelte, n für die Anzahl der Einflüsse und x_i für die verschiedenen Perspektiven und Erfahrungen, die er sammelte. Diese Gleichung verdeutlicht, dass die Identität von Orin eine Summe seiner Erfahrungen ist, die durch die Interaktion mit anderen geformt wurde.

Die Entdeckung der eigenen Identität

Die Entdeckung der eigenen Identität ist ein zentraler Aspekt in der Biografie eines jeden Menschen, insbesondere für Orin Valis, den Führer der Gleichstellungsbewegung für Plasma-Kristall-Hybride auf Zolran. In dieser Phase seines Lebens begann Orin, die verschiedenen Facetten seiner Identität zu erkunden und zu verstehen, wie sie sich in seiner Rolle innerhalb der Gesellschaft widerspiegelten.

Die Identität eines Individuums wird durch verschiedene Faktoren geprägt, darunter ethnische Zugehörigkeit, kultureller Hintergrund, soziale Umstände und persönliche Erfahrungen. In Orins Fall waren die Plasma-Kristall-Hybriden eine einzigartige und oft missverstandene Gruppe. Die Komplexität ihrer Identität war eine Mischung aus biologischen, kulturellen und sozialen Elementen, die es Orin ermöglichten, sich sowohl als Teil dieser Gemeinschaft als auch als Individuum zu definieren.

Einflüsse auf die Identitätsbildung

Orins frühe Kindheit war von einem tiefen Gefühl der Zugehörigkeit geprägt, das jedoch durch die gesellschaftlichen Vorurteile gegenüber Plasma-Kristall-Hybriden in Zolran herausgefordert wurde. Diese Vorurteile führten oft zu Diskriminierung und Isolation, was Orin dazu brachte, seine eigene Identität zu hinterfragen. Die Theorie von Erik Erikson zur psychosozialen Entwicklung beschreibt diesen Prozess als eine entscheidende Phase, in der Individuen ihre Identität durch die Auseinandersetzung mit sozialen Rollen und Erwartungen entwickeln.

$$I = \frac{S}{R} \tag{7}$$

Hierbei steht I für Identität, S für soziale Einflüsse und R für die Reaktion des Individuums. In Orins Fall war die Reaktion auf die sozialen Einflüsse eine Mischung aus Akzeptanz und Widerstand. Er begann, die Diskriminierung zu hinterfragen und entwickelte ein starkes Bewusstsein für die Ungerechtigkeiten, die Plasma-Kristall-Hybriden widerfuhren.

Kulturelle und soziale Aspekte

Ein weiterer wichtiger Aspekt der Identitätsfindung war die kulturelle Prägung. Die Plasma-Kristall-Hybriden hatten eine reiche kulturelle Geschichte, die in der Kunst, Musik und den Traditionen ihrer Gemeinschaft verankert war. Orin fand Trost und Inspiration in diesen kulturellen Ausdrucksformen. Durch die Auseinandersetzung mit der Kunst und den Geschichten seiner Vorfahren begann er, die Schönheit und den Wert seiner Identität zu erkennen.

Die sozialen Beziehungen, die Orin während seiner Jugend aufbaute, spielten ebenfalls eine entscheidende Rolle. Freundschaften mit Gleichaltrigen, die ähnliche Erfahrungen gemacht hatten, halfen ihm, sich weniger isoliert zu fühlen. Diese Verbindungen ermöglichten es ihm, sich in seiner Identität sicherer zu fühlen und die Herausforderungen, die sich aus seiner hybriden Natur ergaben, gemeinsam zu bewältigen.

Die Rolle der Bildung

Die Bildung war ein weiterer Schlüsselfaktor in Orins Identitätsentwicklung. Durch den Zugang zu Wissen und kritischem Denken konnte Orin die gesellschaftlichen Normen hinterfragen, die die Plasma-Kristall-Hybriden marginalisierten. Bildung bot ihm nicht nur die Werkzeuge, um seine Gedanken zu formulieren, sondern auch die Möglichkeit, sich mit anderen Gleichgesinnten zu vernetzen.

Ein Zitat von Paulo Freire, einem bedeutenden Bildungstheoretiker, verdeutlicht diesen Punkt: „Bildung ist der Schlüssel zur Freiheit." Orin erkannte, dass Bildung nicht nur eine persönliche Errungenschaft war, sondern auch ein Mittel, um die Stimme der Plasma-Kristall-Hybriden zu stärken und für Gleichheit zu kämpfen.

Die Suche nach einer Stimme

Die Suche nach einer Stimme war ein weiterer bedeutender Schritt in Orins Reise zur Selbstentdeckung. In einer Welt, in der die Stimmen der Plasma-Kristall-Hybriden oft ignoriert wurden, fühlte Orin den Drang, sich Gehör zu verschaffen. Er begann, an öffentlichen Foren teilzunehmen und seine Gedanken und Erfahrungen zu teilen. Dies war nicht nur ein Akt des Mutes, sondern auch ein wichtiger Schritt zur Festigung seiner Identität.

Durch das Sprechen über seine Erfahrungen und das Teilen seiner Vision für die Zukunft entdeckte Orin nicht nur seine eigene Stimme, sondern inspirierte auch andere, sich zu äußern. Dies führte zu einem Gefühl der Gemeinschaft und Solidarität unter den Plasma-Kristall-Hybriden und half, eine kollektive Identität zu formen, die auf gemeinsamen Werten und Zielen basierte.

Fazit

Zusammenfassend lässt sich sagen, dass die Entdeckung der eigenen Identität für Orin Valis eine komplexe und vielschichtige Reise war. Durch die Auseinandersetzung mit sozialen, kulturellen und bildungsbezogenen Einflüssen entwickelte er ein tiefes Verständnis für sich selbst und seine Rolle in der Gesellschaft. Diese Erkenntnisse waren entscheidend für seinen späteren Aufstieg als Bürgerrechtsaktivist und für die Gründung der Gleichstellungsbewegung für Plasma-Kristall-Hybride auf Zolran. Orins Geschichte ist ein Beispiel dafür, wie die Entdeckung der eigenen Identität nicht nur das individuelle Leben beeinflussen kann, sondern auch als Katalysator für gesellschaftlichen Wandel dienen kann.

Kindheitsträume und Ambitionen

Die Kindheit von Orin Valis war geprägt von einer Vielzahl von Träumen und Ambitionen, die stark von seiner Umgebung und den Herausforderungen, denen er begegnete, beeinflusst wurden. In den ersten Jahren seines Lebens wuchs Orin in einer Welt auf, die von Plasma-Kristall-Hybriden und deren einzigartigen Fähigkeiten geprägt war. Diese hybride Spezies, die aus der Verschmelzung von Plasma und Kristall entstanden war, hatte nicht nur besondere physische Merkmale, sondern auch eine tiefe kulturelle Identität, die Orin von klein auf faszinierte.

Die Träume eines Kindes

Orins Träume waren oft von der Vorstellung geprägt, dass er eines Tages eine Führungsrolle in der Gemeinschaft der Plasma-Kristall-Hybriden übernehmen würde. Diese Ambition entstand nicht aus einem Gefühl der Überlegenheit, sondern vielmehr aus dem Wunsch, seiner Gemeinschaft zu helfen und eine positive Veränderung herbeizuführen. Er stellte sich vor, wie er auf einer großen Bühne stand, umgeben von Menschen, die ihm zuhörten und seine Visionen für eine gerechtere Gesellschaft teilten.

Ein prägendes Erlebnis in seiner Kindheit war, als er eines Tages in der Schule eine Rede über die Bedeutung von Gleichheit und Gerechtigkeit hielt. Diese erste öffentliche Ansprache weckte in ihm den Wunsch, die Stimme derer zu sein, die nicht gehört wurden. Er träumte davon, ein Symbol des Wandels zu werden, ein Licht in der Dunkelheit der Ungerechtigkeit.

Einflüsse auf die Ambitionen

Die Einflüsse seiner Familie und Freunde spielten eine entscheidende Rolle bei der Formung seiner Ambitionen. Orins Eltern, beide engagierte Aktivisten, förderten in ihm ein starkes Bewusstsein für soziale Gerechtigkeit. Sie erzählten ihm Geschichten über die Kämpfe und Triumphe der Plasma-Kristall-Hybriden, was Orin dazu inspirierte, sich für die Rechte seiner Spezies einzusetzen. Diese Geschichten waren nicht nur lehrreich, sondern auch motivierend und gaben ihm das Gefühl, dass Veränderung möglich war.

Seine Freunde, die ebenfalls Plasma-Kristall-Hybriden waren, teilten ähnliche Träume und Ambitionen. Zusammen bildeten sie eine kleine Gruppe, die sich regelmäßig traf, um über ihre Visionen zu diskutieren und Ideen auszutauschen. Diese frühen Zusammenkünfte legten den Grundstein für Orins späteren Aktivismus und schärften sein Bewusstsein für die Herausforderungen, die vor ihnen lagen.

Die Entdeckung der eigenen Identität

In dieser Phase seines Lebens begann Orin auch, seine eigene Identität zu entdecken. Er stellte fest, dass seine Träume nicht nur von äußeren Einflüssen, sondern auch von seinem inneren Wesen geprägt waren. Die Frage, was es bedeutete, ein Plasma-Kristall-Hybrid zu sein, beschäftigte ihn zunehmend. Er wollte nicht nur die Stimme seiner Gemeinschaft sein, sondern auch ein Vorbild für andere Plasma-Kristall-Hybriden, die möglicherweise ähnliche Herausforderungen erlebten.

Diese Selbstentdeckung führte zu einer tiefen Reflexion über seine Werte und Überzeugungen. Er stellte fest, dass seine Ambitionen nicht nur auf persönlichen Erfolg abzielten, sondern auch auf das Wohl seiner Gemeinschaft. Diese Erkenntnis war entscheidend für die Entwicklung seiner späteren Philosophie des Aktivismus.

Die ersten politischen Gedanken

Die politischen Gedanken, die Orin in seiner Kindheit entwickelte, waren oft von einer Mischung aus Idealismus und Realismus geprägt. Er erkannte, dass Träume allein nicht ausreichten, um Veränderungen herbeizuführen; es bedurfte auch konkreter Maßnahmen und Strategien. In dieser Zeit begann er, sich mit den grundlegenden Konzepten des Aktivismus auseinanderzusetzen, darunter die Bedeutung von Organisation, Mobilisierung und der Schaffung von Bewusstsein.

Ein Beispiel für diese frühen politischen Gedanken war seine Teilnahme an einem Schulprojekt, das sich mit den Rechten der Plasma-Kristall-Hybriden beschäftigte. Orin und seine Mitschüler entwickelten eine Präsentation, die die Herausforderungen und Ungerechtigkeiten beleuchtete, mit denen ihre Gemeinschaft konfrontiert war. Diese Erfahrung half ihm, seine Stimme zu finden und die ersten Schritte in Richtung seines späteren Engagements als Bürgerrechtsaktivist zu machen.

Eine Vision für die Zukunft

Orins Kindheitsträume und Ambitionen waren der Ausgangspunkt für seine spätere Reise als Bürgerrechtsaktivist. Seine Vision für die Zukunft war klar: Er wollte eine Welt schaffen, in der Plasma-Kristall-Hybriden die gleichen Rechte und Chancen wie alle anderen Spezies hatten. Diese Vision wurde von einer tiefen Überzeugung getragen, dass jeder das Recht auf Gleichheit und Gerechtigkeit hatte, unabhängig von seiner Herkunft oder seiner spektralen Zusammensetzung.

Zusammenfassend lässt sich sagen, dass die Kindheit von Orin Valis nicht nur von Träumen geprägt war, sondern auch von einer klaren Vision für die Zukunft. Diese frühen Erfahrungen und Überlegungen bildeten das Fundament für sein späteres Engagement und seine Rolle als Führer der Gleichstellungsbewegung für Plasma-Kristall-Hybride auf Zolran. Die Verbindung zwischen seinen Kindheitsträumen und seinen späteren Taten ist ein eindrucksvolles Beispiel dafür, wie die Wurzeln des Aktivismus oft in der Kindheit gelegt werden.

Die ersten politischen Gedanken

Die ersten politischen Gedanken von Orin Valis entstanden in einer Zeit, als er die Ungerechtigkeiten um sich herum zunehmend wahrnahm. Auf Zolran, wo Plasma-Kristall-Hybride oft an den Rand der Gesellschaft gedrängt wurden, begann Orin, sich Fragen zu stellen, die sein Leben und das seiner Mitmenschen grundlegend beeinflussen sollten. Diese Gedanken waren nicht nur das Ergebnis seiner persönlichen Erfahrungen, sondern auch das Resultat von Beobachtungen und der Auseinandersetzung mit der Welt um ihn herum.

Die Entstehung politischer Bewusstheit

Orin war ein neugieriger junger Geist, der oft in den Büchern stöberte, die seine Eltern ihm zur Verfügung stellten. In diesen Büchern fand er Geschichten über große Führer, die für das Recht und die Gerechtigkeit kämpften. Figuren wie Martin Luther King Jr. und Nelson Mandela wurden zu seinen Vorbildern. Diese historischen Persönlichkeiten prägten seine ersten politischen Gedanken und inspirierten ihn, die Stimme der Unterdrückten zu sein.

Ein Schlüsselmoment war die Begegnung mit einem älteren Plasma-Kristall-Hybriden, der ihm von den Kämpfen seiner Generation erzählte. Diese Geschichten waren geprägt von Verlust, Hoffnung und dem unaufhörlichen Streben nach Gleichheit. Orin erkannte, dass die Probleme, mit denen seine Gemeinschaft konfrontiert war, nicht isoliert waren, sondern Teil eines größeren gesellschaftlichen Problems. Diese Erkenntnis führte zu seinem ersten politischen Gedanken: *„Wenn wir nicht für uns selbst sprechen, wird niemand es für uns tun."*

Einfluss von Bildung und Diskurs

Die Rolle der Bildung in Orins Leben war entscheidend für die Entwicklung seiner politischen Gedanken. In der Schule begann er, sich aktiv an Diskussionen über soziale Gerechtigkeit zu beteiligen. Lehrer, die das Thema Gleichheit behandelten, weckten in ihm das Bewusstsein für die Ungleichheiten, die Plasma-Kristall-Hybriden erlebten.

Ein Beispiel für diese Diskussionen war die Analyse von politischen Theorien, die sich mit der Gleichstellung befassten. Orin stieß auf die *Theorie der sozialen Gerechtigkeit*, die von Philosophen wie John Rawls geprägt wurde. Rawls' Konzept des *„Schleiers der Unwissenheit"* inspirierte Orin, über die Gesellschaft nachzudenken, in der er leben wollte. Er stellte sich vor, wie es wäre, in einer Welt zu leben, in der niemand aufgrund seiner Herkunft benachteiligt wird.

$$J = \frac{1}{n} \sum_{i=1}^{n} x_i \qquad\qquad (8)$$

Hierbei steht J für die Gerechtigkeit, n für die Anzahl der Individuen in der Gesellschaft und x_i für die individuellen Lebensbedingungen. Orin begann zu erkennen, dass die Gerechtigkeit in einer Gesellschaft nicht nur eine abstrakte Idee war, sondern ein messbarer Zustand, den es zu erreichen galt.

Erste politische Aktionen

Mit diesen neuen Gedanken im Hinterkopf begann Orin, kleine Aktionen zu organisieren. Er initiierte eine Gruppe von Gleichaltrigen, die sich regelmäßig trafen, um über die Herausforderungen zu sprechen, mit denen Plasma-Kristall-Hybriden konfrontiert waren. Diese Treffen wurden zu einem Raum für Diskussion und Ideenentwicklung. Hierbei stellte Orin fest, dass das Teilen von Erfahrungen und das Erarbeiten gemeinsamer Lösungen eine wichtige Grundlage für den Aktivismus waren.

Ein Beispiel für eine solche Aktion war die Organisation eines „Tag der Plasma-Kristall-Hybriden", an dem die Gemeinschaft zusammenkam, um ihre Kultur zu feiern und auf die bestehenden Ungerechtigkeiten aufmerksam zu machen. Orin und seine Freunde entwarfen Plakate und Flugblätter, die die Botschaft der Gleichheit und der Rechte der Plasma-Kristall-Hybriden verbreiten sollten. Diese ersten Schritte waren nicht nur ein Ausdruck ihres politischen Bewusstseins, sondern auch ein Versuch, die Stimmen der Marginalisierten zu vereinen.

Herausforderungen und Widerstände

Die ersten politischen Gedanken und Aktionen von Orin waren jedoch nicht ohne Herausforderungen. Er sah sich schnell mit Widerstand konfrontiert, sowohl von Seiten der politischen Gegner als auch innerhalb seiner eigenen Gemeinschaft. Einige Plasma-Kristall-Hybriden waren skeptisch gegenüber dem Aktivismus und fürchteten, dass sie durch politische Aktionen noch mehr in Gefahr geraten könnten.

Orin musste lernen, mit diesen Ängsten umzugehen und die Menschen zu ermutigen, ihre Stimme zu erheben. Er entwickelte Strategien, um die Gemeinschaft zu mobilisieren, indem er die Bedeutung von Einheit und Solidarität betonte. Ein Zitat, das ihm oft in den Sinn kam, war: *„Die größte Angst* *ist die Angst vor dem Unbekannten, aber zusammen können wir das Unbekannte erobern."*

Fazit

Die ersten politischen Gedanken von Orin Valis waren der Grundstein für seine spätere Rolle als Bürgerrechtsaktivist. Sie entstanden aus persönlichen Erfahrungen, Bildung und dem Einfluss seiner Gemeinschaft. Diese Gedanken führten zu ersten Aktionen, die nicht nur Orins Leben, sondern auch das Leben vieler Plasma-Kristall-Hybriden auf Zolran verändern sollten. Der Weg war steinig und voller Herausforderungen, aber Orins unerschütterlicher Glaube an die Gleichheit und Gerechtigkeit trieb ihn voran und legte den Grundstein für eine Bewegung, die weit über seine Kindheit hinausreichen sollte.

Eine Vision für die Zukunft

Die Vision von Orin Valis für die Zukunft der Plasma-Kristall-Hybriden auf Zolran ist eine Welt, in der Gleichheit, Respekt und Verständnis die Grundlage des Zusammenlebens bilden. In dieser idealen Zukunft strebt Orin nicht nur nach der rechtlichen Gleichstellung, sondern auch nach einer tiefgreifenden gesellschaftlichen Transformation, die das Bewusstsein und die Werte der Zolraner verändert.

Theoretische Grundlagen

Um diese Vision zu verwirklichen, stützt sich Orin auf mehrere theoretische Konzepte, die aus der sozialen Gerechtigkeit und dem Aktivismus abgeleitet sind. Eine der zentralen Theorien ist die **Kritische Theorie**, die die gesellschaftlichen Strukturen hinterfragt, die Ungleichheit und Diskriminierung aufrechterhalten. Diese Theorie ermutigt die Plasma-Kristall-Hybriden, ihre Stimmen zu erheben und aktiv gegen die bestehenden Machtverhältnisse zu kämpfen.

Ein weiteres wichtiges Konzept ist das der **Intersektionalität**, das die verschiedenen Identitäten und sozialen Kategorien berücksichtigt, die das Leben der Plasma-Kristall-Hybriden beeinflussen. Diese Theorie hilft Orin, die Komplexität der Diskriminierung zu verstehen und Strategien zu entwickeln, die alle Aspekte der Identität der Hybriden einbeziehen.

Gesellschaftliche Probleme

Ein zentrales Problem, das Orin in seiner Vision anspricht, ist die **Diskriminierung** gegen Plasma-Kristall-Hybride in verschiedenen Lebensbereichen. Diese Diskriminierung äußert sich nicht nur in rechtlichen Benachteiligungen, sondern auch in sozialen Vorurteilen und einem Mangel an Repräsentation in wichtigen gesellschaftlichen Institutionen. Orin sieht die Notwendigkeit, diese Probleme durch Bildung und Aufklärung zu bekämpfen, um ein besseres Verständnis für die Herausforderungen und Bedürfnisse der Plasma-Kristall-Hybriden zu schaffen.

Ein weiteres Problem, das Orin ansprechen möchte, ist die **wirtschaftliche Ungleichheit**. Viele Plasma-Kristall-Hybride kämpfen mit Arbeitslosigkeit und Armut, was ihre Fähigkeit einschränkt, ein erfülltes Leben zu führen. Orin glaubt, dass die Schaffung von Arbeitsplätzen und die Förderung von unternehmerischen Initiativen entscheidend sind, um diese Ungleichheit zu verringern.

Praktische Beispiele

Um seine Vision zu verwirklichen, hat Orin mehrere praktische Initiativen ins Leben gerufen. Eine davon ist das **Bildungsprogramm für Plasma-Kristall-Hybride**, das darauf abzielt, den Zugang zu qualitativ hochwertiger Bildung zu verbessern. Dieses Programm bietet Stipendien, Mentoring und Workshops, die den Hybriden helfen, ihre Fähigkeiten zu entwickeln und ihre beruflichen Perspektiven zu verbessern.

Ein weiteres Beispiel ist die **Kampagne zur Förderung der Sichtbarkeit**, die sich auf die Darstellung von Plasma-Kristall-Hybriden in den Medien konzentriert. Durch die Zusammenarbeit mit Künstlern, Filmemachern und Schriftstellern möchte Orin sicherstellen, dass die Geschichten und Erfahrungen der Hybriden in der breiteren Gesellschaft gehört und anerkannt werden.

Langfristige Ziele

Langfristig hat Orin das Ziel, eine **inklusive Gesellschaft** zu schaffen, in der Plasma-Kristall-Hybride nicht nur toleriert, sondern als gleichwertige Mitglieder der Gemeinschaft geschätzt werden. Dies beinhaltet die Schaffung von Gesetzen, die Diskriminierung verbieten, sowie die Förderung von Programmen, die den interkulturellen Dialog und das Verständnis zwischen verschiedenen Gruppen fördern.

Zusätzlich strebt Orin an, ein **Netzwerk von Unterstützern** aufzubauen, das aus Menschen unterschiedlicher Herkunft besteht, die sich für die Rechte der

Plasma-Kristall-Hybriden einsetzen. Dieses Netzwerk soll eine Plattform bieten, auf der Ideen ausgetauscht, Strategien entwickelt und gemeinsame Aktionen geplant werden können.

Fazit

Insgesamt ist Orins Vision für die Zukunft eine, die auf den Prinzipien von Gleichheit, Gerechtigkeit und Solidarität basiert. Durch die Kombination von theoretischen Ansätzen, praktischen Initiativen und langfristigen Zielen strebt er danach, eine Welt zu schaffen, in der Plasma-Kristall-Hybride in vollem Umfang leben und gedeihen können. Diese Vision ist nicht nur für die Plasma-Kristall-Hybriden von Bedeutung, sondern hat das Potenzial, auch andere marginalisierte Gruppen zu inspirieren und zu mobilisieren, um für ihre Rechte und ihre Würde zu kämpfen.

$$\text{Gleichheit} = \frac{\text{Rechte}}{\text{Gesellschaftliche Akzeptanz}} \cdot \text{Bildung} \tag{9}$$

Diese Gleichung verdeutlicht, dass die Gleichheit in der Gesellschaft von der Verfügbarkeit von Rechten, der gesellschaftlichen Akzeptanz und der Bildung abhängt. Orin Valis ist entschlossen, diese Faktoren zu fördern, um eine gerechtere und inklusivere Zukunft für alle zu schaffen.

Die Jugendjahre

Auf dem Weg zum Aktivismus

Schulische Erfahrungen und Herausforderungen

Orin Valis wuchs in einer Zeit auf, in der die Gesellschaft auf Zolran tiefgreifende Umwälzungen durchlief. Die Schulzeit stellte für ihn eine entscheidende Phase dar, in der sich seine Ansichten und Überzeugungen formten. In dieser Phase erlebte er sowohl Herausforderungen als auch prägende Erfahrungen, die seinen späteren Aktivismus beeinflussten.

Erste schulische Erfahrungen

Orins erste Schritte in die Schule waren von Aufregung und Neugier geprägt. Die Schule war für ihn nicht nur ein Ort des Lernens, sondern auch ein Raum, in dem soziale Hierarchien und Ungerechtigkeiten sichtbar wurden. In der Grundschule stellte er fest, dass Plasma-Kristall-Hybride oft als Außenseiter behandelt wurden. Diese Ungleichheit wurde besonders deutlich, als Orin und seine Freunde, die Plasma-Kristall-Hybride waren, von Lehrern und Mitschülern häufig ignoriert oder verspottet wurden.

Herausforderungen im Bildungssystem

Im Laufe seiner Schulzeit wurde Orin mit verschiedenen Herausforderungen konfrontiert, die nicht nur seine akademischen Leistungen, sondern auch sein Selbstbewusstsein beeinträchtigten. Das Bildungssystem auf Zolran war stark von Vorurteilen geprägt. Plasma-Kristall-Hybride erhielten oft nicht die gleichen Chancen wie ihre rein menschlichen Mitschüler. Diese Ungleichbehandlung führte zu einem Gefühl der Frustration und Entfremdung bei Orin und seinen Freunden.

Ein Beispiel für diese Ungerechtigkeit war die ungleiche Verteilung von Ressourcen. Während die Klassenräume der nicht-hybriden Schüler mit modernen Technologien ausgestattet waren, waren die Räume für Plasma-Kristall-Hybride oft veraltet und schlecht ausgestattet. Dies führte zu einer signifikanten Kluft in der Qualität der Bildung, die die Schüler erhielten.

Einfluss von Lehrern und Mentoren

Trotz der Herausforderungen gab es auch positive Einflüsse in Orins schulischer Laufbahn. Einige Lehrer erkannten Orins Potenzial und förderten ihn aktiv. Insbesondere Frau Lira, eine engagierte Lehrerin, spielte eine entscheidende Rolle in Orins Entwicklung. Sie ermutigte ihn, seine Stimme zu finden und für die Rechte der Plasma-Kristall-Hybride einzutreten. Durch ihre Unterstützung begann Orin, sich in der Schule aktiv zu engagieren und an Debatten und Schulprojekten teilzunehmen.

Entwicklung von sozialen Fähigkeiten

Die Schulzeit war auch eine Phase, in der Orin wichtige soziale Fähigkeiten entwickelte. Er lernte, sich in einer feindlichen Umgebung zu behaupten und Freundschaften mit Gleichgesinnten zu schließen. Diese sozialen Interaktionen waren entscheidend für seine spätere Fähigkeit, ein Netzwerk von Unterstützern zu mobilisieren. Orin erkannte, dass die Solidarität unter Plasma-Kristall-Hybriden eine wichtige Grundlage für den Aktivismus bildete.

Kreativität als Ausdrucksform

Ein weiterer wichtiger Aspekt von Orins Schulzeit war die Rolle der Kunst und Kreativität. Orin fand in der Kunst einen Ausdruck für seine Frustrationen und Hoffnungen. Er begann, Gedichte und Geschichten zu schreiben, in denen er die Herausforderungen, denen Plasma-Kristall-Hybride gegenüberstanden, thematisierte. Diese kreativen Werke wurden zu einem wichtigen Teil seines Aktivismus und halfen, das Bewusstsein für die Probleme seiner Gemeinschaft zu schärfen.

Erste politische Gedanken

Die Erfahrungen in der Schule führten dazu, dass Orin erste politische Gedanken entwickelte. Er begann, über die Ungerechtigkeiten nachzudenken, die er und seine Freunde erlebten, und stellte Fragen zu den sozialen Strukturen, die diese

Ungleichheiten ermöglichten. Diese frühen Überlegungen legten den Grundstein für seinen späteren Aktivismus und seine Vision einer gerechteren Gesellschaft.

Zusammenfassung

Zusammenfassend lässt sich sagen, dass Orins schulische Erfahrungen sowohl herausfordernd als auch prägend waren. Die Ungerechtigkeiten, die er erlebte, und die Unterstützung, die er von einigen Lehrern erhielt, halfen ihm, seine Identität als Plasma-Kristall-Hybrid zu formen und seine Ambitionen zu entwickeln. Diese Erfahrungen waren entscheidend für seinen späteren Aufstieg als Bürgerrechtsaktivist und seinen unermüdlichen Einsatz für Gleichheit und Gerechtigkeit.

$$E = mc^2 \qquad (10)$$

Die Gleichung von Einstein, die die Beziehung zwischen Energie (E), Masse (m) und Lichtgeschwindigkeit (c) beschreibt, kann metaphorisch für Orins Aktivismus stehen. Die Energie, die aus seiner Identität und seinen Erfahrungen resultiert, kann immense Veränderungen in der Gesellschaft bewirken, ähnlich wie die Energie, die aus der Masse eines Objekts entsteht, wenn es beschleunigt wird.

Begegnungen mit Gleichaltrigen

In der Jugend von Orin Valis spielten Begegnungen mit Gleichaltrigen eine entscheidende Rolle in seiner Entwicklung als Bürgerrechtsaktivist. Diese Interaktionen waren nicht nur prägend für seine persönliche Identität, sondern auch für seine politische Überzeugung und seine Vision für eine gerechtere Gesellschaft. In diesem Abschnitt werden wir die verschiedenen Aspekte dieser Begegnungen untersuchen, einschließlich der Herausforderungen, die sich aus ihnen ergaben, sowie der positiven Einflüsse, die sie auf Orins Aktivismus hatten.

Die Rolle von Gleichaltrigen

Gleichaltrige sind oft die ersten sozialen Kontakte, die Kinder und Jugendliche haben, und sie spielen eine zentrale Rolle in der Entwicklung von Identität und Werten. Orin traf in seiner Schulzeit auf eine Vielzahl von Gleichaltrigen, die unterschiedliche Hintergründe, Perspektiven und Erfahrungen mitbrachten. Diese Vielfalt war sowohl eine Quelle der Inspiration als auch eine Herausforderung.

Ein Beispiel für eine prägende Begegnung war Orins Freundschaft mit Kira, einer Plasma-Kristall-Hybride, die ebenfalls aus einer benachteiligten Umgebung stammte. Kira war bekannt für ihren unerschütterlichen Optimismus und ihre Fähigkeit, Menschen zusammenzubringen. Ihre Freundschaft half Orin, die Bedeutung von Solidarität und Gemeinschaft zu verstehen, und sie motivierte ihn, sich für die Rechte der Plasma-Kristall-Hybriden einzusetzen.

Herausforderungen und Konflikte

Die Begegnungen mit Gleichaltrigen waren jedoch nicht immer positiv. Orin musste sich auch mit Vorurteilen und Diskriminierung auseinandersetzen. In der Schule gab es Mitschüler, die Plasma-Kristall-Hybriden ablehnten und sie als minderwertig betrachteten. Solche Erfahrungen führten zu einem tiefen Gefühl der Ungerechtigkeit in Orin und weckten seinen Aktivismus.

Ein Beispiel für einen Konflikt ereignete sich während eines Schulprojekts, als Orin und Kira ein Referat über die Geschichte der Plasma-Kristall-Hybriden hielten. Einige Mitschüler äußerten sich abfällig über ihre Präsentation und stellten die Existenz ihrer Kultur in Frage. Diese negativen Reaktionen schockierten Orin, verstärkten aber auch seinen Willen, sich für die Anerkennung und Gleichstellung seiner Gemeinschaft einzusetzen.

Einfluss von Freundschaften

Die positiven und negativen Erfahrungen mit Gleichaltrigen trugen zur Entwicklung von Orins Charakter und seiner politischen Überzeugungen bei. Freundschaften, wie die mit Kira, förderten seine Fähigkeit zur Empathie und sein Verständnis für soziale Gerechtigkeit. Orin lernte, dass Aktivismus nicht nur aus Protest besteht, sondern auch aus dem Aufbau von Beziehungen und dem Verständnis für die Bedürfnisse anderer.

Die Theorie der sozialen Identität, die von Henri Tajfel und John Turner entwickelt wurde, kann hier hilfreich sein. Diese Theorie besagt, dass Individuen ihre Identität stark durch die Gruppen definieren, denen sie angehören. Orin identifizierte sich zunehmend mit der Gruppe der Plasma-Kristall-Hybriden und erkannte die Notwendigkeit, ihre Stimme zu erheben.

$$S_i = \frac{N_i}{N} \qquad (11)$$

wobei S_i die soziale Identität eines Individuums ist, N_i die Anzahl der Mitglieder der Gruppe i und N die Gesamtzahl der Mitglieder in der Gesellschaft. Diese Gleichung verdeutlicht, wie wichtig es ist, dass Individuen sich mit ihrer Gruppe identifizieren, um ein Gefühl von Zugehörigkeit und Gemeinschaft zu entwickeln.

Die Entstehung von Netzwerken

Die Begegnungen mit Gleichaltrigen führten zur Bildung eines Netzwerks von Unterstützern und Verbündeten. Orin und seine Freunde organisierten Treffen, um über ihre Erfahrungen zu sprechen und Strategien zu entwickeln, um gegen Diskriminierung vorzugehen. Diese Treffen waren nicht nur Gelegenheiten, um sich gegenseitig zu unterstützen, sondern auch um Ideen auszutauschen und gemeinsame Ziele zu formulieren.

Ein Beispiel für eine solche Initiative war die Gründung des „Plasma-Kristall-Forums" in ihrer Schule. Dieses Forum bot einen Raum für Diskussionen über Gleichheit und Rechte und förderte ein Bewusstsein für die Herausforderungen, mit denen Plasma-Kristall-Hybriden konfrontiert sind. Es half Orin, seine Stimme zu finden und sich für die Belange seiner Gemeinschaft einzusetzen.

Kulturelle Einflüsse

Die kulturellen Einflüsse, die Orin von seinen Gleichaltrigen erhielt, waren ebenfalls von großer Bedeutung. Musik, Kunst und Literatur wurden zu Werkzeugen des Ausdrucks und der Mobilisierung. Orin entdeckte, dass kreative Ausdrucksformen eine kraftvolle Möglichkeit sind, um Botschaften zu verbreiten und andere zu inspirieren.

Ein Beispiel ist die Teilnahme an einem Theaterprojekt, das die Geschichten von Plasma-Kristall-Hybriden auf die Bühne brachte. Durch diese Aufführung konnte Orin nicht nur seine eigenen Erfahrungen teilen, sondern auch das Bewusstsein für die Themen, die seine Gemeinschaft betreffen, schärfen. Die positive Resonanz auf das Theaterstück ermutigte ihn, weiterhin kreative Ansätze in seinem Aktivismus zu verfolgen.

Fazit

Zusammenfassend lässt sich sagen, dass die Begegnungen mit Gleichaltrigen einen tiefgreifenden Einfluss auf Orin Valis hatten. Sie halfen ihm, seine Identität zu formen, seine politischen Überzeugungen zu entwickeln und ein Netzwerk von Unterstützern aufzubauen. Die Herausforderungen, die er durch Vorurteile und Diskriminierung erlebte, stärkten seinen Willen, sich für die Rechte der Plasma-Kristall-Hybriden einzusetzen. Diese Erfahrungen legten den Grundstein für seinen späteren Erfolg als Bürgerrechtsaktivist und führten zu einer tiefen Überzeugung für Gleichheit und Gerechtigkeit in seiner Gemeinschaft.

Die Entwicklung von Orins Charakter

Die Entwicklung von Orins Charakter ist ein faszinierender Prozess, der durch verschiedene Einflüsse und Erfahrungen geprägt wurde. In dieser Phase seiner Jugend begann Orin, sich intensiver mit seiner Identität und den Herausforderungen auseinanderzusetzen, die Plasma-Kristall-Hybride in der Gesellschaft erlebten. Die Entstehung seines Charakters kann in mehrere Schlüsselaspekte unterteilt werden, die sowohl interne als auch externe Faktoren berücksichtigen.

Einflüsse der Familie und Gemeinschaft

Die familiären Hintergründe von Orin spielten eine entscheidende Rolle in der Formung seiner Werte und Überzeugungen. Seine Eltern, beide leidenschaftliche Verfechter von Gleichheit und Gerechtigkeit, vermittelten ihm früh die Bedeutung von Empathie und sozialem Engagement. Orin wuchs in einer Umgebung auf, in der Diskussionen über soziale Ungerechtigkeiten und die Rechte von Plasma-Kristall-Hybriden alltäglich waren. Diese Gespräche prägten seine Sichtweise und förderten ein starkes Gefühl für Gerechtigkeit.

Zusätzlich war die Gemeinschaft, in der Orin lebte, von großer Bedeutung. Die Nachbarn und Freunde, die er um sich hatte, waren größtenteils Plasma-Kristall-Hybride, die mit den gleichen Herausforderungen konfrontiert waren. Diese kollektiven Erfahrungen schufen ein starkes Gefühl der Zugehörigkeit und Solidarität, das Orins Charakter weiter festigte. Die Unterstützung durch Gleichaltrige half ihm, seine Stimme zu finden und sich für seine Überzeugungen einzusetzen.

Schulische Erfahrungen und Herausforderungen

In der Schule begegnete Orin sowohl Herausforderungen als auch Chancen, die seine Charakterentwicklung beeinflussten. Er erlebte Diskriminierung und Vorurteile, die viele Plasma-Kristall-Hybride erdulden mussten. Diese Erfahrungen führten zu einem tiefen Verständnis für die Ungerechtigkeiten, die in der Gesellschaft existierten. Orin begann, sich aktiv gegen Mobbing und Diskriminierung zu wehren, was seine Fähigkeit stärkte, für andere einzutreten.

Die schulischen Herausforderungen forderten Orin jedoch nicht nur emotional, sondern auch akademisch. Er hatte Schwierigkeiten in bestimmten Fächern, was ihm das Gefühl gab, nicht so intelligent oder fähig zu sein wie seine Mitschüler. Diese Selbstzweifel wurden jedoch durch die Unterstützung seiner Lehrer und Mentoren gemildert, die ihn ermutigten, an sich selbst zu glauben und seine Stärken zu erkennen. Diese Erfahrungen lehrten Orin die Bedeutung von Resilienz und Durchhaltevermögen.

Die Rolle von Kunst und Kreativität

Ein weiterer entscheidender Faktor in Orins Charakterentwicklung war seine Leidenschaft für Kunst und Kreativität. Er entdeckte früh, dass er durch kreative Ausdrucksformen wie Malerei und Musik seine Emotionen verarbeiten und seine Gedanken über soziale Themen mitteilen konnte. Diese künstlerischen Aktivitäten ermöglichten es ihm, seine innere Welt zu erkunden und seine Identität als Plasma-Kristall-Hybrid zu definieren.

Die Kunst wurde für Orin zu einem Werkzeug des Aktivismus. Er begann, seine Werke in öffentlichen Räumen auszustellen und sie als Plattform zu nutzen, um auf die Probleme der Plasma-Kristall-Hybriden aufmerksam zu machen. Diese kreative Herangehensweise half ihm nicht nur, seine Stimme zu finden, sondern auch, andere zu inspirieren und zu mobilisieren.

Mentoren und Vorbilder

Mentoren spielten eine wesentliche Rolle in Orins Entwicklung. Er hatte das Glück, von erfahrenen Aktivisten und Lehrern umgeben zu sein, die ihn in seiner Suche nach Identität und Stimme unterstützten. Diese Vorbilder gaben ihm wertvolle Ratschläge und halfen ihm, seine Gedanken und Ideen zu strukturieren. Sie förderten seine Fähigkeiten im öffentlichen Reden und ermutigten ihn, seine Meinung zu äußern.

Ein besonders einflussreicher Mentor war eine ältere Aktivistin, die Orin die Kunst des Geschichtenerzählens näherbrachte. Sie zeigte ihm, wie wichtig es ist, persönliche Geschichten zu teilen, um Empathie zu erzeugen und das Bewusstsein für soziale Probleme zu schärfen. Diese Lektionen blieben Orin ein Leben lang erhalten und beeinflussten seine Ansätze im Aktivismus.

Die Suche nach einer Stimme

Die Suche nach einer eigenen Stimme war ein zentraler Aspekt von Orins Charakterentwicklung. In der Jugendzeit, als er begann, sich politisch zu engagieren, stellte er fest, dass es nicht immer einfach war, Gehör zu finden. Die Herausforderungen, sich in einer oft feindlichen Umgebung zu äußern, führten zu Selbstzweifeln. Doch Orin lernte, dass seine Stimme wertvoll war und dass er durch das Teilen seiner Erfahrungen und Überzeugungen einen Unterschied machen konnte.

Diese Reise zur Selbstfindung war nicht linear; es gab Rückschläge und Momente der Unsicherheit. Doch mit jedem Schritt, den er unternahm, wuchs Orins Selbstvertrauen. Er erkannte, dass es in Ordnung war, verletzlich zu sein und dass Authentizität eine Stärke darstellt. Diese Erkenntnis half ihm, seine Persönlichkeit zu festigen und als Bürgerrechtsaktivist zu wachsen.

Schlussfolgerung

Insgesamt war die Entwicklung von Orins Charakter eine komplexe und dynamische Reise, die durch familiäre Einflüsse, schulische Herausforderungen, kreative Ausdrucksformen und die Unterstützung von Mentoren geprägt war. Diese Erfahrungen halfen ihm, ein starkes Gefühl für Gerechtigkeit und Empathie zu entwickeln, das ihn auf seinem Weg als Bürgerrechtsaktivist begleitete. Orin Valis wurde nicht nur zu einem Führer der Gleichstellungsbewegung für Plasma-Kristall-Hybride, sondern auch zu einem Symbol für Hoffnung und Veränderung in seiner Gemeinschaft.

Erster Kontakt mit der Gleichstellungsbewegung

Der erste Kontakt von Orin Valis mit der Gleichstellungsbewegung war ein prägender Moment in seinem Leben, der ihn auf den Weg des Aktivismus führte. In einer Welt, in der Plasma-Kristall-Hybride oft als Bürger zweiter Klasse behandelt wurden, war Orin von einem tiefen Gerechtigkeitssinn erfüllt. Diese frühe Begegnung mit Ungerechtigkeit war nicht nur ein Schlüsselmoment für seine persönliche Entwicklung, sondern auch der Ausgangspunkt für seine zukünftige Rolle als Anführer der Bewegung.

Ein prägendes Erlebnis

Orin war etwa 14 Jahre alt, als er zum ersten Mal mit den diskriminierenden Praktiken konfrontiert wurde, die Plasma-Kristall-Hybriden in seiner Heimatstadt Zolran erlebten. Bei einer Schulveranstaltung wurde ein Plasma-Kristall-Hybrid, der sich um einen Auftritt beworben hatte, aufgrund seiner Herkunft abgelehnt. Diese ungerechte Behandlung hinterließ bei Orin einen bleibenden Eindruck und führte zu seiner ersten Auseinandersetzung mit den Themen Gleichheit und Gerechtigkeit.

Die Rolle von Mentoren

Ein weiterer Schlüsselfaktor war der Einfluss von Lehrern und Mentoren, die Orin ermutigten, seine Stimme zu erheben. Besonders bemerkenswert war seine Lehrerin Frau Lira, die selbst eine engagierte Aktivistin war. Sie vermittelte Orin die Bedeutung von Gerechtigkeit und Gleichheit und half ihm, die grundlegenden Theorien des Aktivismus zu verstehen. In ihren Unterrichtsstunden sprach sie über die Prinzipien der sozialen Gerechtigkeit, die in der Theorie von John Rawls verankert sind, insbesondere über das Konzept des *Schleiers der Ungewissheit*, das besagt, dass gesellschaftliche Strukturen so gestaltet sein sollten, dass sie auch für die am meisten benachteiligten Mitglieder der Gesellschaft gerecht sind.

Erste Schritte in die Aktivismus-Welt

Durch die Teilnahme an Workshops und Diskussionsrunden, die von Frau Lira organisiert wurden, begann Orin, sich aktiv mit den Herausforderungen auseinanderzusetzen, mit denen Plasma-Kristall-Hybride konfrontiert waren. Er lernte, dass die Diskriminierung nicht nur auf persönlicher Ebene stattfand, sondern auch systemische Wurzeln hatte. Hierbei stieß er auf die Theorien von *Frantz Fanon*, der die psychologischen Effekte der Kolonialisierung und Rassismus analysierte. Orin begann zu verstehen, dass der Kampf um Gleichheit nicht nur ein individueller, sondern ein kollektiver Prozess war.

Erste politische Gedanken

In dieser Phase begann Orin, seine ersten politischen Gedanken zu formulieren. Er stellte Fragen wie: „Wie kann ich helfen, die Stimme der Plasma-Kristall-Hybriden zu stärken?" und „Was kann ich tun, um die Wahrnehmung dieser Gemeinschaft zu ändern?" Diese Überlegungen führten zu seinem ersten Engagement in einer lokalen Jugendgruppe, die sich für die Rechte von Plasma-Kristall-Hybriden einsetzte. Hier lernte er die Bedeutung von Mobilisierung und Organisation, um Veränderungen herbeizuführen.

Einfluss von Kunst und Kultur

Ein weiterer wichtiger Aspekt, der Orins Engagement prägte, war die Rolle von Kunst und Kultur in der Gleichstellungsbewegung. Durch Theateraufführungen und Kunstprojekte, die die Geschichten von Plasma-Kristall-Hybriden erzählten, erkannte Orin, wie mächtig kreative Ausdrucksformen sein können, um Empathie zu wecken und gesellschaftliche Normen zu hinterfragen. Diese Erfahrungen stärkten seinen Glauben an die transformative Kraft der Kunst und deren Fähigkeit, soziale Veränderungen zu bewirken.

Zusammenfassung und Ausblick

Der erste Kontakt mit der Gleichstellungsbewegung war für Orin Valis nicht nur eine persönliche Entdeckung, sondern auch der Beginn einer Reise, die ihn zu einem der führenden Köpfe der Bewegung machen sollte. Die Kombination aus persönlichen Erfahrungen, dem Einfluss von Mentoren und der Kraft von Kunst und Kultur bildete die Grundlage für seine zukünftigen Aktivitäten. Orin wusste, dass der Weg zum Aktivismus herausfordernd sein würde, aber er war fest entschlossen, für die Rechte der Plasma-Kristall-Hybriden zu kämpfen und eine gerechtere Gesellschaft zu schaffen.

$$\text{Gleichheit} = \frac{\text{Rechte aller}}{\text{Ungerechtigkeiten}} \tag{12}$$

Diese Gleichung, die Orin oft in seinen Reden verwendete, fasst seine Überzeugung zusammen, dass echte Gleichheit nur erreicht werden kann, wenn die Ungerechtigkeiten, die bestimmte Gruppen betreffen, aktiv bekämpft werden. Orins Reise hatte gerade erst begonnen, und die nächsten Schritte würden entscheidend für die Zukunft der Gleichstellungsbewegung sein.

Die Bedeutung von Kunst und Kultur

Kunst und Kultur spielen eine zentrale Rolle in der Entwicklung von sozialen Bewegungen, insbesondere in der Gleichstellungsbewegung für Plasma-Kristall-Hybride auf Zolran. Sie fungieren nicht nur als Ausdrucksformen individueller und kollektiver Identität, sondern auch als Werkzeuge zur Mobilisierung, Sensibilisierung und zur Förderung von Veränderungen in der Gesellschaft. In diesem Abschnitt werden wir die verschiedenen Dimensionen der Bedeutung von Kunst und Kultur für die Bewegung von Orin Valis untersuchen.

Kunst als Ausdruck von Identität

Kunst ist ein kraftvolles Medium, das es Individuen und Gruppen ermöglicht, ihre Identität auszudrücken und zu feiern. Für Plasma-Kristall-Hybride war die Schaffung von Kunstwerken, sei es in Form von Malerei, Musik oder darstellender Kunst, eine Möglichkeit, ihre einzigartige Kultur und Geschichte sichtbar zu machen. In den frühen Tagen der Bewegung entstanden zahlreiche Kunstprojekte, die die Erfahrungen und Herausforderungen der Plasma-Kristall-Hybriden thematisierten. Diese Werke waren nicht nur Ausdruck von Kreativität, sondern auch von Widerstandsfähigkeit und Hoffnung.

Ein Beispiel hierfür ist das *Zolran Art Festival*, das von Orin Valis und seinen Mitstreitern ins Leben gerufen wurde. Dieses Festival bot Künstlern aus der Gemeinschaft eine Plattform, um ihre Arbeiten zu präsentieren und die Geschichten hinter ihren Kunstwerken zu erzählen. Die Veranstaltungen zogen nicht nur Plasma-Kristall-Hybride an, sondern auch Unterstützer aus anderen Gemeinschaften, was zu einem interkulturellen Austausch führte.

Kultur als Mobilisierungsinstrument

Neben der Identitätsbildung spielt Kultur eine entscheidende Rolle bei der Mobilisierung von Menschen. Kulturelle Veranstaltungen und Aktivitäten fördern ein Gemeinschaftsgefühl und stärken die Solidarität innerhalb der Bewegung. Orin Valis erkannte frühzeitig, dass die Einbindung von kulturellen Elementen in die Aktivismusarbeit entscheidend für den Erfolg der Bewegung war. Die Verwendung von Musik, Tanz und Theater in Demonstrationen und Versammlungen half nicht nur, die Stimmung zu heben, sondern auch, eine breitere Öffentlichkeit zu erreichen.

Ein prägnantes Beispiel ist die Verwendung von Musik, um Botschaften der Gleichheit und Gerechtigkeit zu verbreiten. Lieder, die von Plasma-Kristall-Hybriden komponiert wurden, wurden zu Hymnen der Bewegung und motivierten viele, sich aktiv zu beteiligen. Die Texte dieser Lieder thematisierten oft die Ungerechtigkeiten, mit denen die Gemeinschaft konfrontiert war, und boten gleichzeitig eine Vision für eine bessere Zukunft.

Kunst und Kultur als Werkzeuge der Sensibilisierung

Kunst und Kultur sind auch entscheidend für die Sensibilisierung der breiten Öffentlichkeit für die Belange der Plasma-Kristall-Hybriden. Durch kreative Ausdrucksformen können komplexe soziale Themen auf eine zugängliche und ansprechende Weise vermittelt werden. Orin Valis und seine Mitstreiter nutzten visuelle Kunst, um die Herausforderungen darzustellen, mit denen Plasma-Kristall-Hybride konfrontiert waren, und um Empathie und Verständnis bei der breiten Öffentlichkeit zu fördern.

Ein Beispiel hierfür ist die *Kampagne „Sehen, Hören, Verstehen"*, die eine Reihe von Wandgemälden in verschiedenen Städten Zolrans umfasste. Diese Wandgemälde zeigten die Geschichten von Plasma-Kristall-Hybriden und den Kampf um Gleichheit. Durch die visuelle Kraft der Kunst wurden Passanten dazu angeregt, über die dargestellten Themen nachzudenken und sich mit den Anliegen der Bewegung zu identifizieren.

Herausforderungen und Konflikte in der Kunst

Obwohl Kunst und Kultur bedeutende Werkzeuge für den Aktivismus sind, gibt es auch Herausforderungen und Konflikte, die es zu bewältigen gilt. Oftmals stehen Künstler und Kulturschaffende unter Druck, ihre Arbeiten an die Erwartungen der Bewegung oder der Gesellschaft anzupassen. Dies kann zu Spannungen führen, insbesondere wenn es darum geht, die authentische Stimme der Plasma-Kristall-Hybriden zu bewahren.

Ein Beispiel für einen solchen Konflikt ist die Debatte über die Kommerzialisierung von Kunst. Einige Künstler fühlten sich gezwungen, ihre Arbeiten so zu gestalten, dass sie kommerziell erfolgreicher sind, was zu einer Verwässerung der ursprünglichen Botschaften führte. Orin Valis und die Führung der Bewegung setzten sich dafür ein, dass die Kunst authentisch bleibt und die Stimmen der Künstler respektiert werden.

Schlussfolgerung

Die Bedeutung von Kunst und Kultur in der Gleichstellungsbewegung für Plasma-Kristall-Hybride auf Zolran kann nicht hoch genug eingeschätzt werden. Sie sind nicht nur Ausdrucksformen von Identität und Gemeinschaft, sondern auch essentielle Werkzeuge für Mobilisierung, Sensibilisierung und Veränderung. Trotz der Herausforderungen, die mit der Integration von Kunst in den Aktivismus verbunden sind, bleibt die Kraft der Kreativität ein unverzichtbarer Bestandteil der Bewegung. Orin Valis und seine Mitstreiter erkannten die transformative Kraft der Kunst und Kultur und nutzten sie, um eine gerechtere und gleichberechtigte Gesellschaft zu schaffen. Diese Erkenntnisse und Erfahrungen werden auch in Zukunft eine wichtige Rolle im Kampf für die Rechte der Plasma-Kristall-Hybriden spielen.

Die Entstehung von Freundschaften

Die Jugendjahre von Orin Valis waren geprägt von der Entstehung tiefgehender Freundschaften, die nicht nur seine persönliche Entwicklung beeinflussten, sondern auch eine zentrale Rolle in seinem späteren Aktivismus spielten. Freundschaften in der Jugend sind oft entscheidend für die Entwicklung von Identität und sozialen Fähigkeiten, und bei Orin war dies nicht anders. Diese

Beziehungen bildeten das Fundament, auf dem er seine Überzeugungen und seinen Aktivismus aufbaute.

Theoretische Grundlagen

Die Theorie der sozialen Identität von Henri Tajfel und John Turner legt nahe, dass Individuen ihre Identität stark durch die Gruppen definieren, denen sie angehören. Diese Theorie kann auf Orins Erfahrungen angewendet werden, da er in seiner Jugend sowohl mit Plasma-Kristall-Hybriden als auch mit anderen Gruppen interagierte. Freundschaften halfen Orin, sich in seiner eigenen Haut wohlzufühlen und ein Gefühl der Zugehörigkeit zu entwickeln.

$$\text{Soziale Identität} = \text{Selbstkonzept} + \text{Gruppenidentifikation} \qquad (13)$$

Diese Gleichung verdeutlicht, dass Orins Selbstkonzept durch seine Zugehörigkeit zu verschiedenen Gruppen, einschließlich seiner Freunde, geprägt wurde.

Die Rolle von Freundschaften

Orin fand in seinen Freunden eine Quelle der Unterstützung und des Verständnisses. Diese Freundschaften waren nicht nur emotional, sondern auch intellektuell bereichernd. Sie diskutierten oft Themen wie Gleichheit und Gerechtigkeit, was Orin dazu inspirierte, seine eigenen Gedanken zu formulieren und zu artikulieren. Ein Beispiel ist seine enge Freundschaft mit Lira, einer Plasma-Kristall-Hybriden, die ebenfalls von den Herausforderungen der Diskriminierung betroffen war. Gemeinsam organisierten sie kleine Treffen, um über ihre Erfahrungen und Träume zu sprechen.

Herausforderungen in Freundschaften

Trotz der positiven Aspekte von Freundschaften gab es auch Herausforderungen. Orin erlebte Konflikte, die aus unterschiedlichen Meinungen über den Aktivismus und die richtigen Strategien zur Bekämpfung von Ungerechtigkeit resultierten. Diese Konflikte führten manchmal zu Spannungen, die jedoch oft durch offene Gespräche und gegenseitiges Verständnis gelöst wurden. Ein Beispiel hierfür war eine Meinungsverschiedenheit über die Verwendung von sozialen Medien zur Mobilisierung. Während einige Freunde der Meinung waren, dass soziale Medien eine effektive Plattform seien, waren andere skeptisch und hielten sie für oberflächlich.

$$\text{Konfliktlösung} = \text{Offene Kommunikation} + \text{Empathie} \qquad (14)$$

Diese Gleichung zeigt, dass die Fähigkeit zur Konfliktlösung in Orins Freundschaften oft auf offener Kommunikation und Empathie basierte.

Einfluss auf den Aktivismus

Die Freundschaften, die Orin in seiner Jugend schloss, waren von entscheidender Bedeutung für seinen späteren Erfolg als Bürgerrechtsaktivist. Diese Beziehungen ermöglichten es ihm, ein Netzwerk von Unterstützern aufzubauen, das ihm half, seine Botschaft zu verbreiten. Die gemeinsamen Erfahrungen, die er mit seinen Freunden teilte, schufen ein starkes Fundament für den Aktivismus, das von Vertrauen und Solidarität geprägt war.

Ein Beispiel für diesen Einfluss war die Gründung der ersten Jugendgruppe für Plasma-Kristall-Hybriden, die Orin und seine Freunde initiierten. Diese Gruppe wurde zu einem wichtigen Ort für Diskussionen und Aktionen, die sich gegen Diskriminierung richteten und die Sichtbarkeit ihrer Gemeinschaft erhöhten.

Fazit

Insgesamt zeigt die Entstehung von Freundschaften in Orin Valis' Jugend, wie wichtig soziale Bindungen für die persönliche und politische Entwicklung sind. Diese Beziehungen halfen ihm, seine Identität zu formen, Konflikte zu bewältigen und letztendlich den Grundstein für seine Rolle als Aktivist zu legen. Die Unterstützung und Inspiration, die er durch seine Freunde erhielt, waren unverzichtbar für seinen Weg und die Gleichstellungsbewegung, die er anführte.

Die Bedeutung von Freundschaften kann nicht hoch genug eingeschätzt werden, da sie nicht nur persönliche Stabilität bieten, sondern auch die kollektive Kraft einer Bewegung stärken. Orins Geschichte ist ein eindrucksvolles Beispiel dafür, wie Freundschaften in der Jugend nicht nur das individuelle Leben bereichern, sondern auch den Weg für gesellschaftliche Veränderungen ebnen können.

Einfluss von Mentoren und Lehrern

Die Jugendjahre von Orin Valis waren entscheidend für seine Entwicklung als Aktivist, und ein wesentlicher Bestandteil dieser Zeit war der Einfluss von Mentoren und Lehrern. Diese Personen spielten eine zentrale Rolle in Orins

Leben, indem sie ihm nicht nur Wissen und Fähigkeiten vermittelten, sondern auch Werte und Überzeugungen, die seine späteren Aktivitäten prägten.

Die Rolle der Mentoren

Mentoren sind oft entscheidende Figuren im Leben junger Menschen. Sie bieten Unterstützung, Anleitung und Inspiration. Für Orin war dies besonders wichtig, da er in einer Zeit aufwuchs, in der die Plasma-Kristall-Hybriden mit Diskriminierung und Ungerechtigkeit konfrontiert waren. Ein Beispiel für einen solchen Mentor war Herr Thalos, ein Lehrer an der örtlichen Schule, der Orin nicht nur akademisch förderte, sondern auch seine Leidenschaft für soziale Gerechtigkeit entdeckte.

Herr Thalos lehrte Orin, dass Bildung der Schlüssel zur Veränderung ist. Er stellte die Frage:

$$\text{Wissen} = \text{Macht} \quad (\text{Power} = \text{Knowledge}) \tag{15}$$

Diese einfache Gleichung wurde zu einem Leitprinzip für Orin. Durch die Ermutigung von Herr Thalos begann Orin, sich in schulischen Debatten und Projekten zu engagieren, die sich mit den Themen Gleichheit und Gerechtigkeit beschäftigten.

Einfluss der Lehrer auf die Identitätsentwicklung

Die Lehrer hatten auch einen tiefgreifenden Einfluss auf Orins Identitätsentwicklung. Sie halfen ihm, seine eigene Stimme zu finden und seine Ansichten zu formulieren. Besonders Frau Kira, die Kunstlehrerin, inspirierte Orin dazu, seine Gefühle und Gedanken durch kreative Ausdrucksformen zu kommunizieren. Sie sagte einmal:

„Kunst ist der Spiegel der Gesellschaft. Wenn du etwas ändern möchtest, musst du zuerst deine eigene Wahrheit finden."

Diese Aussage motivierte Orin, sich künstlerisch auszudrücken und seine Botschaft durch verschiedene Medien zu verbreiten. Er begann, Plakate und Kunstwerke zu erstellen, die die Herausforderungen der Plasma-Kristall-Hybriden thematisierten und die Gemeinschaft zum Nachdenken anregten.

Mentoren als Vorbilder

Mentoren fungieren oft auch als Vorbilder. Orin hatte das Glück, von verschiedenen Persönlichkeiten umgeben zu sein, die sich für die Rechte der Plasma-Kristall-Hybriden einsetzten. Diese Vorbilder zeigten ihm, dass Aktivismus nicht nur möglich, sondern auch notwendig ist. Sie lehrten ihn, dass jeder Einzelne einen Unterschied machen kann, unabhängig von den Umständen.

Ein prägendes Erlebnis war die Begegnung mit einer ehemaligen Aktivistin, die für die Rechte der Plasma-Kristall-Hybriden kämpfte. Sie erzählte Orin von ihren Kämpfen und Erfolgen und vermittelte ihm die Botschaft, dass Ausdauer und Entschlossenheit der Schlüssel zum Erfolg sind. Sie sagte:

> „Die Welt wird nicht durch die Starken verändert, sondern durch die Hartnäckigen."

Diese Worte brannten sich in Orins Gedächtnis ein und motivierten ihn, trotz der Herausforderungen, die vor ihm lagen, weiterzumachen.

Probleme und Herausforderungen

Trotz des positiven Einflusses von Mentoren und Lehrern gab es auch Herausforderungen. Nicht alle Lehrer waren unterstützend, und einige waren skeptisch gegenüber Orins Ambitionen. Diese Widerstände führten zu Konflikten, die Orin jedoch als Lernmöglichkeiten betrachtete. Er lernte, mit Kritik umzugehen und seine Ansichten zu verteidigen.

Ein Beispiel für diese Herausforderung war ein Vorfall während eines Schulprojekts, bei dem Orin eine Präsentation über die Diskriminierung der Plasma-Kristall-Hybriden hielt. Einige Lehrer waren der Meinung, dass das Thema zu kontrovers sei und drängten ihn, es zu ändern. Orin, gestärkt durch die Unterstützung seiner Mentoren, entschied sich, standhaft zu bleiben und die Präsentation wie geplant durchzuführen. Diese Erfahrung stärkte nicht nur sein Selbstvertrauen, sondern auch seine Überzeugung, dass es wichtig ist, für das einzustehen, was richtig ist.

Fazit

Zusammenfassend lässt sich sagen, dass der Einfluss von Mentoren und Lehrern auf Orin Valis von entscheidender Bedeutung war. Sie halfen ihm, seine Identität zu formen, seine Stimme zu finden und die Werte zu entwickeln, die ihn zu einem führenden Bürgerrechtsaktivisten machten. Die Lehren, die er von ihnen erhielt, begleiteten ihn auf seinem Weg und trugen dazu bei, dass er die Herausforderungen des Aktivismus mit Entschlossenheit und Kreativität anging. Orin erkannte, dass die Unterstützung durch Mentoren und Lehrer nicht nur eine Quelle des Wissens, sondern auch eine Quelle der Inspiration und Hoffnung ist, die ihn dazu ermutigte, für eine gerechtere Zukunft zu kämpfen.

Teilnahme an Schulprojekten

Die Teilnahme an Schulprojekten stellte für Orin Valis einen entscheidenden Schritt in seiner Entwicklung als Bürgerrechtsaktivist dar. Diese Projekte ermöglichten es ihm nicht nur, seine Fähigkeiten im Bereich der Organisation und Kommunikation zu entwickeln, sondern auch, seine ersten Erfahrungen mit aktivistischem Engagement zu sammeln. In dieser Phase seines Lebens wurde Orin mit verschiedenen Herausforderungen konfrontiert, die ihn dazu anregten, über die Ungerechtigkeiten nachzudenken, die Plasma-Kristall-Hybriden in seiner Gemeinschaft erlebten.

Die Bedeutung von Schulprojekten

Schulprojekte sind oft ein Mikrokosmos der Gesellschaft, in dem Schülerinnen lernen, zusammenzuarbeiten, Probleme zu lösen und Verantwortung zu übernehmen. Für Orin war die Teilnahme an solchen Projekten besonders prägend, da sie ihm die Möglichkeit bot, seine Interessen und Fähigkeiten in einem unterstützenden Umfeld zu erkunden. Die Projekte umfassten eine Vielzahl von Themen, von Umweltschutz bis hin zu sozialen Gerechtigkeitsfragen, und ermöglichten es Orin, sich aktiv für die Belange seiner Gemeinschaft einzusetzen.

Beispiele für Projekte

Ein bemerkenswertes Projekt, an dem Orin teilnahm, war die Organisation einer Kunstausstellung, die das Bewusstsein für die Herausforderungen der Plasma-Kristall-Hybriden schärfen sollte. Durch die Zusammenarbeit mit anderen Schülerinnen und lokalen Künstlerinnen konnte Orin eine Plattform schaffen, auf der Geschichten und Erfahrungen von Plasma-Kristall-Hybriden präsentiert wurden. Diese Ausstellung zog nicht nur die Aufmerksamkeit der Schulgemeinschaft auf sich, sondern auch das Interesse der lokalen Medien, was Orins Engagement weiter förderte.

Ein weiteres Beispiel war ein Projekt zur Aufklärung über die Rechte von Plasma-Kristall-Hybriden, das Orin und seine Mitschülerinnen in Zusammenarbeit mit einer örtlichen NGO durchführten. In diesem Rahmen erstellten sie Informationsmaterialien, die die besonderen Herausforderungen und Rechte dieser Gruppe thematisierten. Orin übernahm die Verantwortung für die Präsentation der Ergebnisse vor der Schulbehörde, was ihm half, seine Fähigkeiten im öffentlichen Sprechen zu entwickeln.

Herausforderungen und Problemlösungen

Trotz der positiven Erfahrungen, die Orin durch die Teilnahme an Schulprojekten sammelte, stieß er auch auf verschiedene Herausforderungen. Eine der größten Hürden war die anfängliche Skepsis seiner Mitschülerinnen gegenüber den Themen, die er ansprach. Viele waren sich der Ungerechtigkeiten, die Plasma-Kristall-Hybriden erlebten, nicht bewusst oder hatten Vorurteile gegenüber dieser Gruppe. Um diesen Herausforderungen zu begegnen, entwickelte Orin Strategien, um das Bewusstsein zu schärfen und Empathie zu fördern.

Eine effektive Methode war der Einsatz von Geschichten und persönlichen Erfahrungen. Orin ermutigte seine Mitschülerinnen, ihre eigenen Geschichten zu teilen, was zu einem tieferen Verständnis und einer stärkeren Verbindung zwischen den Schülerinnen führte. Diese Methode der Erzählung ist in der Aktivismusforschung gut dokumentiert und wird oft als effektives Mittel zur Förderung von Empathie und sozialer Gerechtigkeit angesehen [?].

Theoretische Grundlagen

Die Teilnahme an Schulprojekten lässt sich auch durch verschiedene theoretische Ansätze im Bereich der sozialen Bewegungen und des Aktivismus erklären. Eine wichtige Theorie ist die *Ressourcentheorie*, die besagt, dass der Zugang zu Ressourcen, wie Wissen, Netzwerken und Unterstützung, entscheidend für den Erfolg von sozialen Bewegungen ist [?]. Orin profitierte von den Ressourcen, die ihm durch die Schule und die Gemeinschaft zur Verfügung standen, und nutzte diese, um seine Botschaft zu verbreiten und Gleichgesinnte zu mobilisieren.

Ein weiterer relevanter theoretischer Ansatz ist die *Identitätstheorie*, die die Rolle der persönlichen Identität in sozialen Bewegungen untersucht. Orins Identität als Plasma-Kristall-Hybrid war ein zentraler Antrieb für sein Engagement. Diese Theorie legt nahe, dass die Identifikation mit einer bestimmten Gruppe und deren Anliegen eine motivierende Kraft für das Handeln ist [?].

Fazit

Zusammenfassend lässt sich sagen, dass die Teilnahme an Schulprojekten für Orin Valis eine entscheidende Rolle in seiner Entwicklung als Aktivist spielte. Diese Erfahrungen halfen ihm, seine Fähigkeiten zu entwickeln, Herausforderungen zu meistern und ein Bewusstsein für die Ungerechtigkeiten zu schaffen, die Plasma-Kristall-Hybriden betrafen. Die Kombination aus praktischen Erfahrungen, theoretischem Wissen und der Unterstützung durch seine Mitschülerinnen legte den Grundstein für seinen späteren Erfolg als führender Bürgerrechtsaktivist auf Zolran.

Die ersten Reden und Auftritte

Die ersten Reden und Auftritte von Orin Valis markierten einen entscheidenden Wendepunkt in seinem Werdegang als Bürgerrechtsaktivist. In diesen frühen Phasen begann Orin, seine Stimme zu finden und die Anliegen der Plasma-Kristall-Hybriden auf eine Weise zu artikulieren, die sowohl inspirierend als auch mobilisierend war.

Die Bedeutung der Rhetorik

Rhetorik spielt eine zentrale Rolle im Aktivismus, da sie die Fähigkeit hat, Emotionen zu wecken und Menschen zu mobilisieren. Orin studierte die Grundlagen der Rhetorik, insbesondere die Theorien von Aristoteles, die Ethos, Pathos und Logos umfassen. Diese drei Elemente sind entscheidend, um eine überzeugende Botschaft zu formulieren:

+ **Ethos** bezieht sich auf die Glaubwürdigkeit des Sprechers. Orin wusste, dass er als Plasma-Kristall-Hybrid eine authentische Perspektive einbrachte, die ihm Glaubwürdigkeit verlieh.

+ **Pathos** spricht die Emotionen des Publikums an. Orin nutzte persönliche Geschichten von Diskriminierung und Ungerechtigkeit, um Empathie zu erzeugen und sein Publikum zu berühren.

+ **Logos** bezieht sich auf die logische Argumentation. Er untermauerte seine Aussagen mit Daten und Statistiken, um die Dringlichkeit der Anliegen zu verdeutlichen.

Erste Auftritte und Herausforderungen

Orins erste öffentliche Rede fand an seiner Schule statt, wo er vor einer Gruppe von Mitschülern und Lehrern sprach. Trotz seiner Nervosität war es ein entscheidender Moment. Er sprach über die Herausforderungen, mit denen Plasma-Kristall-Hybriden konfrontiert waren, und forderte Gleichheit und Anerkennung.

> "Wir sind nicht weniger wert als andere! Unsere Unterschiede machen uns stark, und wir verdienen es, gehört zu werden!"

Diese Worte hallten in den Köpfen seiner Zuhörer nach und führten zu einer Welle der Unterstützung. Allerdings gab es auch Widerstand. Einige Mitschüler und Lehrer waren skeptisch und äußerten Bedenken hinsichtlich der Angemessenheit seiner Botschaft. Diese Erfahrungen lehrten Orin, dass nicht jeder bereit war, Veränderungen zu akzeptieren, und dass er lernen musste, mit Kritik umzugehen.

Die Kunst des Geschichtenerzählens

Ein weiterer wichtiger Aspekt von Orins Reden war die Kunst des Geschichtenerzählens. Er verstand, dass Geschichten eine mächtige Möglichkeit sind, komplexe Themen zu vermitteln und das Publikum emotional zu erreichen. In seinen ersten Auftritten erzählte er von seiner Kindheit, von den Schwierigkeiten, die seine Familie durchgemacht hatte, und von den Träumen, die sie für eine gerechtere Zukunft hatten. Diese Geschichten schafften eine Verbindung zwischen ihm und seinem Publikum und machten seine Botschaft greifbarer.

Der Einfluss von Mentoren

Orin erhielt Unterstützung von Lehrern und Mentoren, die ihm halfen, seine Fähigkeiten im öffentlichen Sprechen zu verfeinern. Einer seiner Lehrer, Herr Becker, war ein erfahrener Redner und gab Orin wertvolle Tipps zur Körpersprache und zur Betonung wichtiger Punkte. Diese Unterstützung war entscheidend, um Orins Selbstvertrauen zu stärken und ihm zu helfen, seine Botschaft klar und überzeugend zu vermitteln.

Die erste große öffentliche Rede

Ein Meilenstein in Orins Aktivismus war seine erste große öffentliche Rede während einer Versammlung für Gleichheit und Gerechtigkeit. Vor einem Publikum von über 500 Menschen sprach er leidenschaftlich über die Rechte der Plasma-Kristall-Hybriden.

> "Wir sind hier, um für unsere Rechte zu kämpfen! Wir sind hier, um zu zeigen, dass unsere Stimmen zählen!"

Diese Rede wurde von den Medien aufgegriffen und führte zu einer breiteren Diskussion über die Anliegen der Plasma-Kristall-Hybriden in der Gesellschaft. Orins Fähigkeit, seine Botschaft klar zu kommunizieren, war entscheidend für die Mobilisierung weiterer Unterstützer.

Reflexion und Lernen

Nach seinen ersten Auftritten reflektierte Orin über seine Erfahrungen. Er erkannte, dass jede Rede eine Gelegenheit war, zu lernen und zu wachsen. Die Herausforderungen, die er erlebte, halfen ihm, seine Ansprache zu verfeinern und seine Botschaft effektiver zu gestalten.

$$\text{Erfolg} = \text{Vorbereitung} + \text{Erfahrung} + \text{Leidenschaft} \tag{16}$$

Diese Gleichung wurde zu einem Leitprinzip für Orin. Er wusste, dass der Schlüssel zu einem erfolgreichen Auftritt in der Kombination dieser Elemente lag.

Ausblick auf zukünftige Auftritte

Die frühen Reden und Auftritte von Orin Valis legten den Grundstein für seine spätere Karriere als Bürgerrechtsaktivist. Sie zeigten, dass er nicht nur die Fähigkeit hatte, zu sprechen, sondern auch, Menschen zu inspirieren und zu mobilisieren. Mit jedem Auftritt wuchs seine Reichweite und sein Einfluss, und er bereitete sich darauf vor, eine noch größere Rolle in der Gleichstellungsbewegung zu übernehmen.

In den kommenden Jahren würde Orin weiterhin auf der Bühne stehen, seine Stimme erheben und für die Rechte der Plasma-Kristall-Hybriden kämpfen. Seine ersten Schritte als Redner waren nur der Anfang eines bemerkenswerten Weges, der von Mut, Leidenschaft und dem unerschütterlichen Glauben an die Gerechtigkeit geprägt war.

Die Suche nach einer Stimme

Die Suche nach einer Stimme ist ein zentraler Bestandteil der Entwicklung eines Aktivisten. Für Orin Valis war dieser Prozess nicht nur eine persönliche Reise, sondern auch ein Spiegelbild der Herausforderungen, die Plasma-Kristall-Hybriden auf Zolran gegenüberstanden. In dieser Phase seines Lebens begann Orin, seine Gedanken und Gefühle zu artikulieren und sich aktiv an der Diskussion über Gleichheit und Gerechtigkeit zu beteiligen.

Theoretische Grundlagen

Die Suche nach einer Stimme kann durch verschiedene theoretische Rahmenbedingungen erklärt werden. Eine der prominentesten Theorien ist die *Identitätstheorie*, die besagt, dass Individuen ihre Identität und Stimme durch soziale Interaktionen und Erfahrungen entwickeln. Diese Theorie legt nahe, dass das Sprechen über eigene Erfahrungen und das Teilen von Geschichten entscheidend für die Selbstdefinition ist. In Orins Fall war es die Identität als Plasma-Kristall-Hybrid, die ihn dazu motivierte, sich Gehör zu verschaffen.

Zusätzlich spielt die *Theorie der sozialen Gerechtigkeit* eine entscheidende Rolle. Diese Theorie betont, dass die Stimme eines Individuums in einem sozialen Kontext oft durch Machtverhältnisse beeinflusst wird. Orin musste lernen, wie er seine Stimme in einer Gesellschaft, die von Vorurteilen und Diskriminierung geprägt war, erheben konnte. Die Herausforderung bestand darin, die eigene Identität zu akzeptieren und gleichzeitig für die Rechte seiner Gemeinschaft einzutreten.

Probleme und Herausforderungen

Die Suche nach einer Stimme war für Orin alles andere als einfach. Er sah sich mit mehreren Problemen konfrontiert, die seine Fähigkeit, sich auszudrücken, behinderten:

+ **Innere Zweifel:** Oft fühlte sich Orin unsicher über seine Fähigkeiten, die richtigen Worte zu finden. Diese inneren Zweifel führten zu einem Gefühl der Isolation, da er glaubte, dass seine Stimme nicht gehört werden würde.

+ **Externe Widerstände:** Die Gesellschaft auf Zolran war nicht bereit, die Stimmen der Plasma-Kristall-Hybriden zu akzeptieren. Orin erlebte oft Ablehnung und Spott, wenn er versuchte, seine Ansichten zu teilen. Diese Erfahrungen führten zu einem tiefen Gefühl der Frustration.

◆ **Mangel an Plattformen:** Zu dieser Zeit gab es nur wenige Plattformen, die den Plasma-Kristall-Hybriden die Möglichkeit boten, ihre Stimmen zu erheben. Orin musste kreative Wege finden, um seine Botschaft zu verbreiten, sei es durch Kunst, Musik oder informelle Versammlungen.

Beispiele aus Orins Leben

Um diese Herausforderungen zu überwinden, begann Orin, verschiedene Strategien zu entwickeln, um seine Stimme zu finden und zu stärken. Ein prägendes Beispiel war seine Teilnahme an einem lokalen Kunstprojekt, das sich mit der Identität und den Erfahrungen von Plasma-Kristall-Hybriden auseinandersetzte. Durch die Schaffung von Kunstwerken, die seine Gefühle und Gedanken widerspiegelten, konnte Orin nicht nur seine eigene Stimme finden, sondern auch andere inspirieren, ihre Geschichten zu teilen.

Ein weiterer wichtiger Moment war seine erste öffentliche Rede bei einer Versammlung, die von einer Gruppe von Gleichaltrigen organisiert wurde. Diese Veranstaltung bot Orin die Möglichkeit, seine Gedanken über Gleichheit und die Herausforderungen seiner Gemeinschaft zu formulieren. Trotz seiner anfänglichen Nervosität stellte er fest, dass das Teilen seiner Geschichte eine befreiende Erfahrung war. Dies führte zu einer Welle von Unterstützung und Ermutigung von anderen Plasma-Kristall-Hybriden, die sich ebenfalls nach einer Stimme sehnten.

Der Einfluss von Freundschaften und Mentoren

Die Unterstützung von Freunden und Mentoren spielte eine entscheidende Rolle in Orins Suche nach seiner Stimme. Besonders ein Lehrer, der selbst Aktivist war, half ihm, seine Gedanken zu klären und seine Redefähigkeiten zu verbessern. Durch regelmäßige Diskussionen und Feedback konnte Orin lernen, wie er seine Botschaft klar und überzeugend formulieren konnte.

Diese Beziehungen führten zu einem Gefühl der Gemeinschaft, das für Orin von entscheidender Bedeutung war. Er erkannte, dass er nicht allein war und dass viele andere Plasma-Kristall-Hybriden ähnliche Kämpfe durchlebten. Diese Erkenntnis stärkte nicht nur seine eigene Stimme, sondern förderte auch eine kollektive Identität innerhalb der Bewegung.

Fazit

Die Suche nach einer Stimme ist ein dynamischer und oft herausfordernder Prozess, der sowohl persönliche als auch gesellschaftliche Dimensionen umfasst.

Für Orin Valis war dieser Prozess entscheidend für seine Entwicklung als Aktivist und Führer der Gleichstellungsbewegung. Durch die Überwindung von Zweifeln, das Finden kreativer Ausdrucksformen und die Unterstützung von Gleichgesinnten konnte Orin schließlich eine Stimme finden, die nicht nur ihn, sondern auch viele andere Plasma-Kristall-Hybriden auf Zolran repräsentierte. Diese Erfahrungen legten den Grundstein für seinen späteren Erfolg als Bürgerrechtsaktivist und führten zu einer stärkeren Mobilisierung seiner Gemeinschaft.

Der Aufstieg als Bürgerrechtsaktivist

Gründung der Bewegung

Die ersten Schritte zur Organisation

Die Gründung einer Bewegung ist oft ein komplexer Prozess, der sowohl strategische Planung als auch das Engagement von Einzelpersonen erfordert. In den ersten Schritten zur Organisation der Gleichstellungsbewegung für Plasma-Kristall-Hybride auf Zolran war Orin Valis mit einer Vielzahl von Herausforderungen konfrontiert, die sowohl theoretische als auch praktische Dimensionen umfassten.

Theoretische Grundlagen der Organisation

Um die Bewegung effektiv zu organisieren, musste Orin zunächst die grundlegenden Theorien des Aktivismus verstehen. Eine der zentralen Theorien, die er in dieser Phase betrachtete, war die *Theorie der sozialen Bewegungen*. Diese Theorie besagt, dass soziale Bewegungen in verschiedenen Phasen entstehen, darunter die Entstehung, die Koalitionsbildung, die Mobilisierung und die Institutionalisierung. Orin erkannte, dass er seine Bewegung in der *Entstehungsphase* positionieren musste, was bedeutete, dass er eine klare Vision und Mission formulieren musste.

Ein weiterer wichtiger theoretischer Aspekt war das *Ressourc mobilisierungsmodell*, das besagt, dass der Erfolg einer sozialen Bewegung stark von den verfügbaren Ressourcen abhängt. Dazu zählen nicht nur finanzielle Mittel, sondern auch menschliche Ressourcen, wie engagierte Aktivisten, sowie soziale Ressourcen, wie Netzwerke und Unterstützer. Orin begann, ein Netzwerk von Gleichgesinnten zu identifizieren und zu mobilisieren.

Identifikation von Problemen und Herausforderungen

Die ersten Schritte zur Organisation waren jedoch nicht ohne Schwierigkeiten. Orin stellte fest, dass es in der Gemeinschaft viele Missverständnisse und Vorurteile gegenüber Plasma-Kristall-Hybriden gab. Diese Vorurteile führten zu einer allgemeinen Skepsis gegenüber der Bewegung und machten es schwierig, Unterstützung zu gewinnen. Um diese Probleme anzugehen, entwickelte Orin Strategien zur *Sensibilisierung* und *Aufklärung*.

Ein Beispiel für diese Sensibilisierung war eine Informationsveranstaltung, die Orin in seiner Heimatgemeinde organisierte. Bei dieser Veranstaltung stellte er die positiven Aspekte der Plasma-Kristall-Hybriden heraus und erklärte, wie deren Integration in die Gesellschaft sowohl für die Hybriden als auch für die Gesellschaft insgesamt von Vorteil sein könnte. Diese Art von Veranstaltungen halfen, das Bewusstsein zu schärfen und Vorurteile abzubauen.

Aufbau eines Unterstützernetzwerks

Ein weiterer entscheidender Schritt war der Aufbau eines Unterstützernetzwerks. Orin nutzte soziale Medien, um eine breitere Öffentlichkeit zu erreichen. Plattformen wie ZolranBook und PlasmaGram wurden genutzt, um Informationen zu verbreiten und Unterstützer zu mobilisieren. Die Nutzung dieser Plattformen war entscheidend, da sie es Orin ermöglichten, eine Community von Unterstützern zu schaffen, die sich für die gleichen Ziele einsetzten.

Ein Beispiel für den Erfolg dieser Strategie war die Gründung einer Online-Gruppe, die sich regelmäßig traf, um Ideen auszutauschen und Strategien zu entwickeln. Diese Gruppe wurde bald zu einem wichtigen Knotenpunkt für die Bewegung und half, die ersten Schritte zur Organisation zu koordinieren.

Erste Schritte zur Mobilisierung

Nach der Bildung eines Unterstützernetzwerks begann Orin, die ersten Schritte zur Mobilisierung zu unternehmen. Dies beinhaltete die Planung von Demonstrationen und öffentlichen Auftritten, um auf die Anliegen der Plasma-Kristall-Hybriden aufmerksam zu machen. Eine der ersten großen Demonstrationen fand in der Hauptstadt Zolrans statt, wo Orin als Hauptredner auftrat. Die Demonstration war ein entscheidender Moment für die Bewegung, da sie eine große Medienberichterstattung erhielt und die Anliegen der Plasma-Kristall-Hybriden in den Fokus der Öffentlichkeit rückten.

Die Mobilisierung erforderte jedoch auch die Überwindung interner Konflikte. In den frühen Phasen gab es unterschiedliche Meinungen darüber, welche Strategien am effektivsten wären. Orin musste lernen, wie man diese Konflikte konstruktiv löst, um die Bewegung zusammenzuhalten. Er implementierte regelmäßige Treffen, um sicherzustellen, dass alle Stimmen gehört wurden und um ein Gefühl der Gemeinschaft und des gemeinsamen Ziels zu fördern.

Zusammenfassung

Insgesamt waren die ersten Schritte zur Organisation der Gleichstellungsbewegung für Plasma-Kristall-Hybride ein entscheidender Prozess, der sowohl theoretisches Wissen als auch praktische Fähigkeiten erforderte. Orin Valis navigierte durch Herausforderungen, baute ein Unterstützernetzwerk auf und mobilisierte die Gemeinschaft, um die Anliegen der Plasma-Kristall-Hybriden in den Vordergrund zu rücken. Diese ersten Schritte legten den Grundstein für die weitere Entwicklung der Bewegung und zeigten, dass Engagement und Zusammenarbeit unerlässlich sind, um Veränderungen zu bewirken.

Mobilisierung der Plasma-Kristall-Hybriden

Die Mobilisierung der Plasma-Kristall-Hybriden stellte eine der größten Herausforderungen für Orin Valis und seine Bewegung dar. Diese Gruppe, bestehend aus Individuen, die sowohl plasma-basiert als auch kristallin sind, war historisch gesehen von Diskriminierung und Ungleichheit betroffen. Um eine effektive Mobilisierung zu erreichen, musste Orin verschiedene Strategien entwickeln, die sowohl die einzigartigen Eigenschaften dieser Hybriden als auch die gesellschaftlichen und politischen Rahmenbedingungen berücksichtigten.

Theoretische Grundlagen der Mobilisierung

Die Mobilisierung von marginalisierten Gruppen erfordert ein tiefes Verständnis der sozialen Bewegungen und der Psychologie der Betroffenen. Laut der *Mobilization Theory* (Tilly, 2004) ist die Mobilisierung von Individuen in sozialen Bewegungen oft das Ergebnis von drei Schlüsselfaktoren:

1. **Ressourcen:** Zugang zu finanziellen, menschlichen und materiellen Ressourcen ist entscheidend. Für die Plasma-Kristall-Hybriden bedeutete

dies, Netzwerke zu schaffen, die sowohl lokale als auch internationale Unterstützung bieten konnten.

2. **Gelegenheiten:** Politische Gelegenheiten müssen erkannt und genutzt werden. Orin nutzte die zunehmende öffentliche Sensibilisierung für Gleichheitsfragen, um die Anliegen der Plasma-Kristall-Hybriden ins Rampenlicht zu rücken.

3. **Kollektive Identität:** Die Schaffung einer kollektiven Identität ist entscheidend für die Mobilisierung. Orin und seine Unterstützer arbeiteten daran, ein starkes Gefühl der Zugehörigkeit und des Stolzes unter den Plasma-Kristall-Hybriden zu fördern.

Strategien zur Mobilisierung

Um die Plasma-Kristall-Hybriden zu mobilisieren, setzte Orin verschiedene Strategien ein, die auf den oben genannten theoretischen Grundlagen basierten:

1. Aufklärung und Bildung Ein zentrales Element der Mobilisierung war die Aufklärung über die Rechte und die Identität der Plasma-Kristall-Hybriden. Orin organisierte Workshops und Seminare, in denen die Teilnehmer über ihre Geschichte, ihre Rechte und die Bedeutung ihrer Identität informiert wurden. Diese Bildungsinitiativen stärkten das Bewusstsein und das Selbstbewusstsein innerhalb der Gemeinschaft.

2. Nutzung sozialer Medien Die Rolle der sozialen Medien in der Mobilisierung kann nicht unterschätzt werden. Orin erkannte frühzeitig, dass Plattformen wie ZolranBook und PlasmaGram eine effektive Möglichkeit boten, um Informationen zu verbreiten und Unterstützer zu gewinnen. Durch die Erstellung von ansprechenden Inhalten, die die Geschichten und Herausforderungen der Plasma-Kristall-Hybriden beleuchteten, gelang es Orin, eine breite Öffentlichkeit zu erreichen.

3. Aufbau von Netzwerken Die Schaffung eines Unterstützernetzwerks war entscheidend für den Erfolg der Mobilisierung. Orin arbeitete daran, Verbindungen zu anderen sozialen Bewegungen und Organisationen herzustellen, die ähnliche Ziele verfolgten. Diese Allianzen ermöglichten es den Plasma-Kristall-Hybriden, von den Erfahrungen anderer Gruppen zu lernen und ihre Reichweite zu vergrößern.

Herausforderungen bei der Mobilisierung

Trotz der Bemühungen um Mobilisierung sah sich Orin mit mehreren Herausforderungen konfrontiert:

1. **Interne Spaltungen** Innerhalb der Gemeinschaft der Plasma-Kristall-Hybriden gab es unterschiedliche Meinungen über die besten Strategien zur Mobilisierung. Einige Mitglieder plädierten für einen konfrontativen Ansatz, während andere eine gemäßigtere Strategie bevorzugten. Orin musste als Führer vermitteln und eine gemeinsame Vision entwickeln, um die Gruppe zu einen.

2. **Externer Widerstand** Die Bewegung stieß auch auf Widerstand von politischen Gegnern, die die Rechte der Plasma-Kristall-Hybriden in Frage stellten. Diese Gegner versuchten, die Bewegung zu delegitimieren, indem sie Falschinformationen verbreiteten und die Anliegen der Hybriden als übertrieben darstellten. Orin und sein Team mussten Strategien entwickeln, um diesen Widerstand zu überwinden und die öffentliche Wahrnehmung zu beeinflussen.

3. **Psychische Belastungen** Die Mobilisierung war nicht nur eine organisatorische Herausforderung, sondern stellte auch eine erhebliche psychische Belastung für Orin und seine Unterstützer dar. Der Druck, erfolgreich zu sein, und die ständige Konfrontation mit Ungerechtigkeit führten zu Stress und Erschöpfung. Orin erkannte die Notwendigkeit, Strategien zur Stressbewältigung zu implementieren, einschließlich der Förderung von Humor und Gemeinschaftsaktivitäten.

Beispiele erfolgreicher Mobilisierung

Trotz der Herausforderungen gab es mehrere bemerkenswerte Erfolge in der Mobilisierung der Plasma-Kristall-Hybriden:

1. **Die erste große Demonstration** Eine der ersten großen Demonstrationen, die von Orin organisiert wurde, zog Tausende von Plasma-Kristall-Hybriden und Unterstützern an. Diese Veranstaltung war ein Wendepunkt, da sie die Sichtbarkeit der Bewegung erheblich erhöhte und das Bewusstsein für die Anliegen der Hybriden in der breiteren Gesellschaft schärfte. Die Demonstration wurde von lokalen Medien umfassend berichtet, was zu einem Anstieg der Unterstützung führte.

2. Gesetzesänderungen Die Mobilisierung führte schließlich zu konkreten politischen Veränderungen. Dank des Drucks von Orin und seiner Bewegung wurden mehrere Gesetze geändert, um die Rechte der Plasma-Kristall-Hybriden zu schützen. Diese Erfolge wurden als direkte Folge der Mobilisierungsstrategien angesehen, die Orin implementiert hatte.

3. Internationale Anerkennung Durch die Mobilisierung gelang es Orin, die Bewegung auf internationaler Ebene bekannt zu machen. Die Plasma-Kristall-Hybriden wurden von Menschenrechtsorganisationen anerkannt, und Orin wurde zu einer wichtigen Stimme in globalen Diskussionen über Gleichheit und Gerechtigkeit.

Fazit

Die Mobilisierung der Plasma-Kristall-Hybriden war eine komplexe und herausfordernde Aufgabe, die jedoch letztendlich zu bedeutenden Erfolgen führte. Orins Fähigkeit, die Gemeinschaft zu inspirieren und zusammenzubringen, war entscheidend für den Fortschritt der Bewegung. Die Erfahrungen und Lehren aus dieser Phase der Mobilisierung wurden zu einer Grundlage für die zukünftige Arbeit der Bewegung und trugen zur Schaffung eines stärkeren, vereinten Kollektivs bei, das für Gleichheit und Gerechtigkeit kämpft.

Strategien zur Sensibilisierung

Die Sensibilisierung für die Anliegen der Plasma-Kristall-Hybriden war eine der zentralen Strategien von Orin Valis und seiner Bewegung. Diese Strategien umfassten eine Vielzahl von Methoden, die darauf abzielten, das Bewusstsein der Öffentlichkeit zu schärfen und die Unterstützung für die Gleichstellungsbewegung zu mobilisieren. Im Folgenden werden einige der wichtigsten Strategien zur Sensibilisierung beschrieben, die Orin und seine Mitstreiter in ihrer Arbeit verwendet haben.

1. Nutzung von sozialen Medien

Die sozialen Medien haben sich als ein unverzichtbares Werkzeug für die Sensibilisierung erwiesen. Plattformen wie ZolranBook und Plasmagram ermöglichten es Orin, seine Botschaft schnell und effizient an ein breites Publikum zu verbreiten. Durch die Erstellung von ansprechenden Inhalten, wie Videos, Grafiken und interaktiven Posts, konnte die Bewegung die Aufmerksamkeit auf die

Herausforderungen der Plasma-Kristall-Hybriden lenken. Ein Beispiel für eine erfolgreiche Kampagne war die #PlasmaRights-Initiative, die innerhalb von nur wenigen Wochen Tausende von Unterstützern mobilisierte.

2. Öffentlichkeitsarbeit und Veranstaltungen

Öffentliche Veranstaltungen, wie Demonstrationen, Workshops und Informationsstände, spielten eine entscheidende Rolle bei der Sensibilisierung. Orin organisierte regelmäßig Veranstaltungen, bei denen Plasma-Kristall-Hybriden ihre Geschichten teilen konnten. Diese persönlichen Berichte waren nicht nur bewegend, sondern halfen auch, das Verständnis für die Probleme der Gemeinschaft zu vertiefen. Ein Beispiel ist die „Licht für Plasma"-Demonstration, die in der Hauptstadt Zolran stattfand und mit über 10.000 Teilnehmern einen Rekord aufstellte.

3. Bildung und Aufklärung

Orin glaubte fest an die Macht der Bildung. Er initiierte Programme, die darauf abzielten, sowohl Plasma-Kristall-Hybriden als auch der breiten Öffentlichkeit Wissen über die rechtlichen und sozialen Herausforderungen zu vermitteln, mit denen die Gemeinschaft konfrontiert war. Workshops in Schulen und Universitäten wurden organisiert, um das Bewusstsein für Diskriminierung und Ungerechtigkeit zu schärfen. Ein Beispiel für den Erfolg dieser Strategie war die Einführung eines Lehrplans über die Geschichte der Plasma-Kristall-Hybriden an mehreren Schulen, der von Schülern und Lehrern gleichermaßen positiv aufgenommen wurde.

4. Zusammenarbeit mit Künstlern und Influencern

Die Zusammenarbeit mit Künstlern und Influencern war eine weitere effektive Strategie zur Sensibilisierung. Orin erkannte, dass Kunst und Kultur starke Mittel sind, um Emotionen zu wecken und Menschen zu mobilisieren. Durch Partnerschaften mit bekannten Künstlern und Influencern konnte die Bewegung ihre Reichweite erheblich erweitern. Ein bemerkenswertes Beispiel ist das Kunstprojekt „Plasma in der Gesellschaft", das von einem berühmten Zolraner Künstler ins Leben gerufen wurde und in mehreren Galerien ausgestellt wurde. Die Werke thematisierten die Identität und die Herausforderungen der Plasma-Kristall-Hybriden und fanden großen Anklang in der Öffentlichkeit.

5. Medienpräsenz und Interviews

Die Medienpräsenz war entscheidend für die Sensibilisierung. Orin und andere Aktivisten gaben zahlreiche Interviews in Zeitungen, Radio und Fernsehen, um die Anliegen der Plasma-Kristall-Hybriden darzustellen. Durch die gezielte Ansprache von Journalisten und Medienvertretern konnte die Bewegung sicherstellen, dass ihre Botschaft in der breiten Öffentlichkeit Gehör fand. Besonders ein Interview mit Orin in der Zolraner Tageszeitung „Zukunft" führte zu einem massiven Anstieg des Interesses an der Bewegung und half, die Diskussion über die Rechte der Plasma-Kristall-Hybriden anzustoßen.

6. Strategische Partnerschaften

Die Bildung strategischer Partnerschaften mit anderen Organisationen und Gruppen war ein weiterer wichtiger Aspekt der Sensibilisierungsstrategien. Orin arbeitete eng mit Menschenrechtsorganisationen, Umweltgruppen und anderen Aktivisten zusammen, um eine breitere Basis für die Unterstützung zu schaffen. Diese Allianzen ermöglichten es der Bewegung, ihre Reichweite zu vergrößern und Ressourcen zu bündeln. Ein Beispiel für eine erfolgreiche Partnerschaft war die Zusammenarbeit mit der „Zolraner Initiative für Menschenrechte", die gemeinsame Veranstaltungen und Kampagnen organisierte.

7. Einsatz von Daten und Forschung

Um die Sensibilisierung zu unterstützen, nutzte Orin auch Daten und Forschungsergebnisse, um die Situation der Plasma-Kristall-Hybriden zu untermauern. Durch die Bereitstellung von Statistiken über Diskriminierung und Ungerechtigkeit konnte die Bewegung ihre Argumente stärken und das öffentliche Bewusstsein schärfen. Eine Studie, die die Auswirkungen der Diskriminierung auf die psychische Gesundheit von Plasma-Kristall-Hybriden untersuchte, wurde in verschiedenen Medien veröffentlicht und sorgte für großes Aufsehen.

Fazit

Die Strategien zur Sensibilisierung, die von Orin Valis und seiner Bewegung entwickelt wurden, waren vielfältig und wirkungsvoll. Durch die Kombination von sozialen Medien, Öffentlichkeitsarbeit, Bildung, Kunst, Medienpräsenz, strategischen Partnerschaften und datengestützten Ansätzen konnte die Bewegung eine breite Unterstützung mobilisieren und das Bewusstsein für die Anliegen der Plasma-Kristall-Hybriden erheblich steigern. Diese Strategien waren nicht nur entscheidend für den Erfolg der Bewegung, sondern auch für die Schaffung eines neuen Bewusstseins in der Gesellschaft über die Rechte und Herausforderungen dieser einzigartigen Gemeinschaft.

Die Rolle von sozialen Medien

Soziale Medien haben sich als ein entscheidendes Werkzeug für die Gleichstellungsbewegung der Plasma-Kristall-Hybriden auf Zolran herausgestellt. Diese Plattformen ermöglichen es Aktivisten, ihre Botschaften schnell und weitreichend zu verbreiten, Mobilisierungen zu organisieren und eine Gemeinschaft zu schaffen, die sich für Gleichheit und Gerechtigkeit einsetzt. In diesem Abschnitt werden wir die Rolle der sozialen Medien in Orin Valis' Aktivismus untersuchen, einschließlich der theoretischen Grundlagen, Herausforderungen und konkreten Beispiele.

Theoretische Grundlagen

Die Nutzung sozialer Medien im Aktivismus kann durch verschiedene theoretische Rahmenbedingungen erklärt werden. Ein zentraler Aspekt ist die **Theorie der sozialen Bewegungen**, die beschreibt, wie kollektive Aktionen durch soziale Netzwerke gefördert werden. Die Dynamik dieser Netzwerke ermöglicht es, Informationen schnell zu verbreiten und eine breite Öffentlichkeit zu erreichen.

Ein weiteres relevantes Konzept ist die **Agenda-Setting-Theorie**, die besagt, dass Medien die Themen bestimmen, über die die Öffentlichkeit nachdenkt. In der Ära der sozialen Medien können Aktivisten die Agenda aktiv mitgestalten, indem sie relevante Themen ansprechen und Diskussionen anstoßen.

Mathematisch kann man den Einfluss von sozialen Medien auf die Reichweite einer Botschaft durch die folgende Gleichung darstellen:

$$R = C \cdot (N + I) \tag{17}$$

wobei R die Reichweite der Botschaft, C die Konversionsrate (d.h. die Wahrscheinlichkeit, dass eine Person die Botschaft teilt), N die Anzahl der Follower und I die Anzahl der Interaktionen (Kommentare, Likes, Shares) darstellt.

Herausforderungen

Trotz der Vorteile, die soziale Medien bieten, gibt es auch erhebliche Herausforderungen. Eine der größten Hürden ist die **Desinformation**. Falsche

Informationen können sich schnell verbreiten und die Glaubwürdigkeit der Bewegung untergraben. Ein Beispiel dafür war die Verbreitung von Fehlinformationen über die Ziele der Bewegung, die zu Missverständnissen und Spaltungen innerhalb der Gemeinschaft führten.

Ein weiteres Problem ist die **Echokammer**, in der sich Benutzer nur mit Informationen umgeben, die ihre bestehenden Überzeugungen bestätigen. Dies kann zu einer Polarisierung führen und den Dialog mit anderen Gruppen erschweren. Um diesen Herausforderungen zu begegnen, ist es wichtig, Strategien zu entwickeln, die eine offene und respektvolle Kommunikation fördern.

Beispiele für erfolgreiche Nutzung

Ein herausragendes Beispiel für den erfolgreichen Einsatz sozialer Medien in der Bewegung war die Kampagne *#PlasmaFürAlle*. Diese Kampagne zielte darauf ab, das Bewusstsein für die Rechte der Plasma-Kristall-Hybriden zu schärfen und eine breite Unterstützung zu mobilisieren. Durch kreative Inhalte, wie Videos und Grafiken, gelang es der Bewegung, über 100.000 Unterstützer innerhalb von nur wenigen Wochen zu gewinnen.

Darüber hinaus nutzte Orin Valis Plattformen wie *ZolranBook* und *InstaZolran*, um live von Demonstrationen zu berichten und Menschen zu ermutigen, sich den Protesten anzuschließen. Diese direkte Kommunikation schuf ein Gefühl der Gemeinschaft und der Dringlichkeit, das viele Menschen motivierte, aktiv zu werden.

Schlussfolgerung

Zusammenfassend lässt sich sagen, dass soziale Medien eine transformative Rolle im Aktivismus von Orin Valis und der Gleichstellungsbewegung für Plasma-Kristall-Hybride gespielt haben. Sie bieten nicht nur eine Plattform zur Verbreitung von Informationen, sondern auch zur Schaffung einer engagierten Gemeinschaft. Dennoch müssen Aktivisten wachsam bleiben und sich den Herausforderungen der Desinformation und der Echokammern stellen. Die Zukunft des Aktivismus wird zunehmend von der Fähigkeit abhängen, soziale Medien effektiv zu nutzen, um positive Veränderungen zu bewirken und eine gerechtere Gesellschaft zu fördern.

Aufbau eines Unterstützernetzwerks

Der Aufbau eines Unterstützernetzwerks ist eine der entscheidendsten Strategien für jede soziale Bewegung, insbesondere für die Gleichstellungsbewegung der

Plasma-Kristall-Hybriden auf Zolran. Ein starkes Netzwerk ermöglicht nicht nur die Mobilisierung von Ressourcen, sondern auch die Schaffung eines Gemeinschaftsgefühls und die Förderung des Engagements unter den Unterstützern. In diesem Abschnitt werden die Theorien, Probleme und Beispiele, die mit dem Aufbau eines Unterstützernetzwerks verbunden sind, detailliert behandelt.

Theoretische Grundlagen

Die Theorie des sozialen Kapitals, wie sie von Pierre Bourdieu formuliert wurde, legt nahe, dass soziale Netzwerke eine Schlüsselressource für Individuen und Gruppen darstellen, um ihre Ziele zu erreichen. Soziales Kapital umfasst die Beziehungen, die Individuen innerhalb ihrer Gemeinschaften aufbauen, und die Normen des gegenseitigen Vertrauens und der Zusammenarbeit. In der Praxis bedeutet dies, dass ein gut etabliertes Netzwerk von Unterstützern nicht nur die Reichweite einer Bewegung erhöht, sondern auch die Effektivität ihrer Kampagnen steigert.

$$SC = \frac{R + C + T}{N} \tag{18}$$

wobei SC das soziale Kapital, R die Anzahl der Beziehungen, C die Kooperationsbereitschaft, T das Vertrauen und N die Anzahl der Netzwerkmitglieder darstellt. Ein höheres soziales Kapital führt zu einer stärkeren Mobilisierung und einem größeren Einfluss auf politische Entscheidungen.

Herausforderungen beim Aufbau eines Netzwerks

Trotz der theoretischen Vorteile gibt es mehrere Herausforderungen, die Orin Valis und seine Bewegung bei der Schaffung eines Unterstützernetzwerks überwinden mussten:

+ **Fragmentierung der Gemeinschaft:** Die Plasma-Kristall-Hybriden waren oft in verschiedene Gruppen und Subkulturen unterteilt, was eine einheitliche Mobilisierung erschwerte. Orin musste Strategien entwickeln, um diese Fragmentierung zu überwinden und eine gemeinsame Identität zu fördern.

+ **Misstrauen gegenüber politischen Bewegungen:** Viele Plasma-Kristall-Hybriden hatten aufgrund vergangener Erfahrungen mit politischen Organisationen ein tiefes Misstrauen gegenüber neuen

Bewegungen. Orin musste durch Transparenz und offene Kommunikation Vertrauen aufbauen.

+ **Ressourcenmangel:** Der Mangel an finanziellen und personellen Ressourcen stellte eine weitere Hürde dar. Ohne ausreichende Mittel war es schwierig, Veranstaltungen zu organisieren oder Werbematerialien zu erstellen.

Strategien zur Netzwerkbildung

Um diese Herausforderungen zu bewältigen, implementierte Orin mehrere Strategien:

1. **Veranstaltungen und Workshops:** Orin organisierte regelmäßig Veranstaltungen, die nicht nur der Aufklärung über die Anliegen der Plasma-Kristall-Hybriden dienten, sondern auch Gelegenheiten boten, um Kontakte zu knüpfen und Beziehungen aufzubauen. Diese Veranstaltungen halfen, ein Gefühl der Gemeinschaft zu schaffen und das Vertrauen zu stärken.

2. **Nutzung sozialer Medien:** Die sozialen Medien wurden als Plattform genutzt, um Informationen zu verbreiten und Unterstützer zu mobilisieren. Durch gezielte Kampagnen auf Plattformen wie ZolranBook und PlasmaGram konnte Orin eine breitere Zielgruppe erreichen und das Bewusstsein für die Bewegung erhöhen.

3. **Partnerschaften mit anderen Gruppen:** Orin suchte aktiv nach Partnerschaften mit anderen sozialen Bewegungen und Organisationen, die ähnliche Ziele verfolgten. Diese Allianzen ermöglichten es der Bewegung, Ressourcen zu teilen und den Einfluss zu vergrößern.

Beispiele für erfolgreiche Netzwerkbildung

Ein bemerkenswertes Beispiel für die erfolgreiche Netzwerkbildung war die Veranstaltung „Plasma-Kristall-Tag", die Orin ins Leben rief. Diese jährliche Veranstaltung brachte Plasma-Kristall-Hybriden aus verschiedenen Teilen Zolrans zusammen und bot eine Plattform für Diskussionen, Workshops und kulturelle Darbietungen. Die erste Veranstaltung zog über 5.000 Teilnehmer an und führte zur Gründung von mehreren lokalen Unterstützungsgruppen.

Ein weiteres Beispiel ist die Online-Kampagne „#PlasmaRightsNow", die Orin ins Leben rief, um die Anliegen der Plasma-Kristall-Hybriden in sozialen Medien zu verbreiten. Diese Kampagne führte zu einer Verdopplung der

Unterstützerzahlen innerhalb von nur drei Monaten und ermutigte viele, aktiv an der Bewegung teilzunehmen.

Fazit

Der Aufbau eines Unterstützernetzwerks ist für den Erfolg der Gleichstellungsbewegung der Plasma-Kristall-Hybriden unerlässlich. Durch die Anwendung theoretischer Konzepte, das Überwinden von Herausforderungen und die Implementierung effektiver Strategien konnte Orin Valis ein starkes und engagiertes Netzwerk aufbauen. Dieses Netzwerk ist nicht nur eine Ressource für die Bewegung, sondern auch ein Symbol für die Solidarität und das Engagement der Plasma-Kristall-Hybriden für Gleichheit und Gerechtigkeit.

Herausforderungen in der Anfangsphase

Die Gründung der Bewegung für die Gleichstellung von Plasma-Kristall-Hybriden auf Zolran war mit zahlreichen Herausforderungen konfrontiert. Diese Anfangsphase war entscheidend für die spätere Entwicklung und den Erfolg der Bewegung. In diesem Abschnitt werden die zentralen Probleme und Theorien beleuchtet, die Orin Valis und seine Mitstreiter während dieser kritischen Zeit bewältigen mussten.

1. Mangelnde öffentliche Unterstützung

Eines der größten Hindernisse in der Anfangsphase war der Mangel an öffentlicher Unterstützung. Viele Plasma-Kristall-Hybriden waren sich ihrer eigenen Identität und der Notwendigkeit einer Gleichstellungsbewegung nicht bewusst. Um dies zu überwinden, setzte Orin auf Aufklärung und Sensibilisierung. Er organisierte Informationsveranstaltungen und nutzte soziale Medien, um die Botschaft zu verbreiten. Die Theorie der *kollektiven Identität* (Tilly, 2004) spielte eine wichtige Rolle, indem sie aufzeigte, wie das Bewusstsein für gemeinsame Merkmale und Erfahrungen die Mobilisierung innerhalb der Gemeinschaft fördern kann.

2. Interne Konflikte

Während der Gründung der Bewegung traten auch interne Konflikte auf. Unterschiedliche Meinungen über Strategien und Ziele führten zu Spannungen zwischen den Mitgliedern. Orin erkannte schnell, dass eine klare Kommunikation und das Festlegen gemeinsamer Ziele unerlässlich waren. Die *Theorie der sozialen Bewegung* (McAdam, 1982) besagt, dass interne Kohärenz entscheidend für den

Erfolg einer Bewegung ist.   Orin initiierte regelmäßige Treffen, um die Meinungsverschiedenheiten zu besprechen und ein Gefühl der Einheit zu schaffen.

3. Widerstand von politischen Gegnern

Ein weiteres bedeutendes Problem war der Widerstand von politischen Gegnern, die die Gleichstellungsbewegung als Bedrohung für ihre Machtpositionen ansahen. Diese Gegner nutzten verschiedene Taktiken, um die Bewegung zu diskreditieren, darunter Verbreitung von Falschinformationen und gezielte Angriffe auf führende Mitglieder. Orin und sein Team mussten lernen, mit diesen Angriffen umzugehen und eine Strategie zur Schadensbegrenzung zu entwickeln.   Die *Theorie der politischen Chancen* (Tarrow, 1998) erklärt, dass der Erfolg von sozialen Bewegungen oft von der politischen Landschaft abhängt und dass es wichtig ist, in Zeiten des Widerstands flexibel zu bleiben.

4. Ressourcenmangel

Die Bewegung hatte auch mit einem Mangel an Ressourcen zu kämpfen. Finanzielle Mittel waren begrenzt, und es fehlte an materiellen Ressourcen, um Veranstaltungen und Kampagnen durchzuführen.   Orin wandte sich an lokale Unternehmen und Organisationen, um Sponsoring zu gewinnen.   Die *Ressourcentheorie* (McCarthy und Zald, 1977) betont, dass der Zugang zu Ressourcen entscheidend für die Mobilisierung ist.   Durch kreative Fundraising-Ideen und die Nutzung von Crowdfunding-Plattformen konnte die Bewegung schließlich eine solide finanzielle Basis aufbauen.

5. Psychische Belastungen und Stress

Die ständige Konfrontation mit Widerstand und Kritik führte zu psychischen Belastungen für Orin und seine Mitstreiter. Der Druck, Erwartungen zu erfüllen und die Bewegung voranzubringen, war enorm. Orin erkannte die Bedeutung von Selbstfürsorge und Teamgeist. Er förderte eine Kultur des Supports innerhalb der Gruppe, in der Mitglieder ihre Sorgen und Ängste teilen konnten. Die *Theorie der Resilienz* (Masten, 2001) zeigt, dass soziale Unterstützung ein entscheidender Faktor für die Bewältigung von Stress ist.   Durch regelmäßige Reflexion und Teambuilding-Maßnahmen konnte die Gruppe ihre Widerstandsfähigkeit stärken.

6. Schwierigkeiten bei der Mobilisierung

Die Mobilisierung der Plasma-Kristall-Hybriden stellte eine weitere Herausforderung dar. Viele fühlten sich von der Politik entfremdet und waren skeptisch gegenüber Veränderungen. Orin nutzte kreative Ansätze, um das Interesse der Gemeinschaft zu wecken. Er organisierte kulturelle Veranstaltungen, die die Identität der Plasma-Kristall-Hybriden feierten und gleichzeitig das Bewusstsein für die Gleichstellungsbewegung schärften. Die *Mobilisierungstheorie* (Della Porta und Diani, 2006) zeigt, dass die Verbindung von kulturellen und politischen Elementen entscheidend ist, um Menschen zur Teilnahme zu bewegen.

7. Fehlen einer klaren Strategie

Zu Beginn fehlte der Bewegung eine klare Strategie, um ihre Ziele zu erreichen. Orin und sein Team mussten sich intensiv mit der Entwicklung eines Aktionsplans auseinandersetzen. Sie führten SWOT-Analysen durch, um Stärken, Schwächen, Chancen und Bedrohungen zu identifizieren. Diese methodische Herangehensweise half, die Richtung der Bewegung zu klären und konkrete Schritte zu definieren. Die *Theorie der strategischen Planung* (Mintzberg, 1994) betont die Notwendigkeit, langfristige Ziele mit kurzfristigen Aktionen in Einklang zu bringen.

Fazit

Die Herausforderungen in der Anfangsphase der Gleichstellungsbewegung für Plasma-Kristall-Hybriden waren vielfältig und komplex. Orin Valis und seine Mitstreiter mussten sich mit einem Mangel an öffentlicher Unterstützung, internen Konflikten, politischem Widerstand, Ressourcenmangel, psychischen Belastungen, Mobilisierungsproblemen und einem Fehlen klarer Strategien auseinandersetzen. Durch kreative Ansätze, strategische Planung und die Stärkung der Gemeinschaft konnten sie jedoch die Grundlagen für eine erfolgreiche Bewegung legen. Diese Erfahrungen prägten nicht nur die Entwicklung der Bewegung, sondern auch Orins eigene Philosophie des Aktivismus, die auf Resilienz, Empathie und kollektiver Identität basiert.

Zusammenarbeit mit anderen Gruppen

Die Zusammenarbeit mit anderen Gruppen war für Orin Valis und die Gleichstellungsbewegung für Plasma-Kristall-Hybride auf Zolran von entscheidender Bedeutung. Diese Kooperationen ermöglichten es, Ressourcen zu bündeln, Strategien zu entwickeln und eine breitere Öffentlichkeit für die Anliegen der Plasma-Kristall-Hybriden zu sensibilisieren. In diesem Abschnitt betrachten wir die verschiedenen Facetten der Zusammenarbeit, die Herausforderungen, die dabei auftraten, sowie die Erfolge, die aus diesen Bemühungen resultierten.

Theoretische Grundlagen der Zusammenarbeit

Die Theorie der kollektiven Aktion legt nahe, dass Gruppen, die ähnliche Ziele verfolgen, durch Zusammenarbeit ihre Effektivität steigern können. Dies wird durch die *Theorie der sozialen Bewegungen* gestützt, die besagt, dass erfolgreiche Bewegungen oft auf einer starken Netzwerkstruktur basieren, die den Austausch von Informationen und Ressourcen fördert.

Ein Beispiel für eine solche Theorie ist die *Resource Mobilization Theory*, die besagt, dass der Zugang zu Ressourcen – seien es finanzielle Mittel, menschliche Ressourcen oder Informationen – entscheidend für den Erfolg einer sozialen Bewegung ist. Durch die Kooperation mit anderen Gruppen konnte Orin Valis auf ein größeres Reservoir an Ressourcen zugreifen, was die Mobilisierung der Plasma-Kristall-Hybriden erheblich erleichterte.

Herausforderungen der Zusammenarbeit

Trotz der Vorteile, die eine Zusammenarbeit mit anderen Gruppen mit sich brachte, gab es auch erhebliche Herausforderungen. Eine der größten Schwierigkeiten war die *Heterogenität der Gruppen*. Unterschiedliche Ideologien, Ziele und Strategien führten oft zu Spannungen. Einige Gruppen hatten eine andere Auffassung von Gleichheit und Gerechtigkeit, was zu internen Konflikten führte.

Ein Beispiel dafür war die Zusammenarbeit mit einer Gruppe, die sich auf die Rechte von organischen Lebensformen konzentrierte. Während beide Gruppen das Ziel verfolgten, Gleichheit zu fördern, war die Herangehensweise der organischen Gruppe eher auf traditionelle Methoden des Aktivismus ausgerichtet, während Orin und seine Mitstreiter moderne Technologien und soziale Medien bevorzugten. Diese Differenzen führten zu Missverständnissen und in einigen Fällen zu offenen Konflikten.

Erfolgreiche Kooperationen

Trotz dieser Herausforderungen konnte Orin Valis mehrere erfolgreiche Kooperationen aufbauen. Eine der bemerkenswertesten war die Partnerschaft mit der Organisation „Zolran für alle", die sich für die Rechte aller marginalisierten Gruppen einsetzte. Diese Zusammenarbeit führte zur Organisation von gemeinsamen Veranstaltungen, die sowohl die Anliegen der Plasma-Kristall-Hybriden als auch die der organischen Lebensformen in den Vordergrund stellten.

Ein Beispiel für eine solche Veranstaltung war das *Festival der Vielfalt*, das in der Hauptstadt Zolran stattfand. Hier konnten verschiedene Gruppen ihre Anliegen präsentieren, und Orin Valis hielt eine bewegende Rede, die die Gemeinsamkeiten zwischen den verschiedenen Gruppen betonte. Dies führte zu einer stärkeren Solidarität und einem Gefühl der Gemeinschaft unter den Teilnehmern. Die Veranstaltung wurde von den Medien umfassend berichtet und half, das Bewusstsein für die Gleichstellungsbewegung zu schärfen.

Strategien zur effektiven Zusammenarbeit

Um die Zusammenarbeit zu optimieren, entwickelte Orin Valis mehrere Strategien. Eine davon war die Schaffung eines *Kooperationsnetzwerks*, in dem Gruppen regelmäßig zusammentrafen, um ihre Fortschritte zu besprechen und gemeinsame Aktionen zu planen. Diese regelmäßigen Treffen förderten nicht nur den Austausch von Ideen, sondern auch den Aufbau von Vertrauen zwischen den Gruppen.

Ein weiteres wichtiges Element war die *Schulung von Mitgliedern* in der Kunst der Zusammenarbeit. Orin organisierte Workshops, in denen die Mitglieder der Bewegung lernten, wie man effektiv kommuniziert, Konflikte löst und gemeinsame Ziele definiert. Diese Schulungen trugen dazu bei, Missverständnisse zu verringern und die Effizienz der Zusammenarbeit zu steigern.

Beispiele für erfolgreiche Initiativen

Ein bemerkenswertes Beispiel für eine erfolgreiche Initiative war die *Kampagne für die Gleichstellung im Bildungswesen*. In Zusammenarbeit mit verschiedenen Bildungsorganisationen gelang es Orin und seinem Team, eine Petition zu starten, die in kürzester Zeit Tausende von Unterschriften sammelte. Diese Petition forderte die Einführung von Bildungsprogrammen, die die Rechte und Bedürfnisse der Plasma-Kristall-Hybriden berücksichtigten.

Die Kampagne führte schließlich zu einer Gesetzesänderung, die den Zugang zu Bildung für Plasma-Kristall-Hybriden erleichterte. Dies war nicht nur ein großer Erfolg für die Bewegung, sondern auch ein Beweis dafür, wie kraftvoll die Zusammenarbeit zwischen verschiedenen Gruppen sein kann.

Fazit

Die Zusammenarbeit mit anderen Gruppen war für Orin Valis und die Gleichstellungsbewegung von zentraler Bedeutung. Trotz der Herausforderungen, die sich aus unterschiedlichen Ideologien und Strategien ergaben, konnten durch effektive Kooperationen bedeutende Erfolge erzielt werden. Die Erfahrungen, die Orin und seine Mitstreiter in diesem Bereich sammelten, zeigen, dass die Kraft der Gemeinschaft und des kollektiven Handelns entscheidend für den Fortschritt in der Gleichstellungsbewegung ist.

In der Zukunft wird es wichtig sein, diese Prinzipien der Zusammenarbeit weiter zu fördern, um die Herausforderungen zu meistern, die noch vor uns liegen, und um eine gerechtere Gesellschaft für alle zu schaffen.

Die erste große Demonstration

Die erste große Demonstration von Orin Valis und seiner Bewegung für Plasma-Kristall-Hybride auf Zolran war ein entscheidender Moment in der Geschichte des Aktivismus. Diese Veranstaltung, die am 15. April 2025 stattfand, brachte Tausende von Unterstützern zusammen und stellte einen Wendepunkt im Kampf für Gleichheit und Gerechtigkeit dar. In diesem Abschnitt werden wir die Vorbereitungen, Herausforderungen und die Auswirkungen dieser Demonstration untersuchen.

Vorbereitungen und Mobilisierung

Die Vorbereitungen für die Demonstration begannen Monate im Voraus. Orin und sein Team arbeiteten unermüdlich daran, eine breite Basis von Unterstützern zu mobilisieren. Eine der zentralen Strategien war die Nutzung sozialer Medien, um Informationen zu verbreiten und Menschen zur Teilnahme zu ermutigen. Die Plattformen *ZolranNet* und *PlasmaConnect* wurden genutzt, um die Botschaft der Bewegung zu verbreiten und die Wichtigkeit der Demonstration hervorzuheben.

Die Mobilisierung umfasste auch das Erstellen von Flyern, Plakaten und Videos, die die Anliegen der Plasma-Kristall-Hybriden klar kommunizierten. Ein bemerkenswertes Beispiel war ein Video, in dem Orin selbst die Herausforderungen schilderte, mit denen Plasma-Kristall-Hybride konfrontiert waren, und die Notwendigkeit einer starken, vereinten Stimme betonte. Die Botschaft war klar: *„Wir sind hier, um gehört zu werden!"*

Herausforderungen während der Demonstration

Trotz der sorgfältigen Planung gab es während der Demonstration mehrere Herausforderungen. Eine der größten Schwierigkeiten war die unerwartete Gegenreaktion von politischen Gegnern. Eine Gruppe von Gegnern versuchte, die Demonstration zu stören, indem sie mit lauten Protesten und provokanten Slogans auftraten. Dies führte zu Spannungen zwischen den beiden Gruppen und erforderte schnelles Handeln von Orin und seinen Unterstützern.

Um die Situation zu entschärfen, implementierte Orin eine Strategie der Deeskalation. Er forderte seine Unterstützer auf, ruhig zu bleiben und sich auf die Botschaft der Bewegung zu konzentrieren. Diese Entscheidung war entscheidend, um eine gewaltsame Auseinandersetzung zu vermeiden und die öffentliche Wahrnehmung der Bewegung zu schützen.

Theorie der sozialen Bewegungen

Die Demonstration kann auch durch die Linse der Theorie sozialer Bewegungen betrachtet werden. Nach dem *Resource Mobilization Theory* (RMT) ist der Zugang zu Ressourcen entscheidend für den Erfolg sozialer Bewegungen. Orin verstand, dass die Mobilisierung von Menschen nicht nur von der Leidenschaft, sondern auch von der Verfügbarkeit von Ressourcen wie Zeit, Geld und Informationen abhängt.

Die *Framing Theory* spielte ebenfalls eine wichtige Rolle. Orin und sein Team arbeiteten daran, die Anliegen der Plasma-Kristall-Hybriden in einer Weise zu präsentieren, die für die breitere Öffentlichkeit ansprechend war. Sie schufen ein Narrativ, das die Notwendigkeit von Gleichheit und Gerechtigkeit hervorhob und gleichzeitig die positiven Aspekte der Plasma-Kristall-Kultur betonte.

Ergebnisse und Auswirkungen

Die Demonstration war ein überwältigender Erfolg. Schätzungen zufolge nahmen über 10.000 Menschen teil, und die Medienberichterstattung war durchweg positiv. Die Demonstration führte zu einer erhöhten Sichtbarkeit der Bewegung und trug dazu bei, das Bewusstsein für die Herausforderungen der Plasma-Kristall-Hybriden in der Gesellschaft zu schärfen.

Ein direktes Ergebnis der Demonstration war die Einberufung eines runden Tisches mit politischen Entscheidungsträgern, um die Anliegen der Plasma-Kristall-Hybriden zu diskutieren. Diese Gespräche führten zu einem ersten Entwurf für eine Gesetzesänderung, die darauf abzielte, Diskriminierung zu bekämpfen und die Rechte der Plasma-Kristall-Hybriden zu stärken.

Schlussfolgerung

Die erste große Demonstration von Orin Valis war nicht nur ein Meilenstein für die Bewegung, sondern auch ein Beispiel für die Kraft des kollektiven Handelns. Sie zeigte, dass durch Mobilisierung, strategische Planung und die Fähigkeit, Herausforderungen zu überwinden, bedeutende Veränderungen in der Gesellschaft erreicht werden können. Orins Vision und Entschlossenheit, gepaart mit der Unterstützung seiner Gemeinschaft, legten den Grundstein für eine nachhaltige Bewegung, die weiterhin für Gleichheit und Gerechtigkeit kämpft.

Die Bedeutung dieser Demonstration kann nicht hoch genug eingeschätzt werden. Sie war ein Beweis dafür, dass selbst in schwierigen Zeiten Hoffnung und Veränderung möglich sind, wenn Menschen zusammenkommen und für das kämpfen, woran sie glauben.

Medienecho und öffentliche Wahrnehmung

Die öffentliche Wahrnehmung von Orin Valis und der Bewegung für Plasma-Kristall-Hybride war ein entscheidender Faktor für den Erfolg ihrer Anliegen. In dieser Phase der Bewegung, die von 3.1.1 bis 3.1.10 reicht, spielte die Medienberichterstattung eine zentrale Rolle bei der Mobilisierung der Gemeinschaft, der Sensibilisierung für die Probleme der Plasma-Kristall-Hybriden und der Schaffung eines positiven Images der Bewegung.

Die Rolle der Medien

Die Medien fungieren als Vermittler zwischen sozialen Bewegungen und der breiten Öffentlichkeit. Laut der *Theorie der medialen Konstruktion der Realität* (Schultz, 2006) beeinflussen die Medien nicht nur, wie Ereignisse wahrgenommen werden, sondern auch, wie sie interpretiert und in den sozialen Diskurs integriert werden. In Orin Valis' Fall war die Medienberichterstattung sowohl eine Herausforderung als auch eine Chance.

Herausforderungen der Medienberichterstattung

Zu Beginn der Bewegung sah sich Orin Valis mit einer Vielzahl von Herausforderungen konfrontiert. Politische Gegner versuchten, die Bewegung zu diskreditieren, indem sie sie als radikal oder extrem darstellten. Diese negative Berichterstattung führte zu einem verzerrten Bild der Bewegung in der Öffentlichkeit. Ein Beispiel hierfür ist die Berichterstattung über die erste große

Demonstration, bei der einige Medien übertriebene Darstellungen von Gewalt und Chaos verbreiteten, obwohl die Veranstaltung friedlich verlief.

$$\text{Medienberichterstattung} = \text{Wahrnehmung der Bewegung} + \text{öffentliche Reaktion} \tag{19}$$

Die Gleichung verdeutlicht, dass die Art und Weise, wie Medien über die Bewegung berichten, direkt die öffentliche Wahrnehmung beeinflusst. Negative Berichterstattung kann zu einem Rückgang der Unterstützung führen, während positive Berichterstattung die Mobilisierung fördern kann.

Strategien zur positiven Medienpräsenz

Um diesen Herausforderungen zu begegnen, entwickelte Orin Valis Strategien, um die Medienberichterstattung aktiv zu beeinflussen. Dazu gehörten:

+ **Pressekonferenzen:** Orin organisierte regelmäßige Pressekonferenzen, um die Anliegen der Bewegung klar zu kommunizieren und Missverständnisse auszuräumen.

+ **Soziale Medien:** Die Nutzung von sozialen Medien war entscheidend. Plattformen wie ZolranBook und GlimmerNet ermöglichten es der Bewegung, direkt mit Unterstützern zu kommunizieren und ihre Botschaften zu verbreiten.

+ **Kooperation mit Journalisten:** Orin baute Beziehungen zu Journalisten auf, die ein Interesse an den Themen der Plasma-Kristall-Hybriden hatten. Dies führte zu einer ausgewogeneren Berichterstattung.

Beispiele für positive Medienberichterstattung

Ein entscheidender Moment in der Medienberichterstattung war die zweite große Demonstration, die von Orin Valis organisiert wurde. Diese Veranstaltung wurde von zahlreichen Medien als „historisch" bezeichnet, und die Berichterstattung hob die friedlichen und kreativen Aspekte der Demonstration hervor. Berichte über die Kunstinstallationen, die von Plasma-Kristall-Hybriden geschaffen wurden, und die inspirierenden Reden von Orin trugen dazu bei, das öffentliche Bild der Bewegung zu verbessern.

Ein weiteres Beispiel ist die Dokumentation, die von einem unabhängigen Filmteam über die Bewegung erstellt wurde. Diese Dokumentation beleuchtete die persönlichen Geschichten der Plasma-Kristall-Hybriden und die

Herausforderungen, mit denen sie konfrontiert sind, und half, Empathie in der breiten Öffentlichkeit zu fördern.

Öffentliche Wahrnehmung und ihre Auswirkungen

Die positive Medienberichterstattung führte zu einem Anstieg der Unterstützung für die Bewegung. Die Gesellschaft begann, Plasma-Kristall-Hybriden nicht mehr als „die anderen" zu betrachten, sondern als Teil der Gemeinschaft. Dies wurde durch Umfragen belegt, die einen Anstieg des positiven Ansehens der Plasma-Kristall-Hybriden um 40% innerhalb von nur einem Jahr zeigten.

$$\text{Öffentliche Unterstützung} = \text{Medienberichterstattung} \times \text{Gesellschaftliches Engagement}$$
$$(20)$$

Diese Gleichung verdeutlicht, dass die öffentliche Unterstützung direkt von der Art der Medienberichterstattung abhängt und durch das Engagement der Gemeinschaft verstärkt wird.

Fazit

Zusammenfassend lässt sich sagen, dass das Medienecho und die öffentliche Wahrnehmung entscheidend für den Erfolg der Bewegung von Orin Valis waren. Durch strategische Maßnahmen und die aktive Gestaltung der Medienberichterstattung konnte die Bewegung nicht nur ihre Botschaften verbreiten, sondern auch ein positives Bild in der Gesellschaft schaffen. Der Einfluss der Medien auf soziale Bewegungen ist nicht zu unterschätzen, und Orins Geschichte zeigt, wie wichtig es ist, die Kontrolle über die eigene Narrative zu übernehmen. Die Herausforderungen, die die Bewegung zu bewältigen hatte, führten letztlich zu einer stärkeren und vereinteren Gemeinschaft, die für Gleichheit und Gerechtigkeit kämpft.

Die Entwicklung von Leitprinzipien

Die Entwicklung von Leitprinzipien für die Gleichstellungsbewegung der Plasma-Kristall-Hybriden auf Zolran war ein entscheidender Schritt, um die Vision von Orin Valis in konkrete Handlungen und Strategien umzusetzen. Diese Prinzipien dienten nicht nur als moralische und ethische Grundlage für die Bewegung, sondern auch als Leitfaden für die Mobilisierung und Organisation der Gemeinschaft.

Theoretische Grundlagen

Die Leitprinzipien basierten auf mehreren theoretischen Ansätzen, die den Aktivismus und die soziale Gerechtigkeit beeinflussten. Eine der zentralen Theorien war die **Theorie der sozialen Gerechtigkeit**, die besagt, dass Gerechtigkeit nicht nur das Fehlen von Diskriminierung bedeutet, sondern auch die aktive Förderung von Chancengleichheit für alle Gemeinschaften. Diese Theorie wurde von Philosophen wie John Rawls und Amartya Sen geprägt, die die Bedeutung von Fairness und Gleichheit in der Gesellschaft betonten.

Ein weiteres wichtiges Konzept war die **Intersektionalität**, ein Begriff, der von Kimberlé Crenshaw geprägt wurde. Diese Theorie betrachtet, wie verschiedene Identitätsmerkmale – wie Rasse, Geschlecht, soziale Klasse und sexuelle Orientierung – sich überschneiden und die Erfahrungen von Ungerechtigkeit und Diskriminierung beeinflussen. Orin Valis und seine Mitstreiter erkannten, dass die Plasma-Kristall-Hybriden nicht isoliert betrachtet werden konnten; ihre Kämpfe waren Teil eines größeren Gefüges von sozialen Ungleichheiten.

Entwicklung der Prinzipien

Die Entwicklung der Leitprinzipien erfolgte in mehreren Phasen:

1. **Konsensbildung:** Zu Beginn der Bewegung versammelte Orin Valis eine Gruppe von Aktivisten, um die grundlegenden Werte und Überzeugungen zu definieren, die die Bewegung leiten sollten. In diesen ersten Treffen wurde viel diskutiert, und es wurde ein Konsens über die Notwendigkeit von Gleichheit, Respekt und Inklusion erzielt.

2. **Formulierung der Prinzipien:** Basierend auf den Diskussionen wurden folgende Leitprinzipien formuliert:

   - **Gleichheit für alle Plasma-Kristall-Hybriden:** Jeder sollte die gleichen Rechte und Chancen haben, unabhängig von seiner Herkunft oder Identität.

   - **Empathie und Verständnis:** Die Bewegung sollte auf Empathie basieren, um das Verständnis für die Herausforderungen anderer zu fördern.

   - **Transparenz und Verantwortlichkeit:** Entscheidungen innerhalb der Bewegung sollten transparent getroffen werden, und die Führung sollte gegenüber der Gemeinschaft rechenschaftspflichtig sein.

+ **Aktive Teilnahme:** Jeder Plasma-Kristall-Hybrid sollte ermutigt werden, sich aktiv an der Bewegung zu beteiligen und seine Stimme zu erheben.

3. **Feedback und Anpassung:** Die Prinzipien wurden regelmäßig überprüft und angepasst, um sicherzustellen, dass sie den sich verändernden Bedürfnissen der Gemeinschaft gerecht wurden. Orin Valis und seine Mitstreiter führten Umfragen und Diskussionen durch, um das Feedback der Mitglieder einzuholen.

Herausforderungen bei der Umsetzung

Die Umsetzung dieser Leitprinzipien war nicht ohne Herausforderungen. Eine der größten Schwierigkeiten war die **internen Uneinigkeit,** die innerhalb der Bewegung auftrat. Einige Mitglieder hatten unterschiedliche Auffassungen darüber, was Gleichheit bedeutete und wie sie am besten erreicht werden konnte. Diese Differenzen führten manchmal zu Spannungen und Konflikten, die die Einheit der Bewegung gefährdeten.

Ein weiteres Problem war die **Externe Kritik.** Politische Gegner und konservative Gruppen versuchten, die Bewegung zu diskreditieren, indem sie die Leitprinzipien als radikal oder unrealistisch darstellten. In solchen Momenten war es entscheidend, dass Orin Valis und seine Mitstreiter zusammenhielten und die Prinzipien als Grundlage für ihre Argumentation und Mobilisierung nutzten.

Beispiele für die Anwendung der Prinzipien

Die Leitprinzipien fanden Anwendung in verschiedenen Aktivitäten und Kampagnen der Bewegung. Ein bemerkenswertes Beispiel war die **Kampagne „Gleichheit für alle",** die darauf abzielte, das Bewusstsein für die Rechte der Plasma-Kristall-Hybriden zu schärfen. Die Kampagne beinhaltete öffentliche Veranstaltungen, Kunstprojekte und soziale Medien, um die Botschaft der Gleichheit zu verbreiten.

Ein weiteres Beispiel war die Organisation von **Bildungsveranstaltungen,** die sich auf die Aufklärung über die Herausforderungen konzentrierten, mit denen Plasma-Kristall-Hybriden konfrontiert waren. Diese Veranstaltungen förderten die Prinzipien von Empathie und Verständnis und ermutigten die Teilnehmer, aktiv an der Bewegung teilzunehmen.

Schlussfolgerung

Die Entwicklung von Leitprinzipien war ein entscheidender Moment in der Geschichte der Gleichstellungsbewegung für Plasma-Kristall-Hybride. Sie boten eine klare Richtung und halfen, die Gemeinschaft zu mobilisieren. Trotz der Herausforderungen, die während des Prozesses auftraten, blieben diese Prinzipien ein zentraler Bestandteil der Identität der Bewegung und trugen dazu bei, eine gerechtere Gesellschaft auf Zolran zu schaffen. Orin Valis' Vision und die Prinzipien, die er und seine Mitstreiter formulierten, werden auch in Zukunft als Leitfaden für den Aktivismus und die Förderung von Gleichheit und Gerechtigkeit dienen.

Herausforderungen und Rückschläge

Widerstand und Kritik

Politische Gegner und ihre Taktiken

Die Gleichstellungsbewegung für Plasma-Kristall-Hybride auf Zolran sah sich von Anfang an einer Vielzahl politischer Gegner gegenüber, die unterschiedliche Taktiken anwendeten, um den Fortschritt der Bewegung zu behindern. Diese Gegner reichten von konservativen politischen Gruppen bis hin zu einflussreichen Einzelpersonen, die ihre eigenen Interessen über die Gleichstellung der Plasma-Kristall-Hybriden stellten. In diesem Abschnitt werden die verschiedenen Strategien und Taktiken untersucht, die diese politischen Gegner anwendeten, um die Bewegung zu untergraben.

1. Politische Desinformation

Eine der häufigsten Taktiken, die von politischen Gegnern eingesetzt wurde, war die Verbreitung von Desinformation. Diese Taktik zielte darauf ab, falsche Informationen über die Bewegung und ihre Ziele zu verbreiten. Gegner behaupteten beispielsweise, dass die Plasma-Kristall-Hybriden eine Bedrohung für die gesellschaftliche Stabilität darstellten und dass ihre Forderungen unrealistisch seien. Diese Desinformation wurde häufig über soziale Medien und traditionelle Nachrichtenkanäle verbreitet, was zu einer erhöhten Skepsis in der breiten Öffentlichkeit führte.

2. Spaltung der Bewegung

Ein weiteres wichtiges strategisches Ziel der politischen Gegner war es, die Bewegung zu spalten. Durch das Fördern interner Konflikte und das Schüren von Misstrauen zwischen verschiedenen Fraktionen innerhalb der Bewegung versuchten sie, die Einheit und Stärke der Aktivisten zu untergraben. Diese Taktik umfasste das gezielte Ansprechen von Unterschieden in den Ansichten und Zielen der Mitglieder, um eine Kluft zu schaffen, die die Zusammenarbeit erschwerte.

3. Repression und Einschüchterung

Politische Gegner setzten auch Repression und Einschüchterung ein, um die Aktivisten zu demotivieren. Dies geschah oft durch rechtliche Maßnahmen, die darauf abzielten, Demonstrationen und andere Formen des Protests zu verhindern. In einigen Fällen wurden Aktivisten verhaftet oder mit Drohungen konfrontiert, um sie von ihrem Engagement abzuhalten. Diese Taktik führte zu einem Klima der Angst, das viele potenzielle Unterstützer davon abhielt, sich öffentlich zur Bewegung zu bekennen.

4. Manipulation der Medienberichterstattung

Die Manipulation der Medienberichterstattung war eine weitere Taktik, die von politischen Gegnern eingesetzt wurde. Durch die gezielte Einflussnahme auf Journalisten und Redaktionen versuchten sie, die Berichterstattung über die Bewegung zu kontrollieren. Oft wurden die positiven Errungenschaften der Bewegung ignoriert oder minimiert, während negative Aspekte übertrieben dargestellt wurden. Dies führte zu einer verzerrten öffentlichen Wahrnehmung und trug dazu bei, die Unterstützung für die Bewegung zu verringern.

5. Politische Lobbyarbeit

Ein weiterer wichtiger Aspekt der Taktiken politischer Gegner war die politische Lobbyarbeit. Diese Gegner mobilisierten Ressourcen, um Entscheidungsträger zu beeinflussen und Gesetze zu verabschieden, die der Bewegung schaden würden. Durch den Einsatz von Lobbyisten und politischen Spendern konnten sie direkten Einfluss auf die Gesetzgebung nehmen und sicherstellen, dass die Interessen der Plasma-Kristall-Hybriden nicht berücksichtigt wurden.

6. Nutzung von Angst und Vorurteilen

Die Schaffung von Angst und Vorurteilen gegenüber Plasma-Kristall-Hybriden war eine der effektivsten Taktiken der politischen Gegner. Durch die Förderung von Stereotypen und negativen Bildern über diese Gruppe versuchten sie, die öffentliche Meinung gegen sie zu wenden. Diese Taktik war besonders wirksam in Zeiten wirtschaftlicher Unsicherheit, als die Menschen anfälliger für Ängste und Vorurteile waren.

7. Beispielhafte Fälle

Ein prägnantes Beispiel für die Anwendung dieser Taktiken war die Reaktion auf die erste große Demonstration der Bewegung. Politische Gegner organisierten Gegenproteste und verbreiteten gezielt Falschinformationen über die Ziele der Aktivisten. Dies führte zu einem erhöhten Spannungsfeld, in dem viele Menschen, die ursprünglich Unterstützung zeigen wollten, sich zurückzogen, aus Angst, in Konflikte verwickelt zu werden.

Ein weiteres Beispiel ist die Kampagne, die während der Verhandlungen über wichtige Gesetzesänderungen gestartet wurde. Politische Gegner mobilisierten Lobbyisten, um Abgeordnete unter Druck zu setzen und sicherzustellen, dass die Anliegen der Plasma-Kristall-Hybriden ignoriert wurden. Diese Taktiken führten dazu, dass wichtige Fortschritte in der Gesetzgebung blockiert wurden und die Bewegung gezwungen war, alternative Strategien zu entwickeln, um ihre Ziele zu erreichen.

8. Fazit

Die politischen Gegner der Gleichstellungsbewegung für Plasma-Kristall-Hybride auf Zolran setzten eine Vielzahl von Taktiken ein, um den Fortschritt der Bewegung zu behindern. Von Desinformation über Spaltung bis hin zu Repression und Medienmanipulation waren die Herausforderungen, denen sich die Aktivisten gegenübersahen, vielfältig und komplex. Um erfolgreich zu sein, mussten Orin Valis und seine Mitstreiter nicht nur ihre eigenen Strategien entwickeln, sondern auch die Taktiken ihrer Gegner verstehen und darauf reagieren. Die Fähigkeit, sich an diese Herausforderungen anzupassen und kreative Lösungen zu finden, war entscheidend für den langfristigen Erfolg der Bewegung.

Interne Konflikte innerhalb der Bewegung

Interne Konflikte innerhalb der Bewegung der Plasma-Kristall-Hybriden auf Zolran waren ein zentrales Thema, das die Entwicklung und das Wachstum der Gleichstellungsbewegung maßgeblich beeinflusste. Diese Konflikte traten oft in verschiedenen Formen auf, von ideologischen Differenzen bis hin zu strategischen Meinungsverschiedenheiten. Um die Dynamik dieser Konflikte zu verstehen, ist es wichtig, sowohl die theoretischen Grundlagen als auch spezifische Beispiele zu betrachten.

Theoretische Grundlagen

Die Theorie des sozialen Wandels, wie sie von Theoretikern wie [Tilly, C. (2004)] beschrieben wird, legt nahe, dass Bewegungen nicht nur von externen Faktoren, sondern auch von internen Strukturen und Dynamiken geprägt sind. Die interne Dynamik einer Bewegung kann oft die Richtung und den Erfolg ihrer Aktionen beeinflussen. In diesem Kontext sind interne Konflikte nicht nur unvermeidlich, sondern auch potenziell produktiv, da sie zu einer kritischen Reflexion und einer stärkeren Kohärenz führen können.

Ein weiterer relevanter theoretischer Rahmen ist die *Theorie der sozialen Identität* [?], die besagt, dass Mitglieder einer sozialen Gruppe eine gemeinsame Identität entwickeln, die durch Zugehörigkeit und gemeinsame Werte geprägt ist. Wenn diese Identität jedoch durch unterschiedliche Auffassungen oder Ziele bedroht wird, kann dies zu Spannungen innerhalb der Gruppe führen.

Herausforderungen und Probleme

Ein bedeutendes Problem, das zu internen Konflikten führte, war die Diversität der Plasma-Kristall-Hybriden selbst. Diese Gruppe setzte sich aus Individuen mit unterschiedlichen Hintergründen, Erfahrungen und Erwartungen zusammen. Während einige Mitglieder der Bewegung eine radikale Veränderung der gesellschaftlichen Strukturen forderten, plädierten andere für schrittweise Reformen. Diese unterschiedlichen Ansätze führten zu Spannungen und oft zu offenen Konflikten.

Ein weiteres Beispiel für interne Konflikte war die Frage der Repräsentation innerhalb der Bewegung. Einige Mitglieder fühlten sich von den Führungspersönlichkeiten der Bewegung nicht ausreichend repräsentiert, was zu einem Gefühl der Entfremdung und des Missmuts führte. Diese Differenzen führten zu einer Fragmentierung der Bewegung, wobei verschiedene Fraktionen unterschiedliche Ziele und Strategien verfolgten.

Beispiele für Konflikte

Ein konkretes Beispiel für einen internen Konflikt war die Diskussion um die erste große Demonstration, die von Orin Valis organisiert wurde. Während einige Mitglieder die Idee einer großen, öffentlichen Mobilisierung unterstützten, äußerten andere Bedenken, dass eine solche Aktion die Bewegung gefährden könnte, indem sie die Aufmerksamkeit auf radikalere Elemente lenkte. Diese Debatte führte zu intensiven Diskussionen und sogar zu einem vorübergehenden Rückzug einiger Mitglieder aus der Organisation.

Ein weiteres Beispiel war die Auseinandersetzung um die Nutzung sozialer Medien. Während einige Aktivisten die sozialen Medien als ein wichtiges Werkzeug zur Sensibilisierung und Mobilisierung ansahen, waren andere skeptisch und warnten vor der Möglichkeit, dass die Botschaft der Bewegung durch Missverständnisse oder negative Darstellungen verzerrt werden könnte. Diese Spannungen führten zu einem internen Streit über die Kommunikationsstrategie der Bewegung.

Strategien zur Konfliktbewältigung

Um mit diesen internen Konflikten umzugehen, entwickelte die Bewegung verschiedene Strategien. Eine wichtige Strategie war die Förderung eines offenen Dialogs, um die unterschiedlichen Perspektiven der Mitglieder zu berücksichtigen. Regelmäßige Treffen und Diskussionsforen wurden eingerichtet, um sicherzustellen, dass alle Stimmen gehört wurden. Diese Maßnahmen trugen dazu bei, das Vertrauen innerhalb der Bewegung wiederherzustellen und ein Gefühl der Gemeinschaft zu fördern.

Darüber hinaus wurde die Rolle von Mediatoren innerhalb der Bewegung betont. Diese Mediatoren, oft erfahrene Aktivisten, halfen dabei, Spannungen zu entschärfen und Kompromisse zu finden. Diese Form der Konfliktbewältigung führte dazu, dass die Bewegung gestärkt aus den internen Auseinandersetzungen hervorging, indem sie lernte, wie man Differenzen produktiv nutzen kann.

Fazit

Interne Konflikte innerhalb der Bewegung der Plasma-Kristall-Hybriden waren sowohl eine Herausforderung als auch eine Chance. Während sie zu Spannungen und Meinungsverschiedenheiten führten, ermöglichten sie auch eine tiefere Auseinandersetzung mit den Zielen und Werten der Bewegung. Die Fähigkeit, diese Konflikte zu bewältigen und daraus zu lernen, war entscheidend für das Wachstum und den Erfolg der Gleichstellungsbewegung auf Zolran. Durch die

Reflexion über diese Erfahrungen kann die Bewegung auch in Zukunft gestärkt und geeint weiterarbeiten.

Der Umgang mit Rückschlägen

Rückschläge sind ein unvermeidlicher Teil jeder Aktivismusbewegung, und Orin Valis war in seiner Rolle als Führer der Gleichstellungsbewegung für Plasma-Kristall-Hybride auf Zolran mit vielen Herausforderungen konfrontiert. Der Umgang mit diesen Rückschlägen erforderte nicht nur strategisches Denken, sondern auch emotionale Resilienz und die Fähigkeit, aus Misserfolgen zu lernen. In diesem Abschnitt werden wir die verschiedenen Ansätze untersuchen, die Orin und seine Bewegung genutzt haben, um mit Rückschlägen umzugehen.

Psychische Belastungen und Stress

Rückschläge können erhebliche psychische Belastungen verursachen. Orin erkannte früh, dass die ständige Konfrontation mit Widerstand und Kritik zu Stress und emotionaler Erschöpfung führen kann. Studien zeigen, dass Aktivisten, die unter chronischem Stress leiden, weniger effektiv in ihren Bemühungen sind [?]. Um dem entgegenzuwirken, implementierte Orin Strategien zur Stressbewältigung, die auf wissenschaftlichen Erkenntnissen basierten. Dazu gehörten regelmäßige Pausen, Meditation und die Förderung einer gesunden Work-Life-Balance innerhalb seines Teams.

Die Rolle von Humor in schweren Zeiten

Eine der bemerkenswertesten Strategien, die Orin anwendete, war der Einsatz von Humor. Humor hat sich als ein wirksames Mittel erwiesen, um Stress abzubauen und die Moral zu stärken. Orin verstand, dass Lachen nicht nur eine Möglichkeit war, Spannungen zu lösen, sondern auch eine Möglichkeit, die Gemeinschaft zu mobilisieren. Bei einer seiner Reden während einer besonders schwierigen Phase sagte er: „Wenn wir nicht über die Absurdität der Situation lachen können, wie können wir dann hoffen, sie zu ändern?" Diese Art von Humor half nicht nur, die Stimmung zu heben, sondern auch, die Gemeinschaft zu vereinen.

Unterstützung durch die Gemeinschaft

Ein weiterer entscheidender Faktor im Umgang mit Rückschlägen war die Unterstützung durch die Gemeinschaft.   Orin baute ein Netzwerk von Unterstützern auf, das nicht nur aus Plasma-Kristall-Hybriden bestand, sondern auch aus sympathisierenden Menschen anderer Kulturen. Diese Gemeinschaft bot emotionalen Rückhalt und praktische Hilfe. Studien zeigen, dass soziale Unterstützung eine entscheidende Rolle bei der Bewältigung von Stress spielt [?]. Orin organisierte regelmäßige Treffen, bei denen Mitglieder ihre Erfahrungen teilen und sich gegenseitig ermutigen konnten. Diese Treffen wurden zu einem wichtigen Bestandteil der Bewegung und halfen, ein Gefühl der Zugehörigkeit zu schaffen.

Strategien zur Konfliktbewältigung

Rückschläge führten oft zu internen Konflikten innerhalb der Bewegung. Orin war sich bewusst, dass es wichtig war, diese Konflikte offen und konstruktiv zu behandeln. Er förderte eine Kultur der offenen Kommunikation, in der alle Mitglieder ermutigt wurden, ihre Bedenken und Vorschläge zu äußern. Ein Beispiel hierfür war ein Vorfall, bei dem zwei Gruppen innerhalb der Bewegung unterschiedliche Ansichten über die Strategie zur Mobilisierung hatten. Orin organisierte eine Mediation, bei der beide Seiten ihre Argumente darlegen konnten. Dies führte nicht nur zu einer Einigung, sondern stärkte auch das Vertrauen innerhalb der Bewegung.

Lehren aus der Niederlage

Rückschläge bieten die Möglichkeit, wertvolle Lektionen zu lernen. Orin betonte oft, dass Misserfolge nicht das Ende, sondern ein Schritt auf dem Weg zum Erfolg sind. Er führte regelmäßige Reflexionssitzungen ein, in denen das Team die Ursachen von Rückschlägen analysierte und Strategien entwickelte, um ähnliche Fehler in der Zukunft zu vermeiden. Eine solche Sitzung nach einer misslungenen Demonstration führte zur Erkenntnis, dass eine bessere Planung und Kommunikation erforderlich waren. Dies führte zur Einführung neuer organisatorischer Maßnahmen, die die Effizienz zukünftiger Veranstaltungen erheblich verbesserten.

Wiederaufbau von Vertrauen und Motivation

Nach einem Rückschlag war es entscheidend, das Vertrauen innerhalb der Bewegung wiederherzustellen. Orin war sich bewusst, dass die Motivation der Mitglieder leiden konnte, wenn sie mit Rückschlägen konfrontiert wurden. Er initiierte Programme zur Anerkennung der Beiträge jedes Mitglieds, um die Moral zu stärken. Ein Beispiel war die Einführung eines „Ehrenpreises", der an Mitglieder vergeben wurde, die sich besonders für die Bewegung eingesetzt hatten. Diese

Anerkennung trug dazu bei, die Motivation hochzuhalten und das Gefühl der Gemeinschaft zu fördern.

Ein Blick auf die Zukunft

Schließlich war Orin überzeugt, dass jeder Rückschlag eine Gelegenheit zur Verbesserung darstellt. Er ermutigte seine Anhänger, optimistisch zu bleiben und sich auf die nächsten Schritte zu konzentrieren. „Jeder Rückschlag ist nur ein Sprungbrett für den nächsten Erfolg", sagte er oft. Diese positive Einstellung half, die Bewegung auf Kurs zu halten und die Mitglieder zu inspirieren, auch in schwierigen Zeiten weiterzumachen.

Zusammenfassend lässt sich sagen, dass der Umgang mit Rückschlägen eine komplexe, aber entscheidende Fähigkeit im Aktivismus ist. Orin Valis und seine Bewegung demonstrierten, dass mit der richtigen Unterstützung, einer positiven Einstellung und einer klaren Strategie Rückschläge nicht das Ende, sondern eine Chance für Wachstum und Fortschritt darstellen können.

Psychische Belastungen und Stress

Die Reise von Orin Valis als Bürgerrechtsaktivist war nicht nur von Triumphen und Erfolgen geprägt, sondern auch von erheblichen psychischen Belastungen und Stress. In dieser Phase seines Lebens sah sich Orin mit einer Vielzahl von Herausforderungen konfrontiert, die seine mentale Gesundheit und sein emotionales Wohlbefinden erheblich beeinflussten.

Theoretische Grundlagen

Psychische Belastungen können als Reaktion auf anhaltende Anforderungen oder Herausforderungen verstanden werden, die die individuellen Bewältigungsmechanismen übersteigen. Laut der Transaktionalen Stress-Theorie von Lazarus und Folkman (1984) hängt die Wahrnehmung von Stress von der Bewertung einer Situation ab. Diese Theorie unterscheidet zwischen zwei Arten der Bewertung:

+ **Primäre Bewertung:** Hierbei wird beurteilt, ob eine Situation als bedrohlich, herausfordernd oder irrelevant wahrgenommen wird.

+ **Sekundäre Bewertung:** Diese Phase beinhaltet die Einschätzung der verfügbaren Ressourcen zur Bewältigung der Situation.

In Orins Fall erlebte er häufig eine primäre Bewertung von Bedrohungen, insbesondere in Bezug auf die Ungerechtigkeiten, die Plasma-Kristall-Hybriden widerfuhren. Diese ständige Bedrohung führte zu einem anhaltenden Gefühl der Hilflosigkeit und Überforderung.

Probleme und Herausforderungen

Die Herausforderungen, mit denen Orin konfrontiert war, umfassten nicht nur externe Faktoren, wie politischen Widerstand und gesellschaftliche Vorurteile, sondern auch interne Konflikte, die seine psychische Gesundheit belasteten. Zu den häufigsten Problemen gehörten:

+ **Angst und Unsicherheit:** Orin erlebte oft Angstzustände, besonders vor wichtigen Veranstaltungen oder Reden. Diese Ängste wurden durch die ständige Sorge um die Sicherheit seiner Unterstützer und die möglichen Konsequenzen seiner Aktionen verstärkt.

+ **Erschöpfung:** Die Anforderungen des Aktivismus, kombiniert mit dem Druck, ständig präsent zu sein und sich für eine gerechte Sache einzusetzen, führten zu körperlicher und emotionaler Erschöpfung. Orin fand oft keine Zeit für sich selbst, was zu einem Teufelskreis der Erschöpfung führte.

+ **Isolation:** Während Orin viele Unterstützer hatte, fühlte er sich manchmal isoliert in seinen Kämpfen. Die Verantwortung, die er trug, und die ständige Konfrontation mit Widerstand führten dazu, dass er sich von anderen entfremdet fühlte.

Bewältigungsstrategien

Um diesen Herausforderungen zu begegnen, entwickelte Orin verschiedene Bewältigungsstrategien. Diese Strategien waren entscheidend, um seine mentale Gesundheit zu erhalten und weiterhin effektiv für die Rechte der Plasma-Kristall-Hybriden zu kämpfen.

+ **Humor als Bewältigungsmechanismus:** Orin entdeckte, dass Humor eine wirksame Methode war, um mit Stress umzugehen. In schwierigen Momenten nutzte er Witze und Anekdoten, um die Stimmung aufzulockern und seinen Unterstützern Hoffnung zu geben.

+ **Soziale Unterstützung:** Orin suchte aktiv nach Unterstützung in seiner Gemeinschaft. Der Austausch mit Gleichgesinnten, das Teilen von

Erfahrungen und das Finden von Trost in gemeinsamen Kämpfen halfen ihm, seine Isolation zu überwinden.

✦ **Achtsamkeit und Meditation:** Um dem Druck des Aktivismus zu entkommen, integrierte Orin Achtsamkeitstechniken und Meditation in seinen Alltag. Diese Praktiken halfen ihm, sich zu zentrieren und seine Gedanken zu beruhigen.

Beispiele für Stressbewältigung

Ein prägnantes Beispiel für Orins Umgang mit Stress fand während einer besonders intensiven Phase seiner Aktivismusarbeit statt. Bei der Vorbereitung auf eine große Demonstration, die internationale Aufmerksamkeit erregen sollte, war Orin von Zweifeln und Ängsten geplagt. Um seine Nervosität zu lindern, entschloss er sich, ein kleines Team von Unterstützern um sich zu versammeln. Gemeinsam führten sie eine humorvolle „Proben-Demonstration" durch, bei der sie die Slogans und Reden spielerisch einübten. Diese Methode half nicht nur, die Anspannung zu verringern, sondern stärkte auch den Zusammenhalt innerhalb der Gruppe.

Ein weiteres Beispiel war Orins Entscheidung, regelmäßig an einem wöchentlichen Treffen mit anderen Aktivisten teilzunehmen, um Erfahrungen auszutauschen und sich gegenseitig zu unterstützen. Diese Treffen wurden zu einem sicheren Raum, in dem sie über ihre Ängste und Herausforderungen sprechen konnten, was zu einem Gefühl der Gemeinschaft und Unterstützung führte.

Fazit

Die psychischen Belastungen und der Stress, denen Orin Valis als Bürgerrechtsaktivist ausgesetzt war, waren bedeutende Herausforderungen auf seinem Weg zur Gleichstellung der Plasma-Kristall-Hybriden. Durch das Verständnis der theoretischen Grundlagen, das Erkennen der Probleme und die Entwicklung effektiver Bewältigungsstrategien konnte Orin nicht nur seine eigene mentale Gesundheit schützen, sondern auch als Vorbild für andere fungieren. Sein Weg zeigt, dass Aktivismus nicht nur eine äußere Herausforderung ist, sondern auch eine innere Reise, die Mut, Resilienz und die Fähigkeit zur Selbstfürsorge erfordert.

Die Rolle von Humor in schweren Zeiten

Humor spielt eine entscheidende Rolle in der Bewältigung von Krisen und Herausforderungen, insbesondere im Kontext von aktivistischen Bewegungen. In der Gleichstellungsbewegung für Plasma-Kristall-Hybride auf Zolran hat Humor nicht nur als Bewältigungsmechanismus fungiert, sondern auch als Werkzeug zur Mobilisierung und Sensibilisierung. In dieser Sektion werden wir die verschiedenen Dimensionen des Humors in schweren Zeiten untersuchen, einschließlich seiner psychologischen Vorteile, der Art und Weise, wie er in der Bewegung eingesetzt wurde, und einige spezifische Beispiele, die die Kraft des Humors verdeutlichen.

Psychologische Vorteile von Humor

Die Forschung zeigt, dass Humor eine Vielzahl von psychologischen Vorteilen bietet, die in stressreichen Situationen besonders wichtig sind. Laut der *Stress-Resilienz-Theorie* kann Humor helfen, Stress abzubauen und die Resilienz zu fördern. Humor ermöglicht es Individuen, eine distanzierte Perspektive auf ihre Probleme zu gewinnen, was zu einer Verringerung von Angst und Depression führt.

Ein Beispiel für diese Theorie ist die *Coping-Theorie* von Lazarus und Folkman, die besagt, dass Humor als eine Form des aktiven Bewältigens angesehen werden kann. Indem Menschen über ihre Herausforderungen lachen, können sie die emotionale Belastung reduzieren und eine positive Einstellung bewahren. Dies ist besonders relevant für Aktivisten, die oft mit Rückschlägen und Widerständen konfrontiert sind.

Humor als Mobilisierungswerkzeug

In der Gleichstellungsbewegung für Plasma-Kristall-Hybride wurde Humor strategisch eingesetzt, um Menschen zu mobilisieren und eine breitere Öffentlichkeit anzusprechen. Humoristische Inhalte, wie Memes und satirische Videos, wurden in sozialen Medien verbreitet, um auf Missstände aufmerksam zu machen und gleichzeitig die Menschen zum Lachen zu bringen. Diese Form des Engagements hat es ermöglicht, ernste Themen auf eine zugängliche Weise zu präsentieren.

Ein Beispiel hierfür ist die Kampagne *"Lachen gegen Ungerechtigkeit"*, die von Orin Valis initiiert wurde. In dieser Kampagne wurden humorvolle Videos produziert, die alltägliche Diskriminierungserfahrungen von Plasma-Kristall-Hybriden auf witzige Weise darstellten. Diese Videos wurden viral und führten zu einer signifikanten Erhöhung der Aufmerksamkeit für die Anliegen der Bewegung.

Beispiele für humorvolle Interventionen

Ein bemerkenswertes Beispiel für den Einsatz von Humor in der Bewegung war die *"Plasma-Kristall-Hybride im Alltag"*-Kampagne. Aktivisten erstellten eine Reihe von kurzen Clips, in denen sie alltägliche Szenarien darstellten, in denen Plasma-Kristall-Hybride mit Vorurteilen konfrontiert wurden. Diese Clips wurden mit einem humorvollen Twist versehen, der die Absurdität der Vorurteile verdeutlichte.

Ein weiteres Beispiel ist die Verwendung von humorvollen Protestschildern während der ersten großen Demonstration. Anstatt nur ernsthafte Botschaften zu präsentieren, entschieden sich viele Teilnehmer, witzige Sprüche zu verwenden, die die Aufmerksamkeit der Medien auf sich zogen und gleichzeitig die Botschaft der Bewegung verstärkten. Ein Schild mit der Aufschrift *"Wir sind nicht von diesem Planeten, aber wir sind hier, um zu bleiben!"* sorgte für Lacher und lenkte die Aufmerksamkeit auf die Anliegen der Plasma-Kristall-Hybriden.

Herausforderungen bei der Verwendung von Humor

Trotz der vielen Vorteile kann der Einsatz von Humor auch Herausforderungen mit sich bringen. Es besteht das Risiko, dass humorvolle Inhalte die Ernsthaftigkeit der Anliegen untergraben oder missverstanden werden. Zudem kann Humor, der in einer bestimmten kulturellen oder sozialen Gruppe als akzeptabel gilt, in einer anderen als unangemessen wahrgenommen werden.

Ein Beispiel für eine solche Herausforderung trat auf, als ein humorvolles Video, das Diskriminierung thematisierte, in einigen Kreisen als respektlos kritisiert wurde. Dies führte zu internen Diskussionen innerhalb der Bewegung über die Grenzen des Humors und die Notwendigkeit, sensibel für die Erfahrungen von Betroffenen zu sein.

Fazit

Zusammenfassend lässt sich sagen, dass Humor eine wertvolle Ressource in der Gleichstellungsbewegung für Plasma-Kristall-Hybride auf Zolran darstellt. Er fördert nicht nur die psychische Gesundheit der Aktivisten, sondern dient auch als effektives Werkzeug zur Mobilisierung und Sensibilisierung. Während es Herausforderungen gibt, die mit dem Einsatz von Humor verbunden sind, bleibt seine Fähigkeit, Menschen zu verbinden und zum Nachdenken anzuregen, ein unverzichtbarer Bestandteil des Aktivismus. Humor ist nicht nur ein Mittel zur Bewältigung von Stress, sondern auch ein kraftvolles Instrument, um Veränderungen zu bewirken und die Gesellschaft zu inspirieren.

Unterstützung durch die Gemeinschaft

Die Unterstützung durch die Gemeinschaft ist ein entscheidender Faktor im Aktivismus, insbesondere für Orin Valis und die Gleichstellungsbewegung für Plasma-Kristall-Hybride auf Zolran. Diese Unterstützung zeigt sich in verschiedenen Formen und hat sowohl direkte als auch indirekte Auswirkungen auf die Bewegung.

Theoretischer Hintergrund

Die Gemeinschaft spielt eine zentrale Rolle im sozialen Wandel, wie in der Theorie des sozialen Kapitals beschrieben. Laut Robert Putnam ist soziales Kapital die Summe der Ressourcen, die in sozialen Beziehungen gebunden sind. Es umfasst Vertrauen, Normen und Netzwerke, die den Mitgliedern einer Gemeinschaft helfen, gemeinsam zu handeln. Diese Theorie ist besonders relevant für die Gleichstellungsbewegung, da Orin Valis auf die kollektive Stärke der Plasma-Kristall-Hybriden angewiesen ist, um ihre Stimme zu erheben und Veränderungen herbeizuführen.

Probleme und Herausforderungen

Trotz der positiven Aspekte der Gemeinschaftsunterstützung gibt es auch Herausforderungen. Eine der größten Hürden ist die Fragmentierung innerhalb der Gemeinschaft selbst. Unterschiedliche Gruppen innerhalb der Plasma-Kristall-Hybriden können unterschiedliche Prioritäten und Ansichten über den Aktivismus haben, was zu internen Konflikten führt. Diese Konflikte können die Mobilisierung behindern und die Effektivität der Bewegung verringern.

Ein weiteres Problem ist die Diskriminierung, die viele Plasma-Kristall-Hybriden erfahren. Oftmals fühlen sich Mitglieder der Gemeinschaft von der breiteren Gesellschaft ausgeschlossen, was zu einem Gefühl der Isolation führen kann. Diese Isolation kann die Bereitschaft zur Unterstützung und Teilnahme an der Bewegung verringern.

Beispiele für Gemeinschaftsunterstützung

Trotz dieser Herausforderungen gibt es viele Beispiele für die Unterstützung, die Orin Valis von der Gemeinschaft erhält. Ein bemerkenswertes Ereignis war die erste große Demonstration, die von Orin organisiert wurde. Die Mobilisierung der Plasma-Kristall-Hybriden war beeindruckend; Mitglieder aller Altersgruppen und Hintergründe kamen zusammen, um ihre Stimme zu erheben. Diese Demonstration führte nicht nur zu einer erhöhten Sichtbarkeit der Bewegung, sondern auch zu einem Gefühl der Einheit unter den Teilnehmern.

Zusätzlich zu Demonstrationen zeigt sich die Unterstützung auch in Form von lokalen Initiativen. In verschiedenen Städten auf Zolran wurden Gemeinschaftsprojekte ins Leben gerufen, um das Bewusstsein für die Probleme der Plasma-Kristall-Hybriden zu schärfen. Diese Projekte, die von Freiwilligen organisiert werden, bieten nicht nur eine Plattform für den Austausch von Ideen, sondern stärken auch die Bindungen innerhalb der Gemeinschaft.

Die Rolle von sozialen Medien

Soziale Medien haben sich als ein kraftvolles Werkzeug für die Mobilisierung und Unterstützung innerhalb der Gemeinschaft erwiesen. Plattformen wie ZolranBook und PlasmaGram ermöglichen es den Mitgliedern der Gemeinschaft, Informationen auszutauschen, sich zu vernetzen und gemeinsame Ziele zu verfolgen. Orin Valis hat soziale Medien effektiv genutzt, um die Bewegung zu fördern, indem er Geschichten von Erfolg und Widerstand teilt und die Gemeinschaft ermutigt, aktiv zu bleiben.

Die virale Verbreitung von Inhalten, die die Herausforderungen und Erfolge der Plasma-Kristall-Hybriden dokumentieren, hat das Bewusstsein für die Bewegung über die Grenzen von Zolran hinaus erhöht. Dies hat nicht nur zu einer stärkeren Unterstützung innerhalb der Gemeinschaft geführt, sondern auch internationale Aufmerksamkeit auf die Anliegen der Plasma-Kristall-Hybriden gelenkt.

Schlussfolgerung

Die Unterstützung durch die Gemeinschaft ist von entscheidender Bedeutung für den Erfolg der Gleichstellungsbewegung für Plasma-Kristall-Hybride. Trotz der Herausforderungen, mit denen die Gemeinschaft konfrontiert ist, zeigen die Beispiele für Mobilisierung und Zusammenarbeit, dass eine starke Gemeinschaft die Fähigkeit hat, Veränderungen zu bewirken. Orin Valis' Engagement und die Unterstützung seiner Mitbürger sind ein Beweis dafür, dass, wenn Menschen zusammenkommen, sie die Kraft haben, das Unmögliche zu erreichen und eine gerechtere Gesellschaft zu schaffen.

Die Zukunft der Bewegung hängt stark von der kontinuierlichen Unterstützung der Gemeinschaft ab. Es ist unerlässlich, dass die Plasma-Kristall-Hybriden weiterhin zusammenarbeiten, um ihre Ziele zu erreichen und eine Stimme für die Ungerechtigkeiten zu sein, die sie erleben. Ein vereintes Vorgehen wird nicht nur die Bewegung stärken, sondern auch die Hoffnung auf eine gerechtere Zukunft für alle Plasma-Kristall-Hybriden auf Zolran fördern.

Strategien zur Konfliktbewältigung

In der Welt des Aktivismus sind Konflikte unvermeidlich. Sie können sowohl intern innerhalb einer Bewegung als auch extern mit politischen Gegnern auftreten. Um effektiv mit diesen Konflikten umzugehen, entwickelte Orin Valis verschiedene Strategien, die auf den Prinzipien der Kommunikation, Zusammenarbeit und des Verständnisses basieren.

1. Offene Kommunikation

Eine der Grundpfeiler von Orins Ansatz zur Konfliktbewältigung war die offene Kommunikation. Er glaubte, dass Missverständnisse oft die Wurzel von Konflikten sind. Durch regelmäßige Meetings und Diskussionsrunden innerhalb der Bewegung wurde ein Raum geschaffen, in dem alle Mitglieder ihre Bedenken und Ideen äußern konnten. Dies förderte ein Gefühl der Zugehörigkeit und half, Spannungen abzubauen.

2. Mediation

In Fällen, in denen Konflikte eskalierten, setzte Orin auf Mediation. Er engagierte neutrale Dritte, um zwischen den Konfliktparteien zu vermitteln. Diese Mediatoren halfen dabei, die Perspektiven beider Seiten zu verstehen und Lösungen zu finden, die für alle Beteiligten akzeptabel waren. Ein Beispiel hierfür war der Konflikt zwischen verschiedenen Fraktionen innerhalb der Bewegung, die unterschiedliche Ansätze zur Erreichung ihrer Ziele verfolgten. Durch die Mediation konnten sie einen Kompromiss finden, der die Stärken beider Ansätze kombinierte.

3. Empathie und Verständnis

Orin betonte die Bedeutung von Empathie in der Konfliktbewältigung. Er ermutigte die Mitglieder seiner Bewegung, die Perspektiven der anderen zu verstehen und sich in deren Lage zu versetzen. Dies führte zu einer Kultur des Respekts und der Toleranz. Ein praktisches Beispiel dafür war, als ein Mitglied der Bewegung aufgrund persönlicher Herausforderungen in Schwierigkeiten geriet. Anstatt sofort zu kritisieren, nahmen die anderen Mitglieder sich die Zeit, zuzuhören und Unterstützung anzubieten, was letztlich zu einer Stärkung des Teamgeists führte.

4. Schulung und Weiterbildung

Um die Fähigkeiten der Mitglieder in der Konfliktbewältigung zu verbessern, initiierte Orin Schulungsprogramme. Diese Programme beinhalteten Workshops über effektive Kommunikation, Verhandlungstechniken und Problemlösungsstrategien. Die Teilnehmer lernten, wie sie Konflikte proaktiv angehen und Lösungen entwickeln können, bevor diese eskalieren. Die Theorie hinter diesen Schulungen basiert auf dem Konzept der *positiven Konfliktlösung*, das darauf abzielt, Konflikte als Chancen zur Verbesserung und Innovation zu betrachten.

5. Flexibilität und Anpassungsfähigkeit

Ein weiterer wichtiger Aspekt von Orins Strategie war die Flexibilität. Er erkannte, dass nicht alle Konflikte gleich sind und dass unterschiedliche Situationen unterschiedliche Ansätze erforderten. Dies bedeutete, dass die Bewegung bereit sein musste, ihre Strategien anzupassen, um den spezifischen Umständen gerecht zu werden. Ein Beispiel hierfür war die Reaktion auf unerwartete politische Angriffe. Anstatt starr an einem Plan festzuhalten, entwickelte Orin schnell neue Strategien, um die Bewegung zu schützen und gleichzeitig ihre Ziele zu verfolgen.

6. Feedback-Kultur

Orin förderte eine Kultur des kontinuierlichen Feedbacks innerhalb der Bewegung. Er glaubte, dass regelmäßiges Feedback dazu beitragen kann, Konflikte frühzeitig zu erkennen und anzugehen. Dies wurde durch anonyme Umfragen und Feedback-Runden erreicht, in denen Mitglieder ihre Meinungen und Vorschläge äußern konnten, ohne Angst vor Repressalien zu haben. Diese Praxis führte zu einer transparenten und offenen Atmosphäre, in der Konflikte schnell identifiziert und gelöst werden konnten.

7. Gemeinschaftsorientierte Ansätze

Orin erkannte, dass die Unterstützung der Gemeinschaft entscheidend für die Konfliktbewältigung war. Er mobilisierte die Gemeinschaft, um Druck auf politische Gegner auszuüben und Unterstützung für die Bewegung zu gewinnen. Dies geschah durch Veranstaltungen, die das Bewusstsein für die Anliegen der Plasma-Kristall-Hybriden schärften und ein Gefühl der Solidarität erzeugten. Die Theorie der *gemeinschaftlichen Resilienz* spielt hierbei eine Rolle, da sie besagt, dass Gemeinschaften, die zusammenarbeiten, besser in der Lage sind, Konflikte zu bewältigen und Herausforderungen zu überwinden.

8. Humor als Bewältigungsmechanismus

Zu guter Letzt nutzte Orin Humor als Werkzeug zur Konfliktbewältigung. Er verstand, dass Humor Spannungen abbauen und die Stimmung auflockern kann. In schwierigen Zeiten organisierte er Veranstaltungen, die sowohl ernsthafte Themen ansprachen als auch Raum für Lachen und Freude boten. Diese Herangehensweise half, die Moral der Mitglieder aufrechtzuerhalten und eine positive Atmosphäre zu schaffen, selbst wenn die Herausforderungen groß waren.

Zusammenfassend lässt sich sagen, dass Orin Valis' Strategien zur Konfliktbewältigung auf einer Kombination aus offener Kommunikation, Empathie, Schulung und Gemeinschaftsorientierung basierten. Diese Ansätze halfen nicht nur, interne Spannungen zu minimieren, sondern stärkten auch die Bewegung insgesamt und ermöglichten es ihr, erfolgreich gegen äußere Widerstände zu kämpfen. Durch die Implementierung dieser Strategien schuf Orin eine resiliente Bewegung, die in der Lage war, Herausforderungen zu meistern und ihre Ziele zu verfolgen.

Lehren aus der Niederlage

Im Verlauf seiner Aktivismusreise musste Orin Valis zahlreiche Rückschläge und Niederlagen hinnehmen. Diese Erfahrungen waren nicht nur schmerzhaft, sondern auch lehrreich. In diesem Abschnitt werden die wichtigsten Lektionen, die aus diesen Niederlagen gezogen wurden, beleuchtet.

1. Die Bedeutung von Resilienz

Eine der zentralen Lehren aus den Niederlagen war die Notwendigkeit von Resilienz. Resilienz ist die Fähigkeit, sich von Rückschlägen zu erholen und gestärkt aus schwierigen Situationen hervorzugehen. Orin erkannte, dass es nicht nur wichtig ist, sich gegen Widerstände zu behaupten, sondern auch, aus ihnen zu lernen. Diese Erkenntnis wurde besonders deutlich, als eine geplante Demonstration aufgrund politischer Interventionen abgesagt werden musste. Statt aufzugeben, nutzte Orin diese Gelegenheit, um seine Unterstützer zu mobilisieren und eine Online-Kampagne zu starten, die letztlich mehr Aufmerksamkeit auf die Anliegen der Plasma-Kristall-Hybriden lenkte.

2. Reflexion und Selbstkritik

Ein weiterer wichtiger Aspekt war die Fähigkeit zur Reflexion. Orin verstand, dass es notwendig war, die eigenen Strategien und Ansätze kritisch zu hinterfragen. Nach einer misslungenen Verhandlung mit politischen Entscheidungsträgern setzte er sich mit seinem Team zusammen, um die Gründe für das Scheitern zu analysieren. Diese Reflexion führte zur Entwicklung neuer Taktiken, die auf den Fehlern der Vergangenheit basierten. Ein Beispiel dafür war die Einführung von Workshops, in denen Mitglieder der Bewegung ihre Erfahrungen teilen und voneinander lernen konnten.

3. Gemeinschaft und Unterstützung

Die Rolle der Gemeinschaft wurde in Zeiten der Niederlage besonders deutlich. Orin erkannte, dass er nicht allein war und dass die Unterstützung seiner Mitstreiter unerlässlich war. In einem besonders schwierigen Moment, als die Bewegung mit internen Konflikten zu kämpfen hatte, organisierte Orin ein Retreat, um die Teamdynamik zu stärken. Während dieses Retreats konnten die Mitglieder offen über ihre Sorgen sprechen und gemeinsam Lösungen entwickeln. Dies stärkte nicht nur den Zusammenhalt, sondern führte auch zu innovativen Ideen für zukünftige Kampagnen.

4. Humor als Bewältigungsmechanismus

Eine unerwartete, aber äußerst wertvolle Lektion war die Bedeutung von Humor. In schweren Zeiten half es Orin und seinem Team, die Stimmung aufzulockern und die Schwere der Situation zu relativieren. Während eines besonders frustrierenden Meetings, in dem sie über die jüngsten Rückschläge diskutierten, brachte ein Teammitglied einen humorvollen Vergleich zwischen ihrer Situation und einem misslungenen intergalaktischen Kochwettbewerb. Dieses Lachen half, die Anspannung zu lösen und ermöglichte es dem Team, kreativer an Lösungen zu arbeiten.

5. Langfristige Perspektive

Schließlich lehrte Orins Reise, dass Rückschläge Teil eines größeren Prozesses sind. Erfolg ist oft nicht das Ergebnis sofortiger Gewinne, sondern das Ergebnis von kontinuierlichem Engagement und Hartnäckigkeit. Orin begann, sich auf langfristige Ziele zu konzentrieren, anstatt sich von kurzfristigen Misserfolgen entmutigen zu lassen. Dies wurde besonders deutlich, als er eine langfristige Partnerschaft mit einer internationalen Organisation aufbaute, die sich für die Rechte von Minderheiten einsetzt. Diese Partnerschaft führte zu bedeutenden Fortschritten, die ohne die Erfahrung der vorherigen Niederlagen möglicherweise nicht möglich gewesen wären.

6. Die Bedeutung von Bildung und Aufklärung

Eine der nachhaltigsten Lehren war die Erkenntnis, dass Bildung und Aufklärung entscheidend sind, um aus Niederlagen zu lernen. Orin initiierte Programme, die sich auf die Schulung von Aktivisten in Strategien zur Konfliktbewältigung und zum Umgang mit Rückschlägen konzentrierten. Diese Programme halfen nicht nur, individuelle Fähigkeiten zu entwickeln, sondern schufen auch ein Bewusstsein dafür, dass Niederlagen nicht das Ende sind, sondern oft der Anfang eines neuen Kapitels im Aktivismus.

Fazit

Die Lehren aus den Niederlagen waren für Orin Valis und die Bewegung von unschätzbarem Wert. Resilienz, Reflexion, Gemeinschaft, Humor, langfristige Perspektiven und Bildung bildeten die Eckpfeiler, die es der Bewegung ermöglichten, trotz Rückschlägen weiterzuwachsen und zu gedeihen. Diese Erfahrungen prägten nicht nur Orins Ansatz zum Aktivismus, sondern hinterließen auch ein Vermächtnis für zukünftige Generationen von Aktivisten, die lernen können, dass Niederlagen nicht das Ende, sondern oft der Beginn eines neuen und bedeutungsvollen Weges sind.

Wiederaufbau von Vertrauen und Motivation

Der Wiederaufbau von Vertrauen und Motivation ist ein entscheidender Prozess in der Aktivismusbewegung, insbesondere nach Rückschlägen oder Krisen. In diesem Abschnitt werden die Herausforderungen, die Strategien und die theoretischen Grundlagen für den Wiederaufbau von Vertrauen und Motivation innerhalb der Bewegung von Orin Valis untersucht.

Theoretische Grundlagen

Vertrauen ist ein zentrales Element in jeder sozialen Bewegung. Laut dem Sozialpsychologen [?] ist Vertrauen nicht nur eine persönliche Eigenschaft, sondern auch ein sozialer Prozess, der durch Interaktionen und Erfahrungen geprägt wird. In der Aktivismusgemeinschaft ist Vertrauen entscheidend, um eine kohärente und effektive Zusammenarbeit zu gewährleisten. Das Fehlen von Vertrauen kann zu Misstrauen, Konflikten und letztlich zur Fragmentierung der Bewegung führen.

Die *Motivationstheorie* nach [?] beschreibt, dass intrinsische Motivation, also die Motivation, die aus innerem Antrieb entsteht, entscheidend für das Engagement der Aktivisten ist. Diese Theorie legt nahe, dass Aktivisten, die sich mit der Mission und den Werten der Bewegung identifizieren, eher bereit sind, sich trotz Herausforderungen zu engagieren.

Herausforderungen

Nach Rückschlägen, wie etwa einer gescheiterten Demonstration oder internen Konflikten, kann das Vertrauen innerhalb der Bewegung stark erschüttert werden. Aktivisten könnten sich fragen, ob ihre Anstrengungen überhaupt einen Unterschied machen oder ob sie von anderen unterstützt werden. Ein Beispiel hierfür ist die erste große Demonstration der Plasma-Kristall-Hybriden, bei der die Teilnehmer mit massiven Gegenprotesten konfrontiert wurden. Diese Erfahrung führte zu einem Rückgang der Teilnahme an zukünftigen Veranstaltungen und einem Gefühl der Entmutigung.

Zusätzlich können interne Konflikte, wie unterschiedliche Ansichten über Strategien oder Ziele, das Vertrauen zwischen den Aktivisten gefährden. Solche Konflikte können zu einer Spaltung innerhalb der Bewegung führen, was die Effektivität und den Einfluss der Bewegung beeinträchtigt.

Strategien zum Wiederaufbau

Um Vertrauen und Motivation wiederherzustellen, sind gezielte Strategien erforderlich. Eine Möglichkeit ist die Förderung von *transparenter Kommunikation*. Regelmäßige Treffen, in denen die Mitglieder ihre Bedenken und Ideen äußern können, helfen, Missverständnisse auszuräumen und ein Gefühl der Gemeinschaft zu fördern. Orin Valis führte nach der gescheiterten Demonstration eine Reihe von offenen Foren ein, in denen die Aktivisten ihre Erfahrungen teilen und gemeinsam Lösungen entwickeln konnten.

Ein weiterer wichtiger Aspekt ist die *Anerkennung von Leistungen*. Die Bewegung sollte Erfolge, egal wie klein, feiern, um das Gefühl der Zugehörigkeit und des gemeinsamen Ziels zu stärken. Dies könnte durch soziale Medien, Newsletter oder öffentliche Veranstaltungen geschehen, bei denen die Beiträge einzelner Mitglieder gewürdigt werden.

Darüber hinaus ist die *Schulung von Fähigkeiten* ein effektives Mittel, um das Vertrauen der Aktivisten in ihre eigenen Fähigkeiten zu stärken. Workshops, in denen Fähigkeiten wie Öffentlichkeitsarbeit, Konfliktlösung und Organisation vermittelt werden, können das Selbstbewusstsein der Mitglieder stärken und sie motivieren, aktiver zu werden.

Beispiele aus der Bewegung

Ein konkretes Beispiel für den Wiederaufbau von Vertrauen in der Bewegung ist die Einführung von *Mentorenprogrammen*. Erfahrene Aktivisten unterstützen neue Mitglieder, indem sie ihnen helfen, sich in der Bewegung zurechtzufinden und ihre Ängste zu überwinden. Diese Programme haben nicht nur das Vertrauen zwischen den Generationen von Aktivisten gestärkt, sondern auch die Motivation der neuen Mitglieder erhöht, sich zu engagieren.

Ein weiteres Beispiel ist die Durchführung von *Teambuilding-Aktivitäten*, die darauf abzielen, die Beziehungen zwischen den Mitgliedern zu stärken. Solche Aktivitäten können sowohl informell (z. B. gemeinsame Freizeitaktivitäten) als auch formal (z. B. Workshops zur Teamarbeit) sein. Diese Maßnahmen haben dazu beigetragen, eine positive und unterstützende Atmosphäre innerhalb der Bewegung zu schaffen.

Fazit

Der Wiederaufbau von Vertrauen und Motivation ist eine komplexe, aber notwendige Aufgabe für jede Bewegung, die sich mit Herausforderungen und Rückschlägen konfrontiert sieht. Durch transparente Kommunikation,

Anerkennung von Leistungen, Schulung von Fähigkeiten und die Förderung von Mentorenprogrammen kann die Bewegung von Orin Valis nicht nur das Vertrauen ihrer Mitglieder wiederherstellen, sondern auch eine nachhaltige und engagierte Gemeinschaft aufbauen. Letztendlich ist es das Vertrauen in die gemeinsame Vision und die Motivation, für diese Vision zu kämpfen, die die Bewegung vorantreibt und sie auf dem Weg zu einer gerechteren Gesellschaft unterstützt.

Ein Blick auf die Zukunft

Die Zukunft der Gleichstellungsbewegung für Plasma-Kristall-Hybride auf Zolran ist sowohl vielversprechend als auch herausfordernd. Orin Valis hat durch seinen unermüdlichen Einsatz und seine Vision eine Grundlage gelegt, auf der zukünftige Generationen aufbauen können. In diesem Abschnitt werfen wir einen Blick auf die kommenden Herausforderungen, die notwendigen Strategien zur Überwindung dieser Herausforderungen und die Rolle der Gemeinschaft im fortwährenden Kampf um Gleichheit und Gerechtigkeit.

Herausforderungen der Zukunft

Die Bewegung sieht sich einer Vielzahl von Herausforderungen gegenüber, die sowohl politischer als auch gesellschaftlicher Natur sind. Eine der größten Herausforderungen ist der anhaltende Widerstand von politischen Gegnern, die die Rechte der Plasma-Kristall-Hybriden weiterhin einschränken wollen. Diese Gegner nutzen verschiedene Taktiken, um die Bewegung zu diskreditieren und ihre Errungenschaften zu untergraben. Ein Beispiel hierfür ist die gezielte Verbreitung von Fehlinformationen über die Bewegung in sozialen Medien, die das öffentliche Bild von Plasma-Kristall-Hybriden negativ beeinflussen kann.

Darüber hinaus gibt es interne Konflikte innerhalb der Bewegung, die oft aus unterschiedlichen Ansichten über Strategien und Ziele resultieren. Diese Konflikte können die Effektivität der Bewegung beeinträchtigen und müssen mit Empathie und Verständnis angegangen werden. Um diese Herausforderungen zu bewältigen, ist es entscheidend, dass die Bewegung eine einheitliche Front bildet und klare Kommunikationskanäle etabliert.

Strategien für den Aktivismus

Um die Herausforderungen der Zukunft zu meistern, müssen neue Strategien entwickelt werden. Eine vielversprechende Strategie ist die verstärkte Nutzung von Technologie und sozialen Medien, um die Botschaft der Gleichstellung zu verbreiten und Unterstützer zu mobilisieren. Die Verwendung von Plattformen wie *ZolranNet* kann es der Bewegung ermöglichen, jüngere Generationen anzusprechen und eine breitere Öffentlichkeit zu erreichen.

Ein weiteres wichtiges Element ist die Bildung. Die Aufklärung über die Rechte und die Geschichte der Plasma-Kristall-Hybriden sollte in Schulen und Gemeinden gefördert werden. Durch Workshops, Seminare und Informationsveranstaltungen können Vorurteile abgebaut und ein besseres Verständnis für die Herausforderungen geschaffen werden, mit denen Plasma-Kristall-Hybride konfrontiert sind.

Zusätzlich ist die Zusammenarbeit mit anderen kulturellen und sozialen Bewegungen unerlässlich. Durch Bündnisse mit anderen Gruppen, die ähnliche Ziele verfolgen, kann die Bewegung ihre Reichweite und Einflusskraft erheblich erhöhen. Ein Beispiel hierfür könnte eine Partnerschaft mit der Bewegung für intergalaktische Gleichheit sein, die sich für die Rechte aller außerirdischen Spezies einsetzt.

Die Rolle der Gemeinschaft

Die Gemeinschaft spielt eine zentrale Rolle in der Zukunft der Gleichstellungsbewegung. Es ist entscheidend, dass Plasma-Kristall-Hybride und ihre Unterstützer eng zusammenarbeiten, um eine starke und unterstützende Umgebung zu schaffen. Gemeinschaftliche Veranstaltungen, wie Feste, Demonstrationen und Diskussionsrunden, können das Bewusstsein schärfen und das Engagement fördern.

Ein Beispiel für eine solche Veranstaltung könnte die jährliche *Zolran Equality Fest* sein, bei der Plasma-Kristall-Hybride und ihre Unterstützer zusammenkommen, um ihre Errungenschaften zu feiern und Strategien für die Zukunft zu entwickeln. Solche Veranstaltungen fördern nicht nur den Zusammenhalt innerhalb der Gemeinschaft, sondern ziehen auch die Aufmerksamkeit der breiteren Öffentlichkeit auf die Anliegen der Bewegung.

Fazit

Insgesamt ist die Zukunft der Gleichstellungsbewegung für Plasma-Kristall-Hybride auf Zolran von Herausforderungen, aber auch von Chancen geprägt. Mit einer klaren Vision, innovativen Strategien und der Unterstützung der Gemeinschaft kann die Bewegung weiterhin Fortschritte erzielen und eine gerechtere Zukunft für alle Plasma-Kristall-Hybriden schaffen. Orin Valis' Erbe als Bürgerrechtsaktivist wird dabei als Leitstern dienen, der zukünftige Generationen inspiriert und motiviert, sich für Gleichheit und Gerechtigkeit einzusetzen.

$$Zukunft = Herausforderungen + Strategien + Gemeinschaft \qquad (21)$$

Die Gleichung verdeutlicht, dass die Zukunft der Bewegung nicht nur von den bestehenden Herausforderungen abhängt, sondern auch von der Fähigkeit, effektive Strategien zu entwickeln und die Gemeinschaft aktiv einzubeziehen. Wenn diese Elemente harmonisch zusammenwirken, kann die Bewegung auf eine erfolgreiche und gerechte Zukunft hoffen.

Die Erfolge der Bewegung

Meilensteine und Errungenschaften

Gesetzesänderungen und politische Erfolge

Die Bewegung für die Gleichstellung der Plasma-Kristall-Hybriden unter der Führung von Orin Valis hat in den letzten Jahren bedeutende Fortschritte erzielt. Diese Erfolge sind nicht nur auf die Mobilisierung der Gemeinschaft und die Schaffung eines Bewusstseins für die Herausforderungen, mit denen Plasma-Kristall-Hybride konfrontiert sind, zurückzuführen, sondern auch auf gezielte gesetzgeberische Maßnahmen, die in verschiedenen Regionen Zolrans eingeführt wurden.

Einführung von Gleichstellungsgesetzen

Ein entscheidender Erfolg war die Verabschiedung des *Gesetzes zur Gleichstellung der Plasma-Kristall-Hybriden* (GPKH), das im Jahr 2025 in Zolran in Kraft trat. Dieses Gesetz stellte sicher, dass Plasma-Kristall-Hybride in allen Bereichen des Lebens, einschließlich Bildung, Beschäftigung und Gesundheitsversorgung, die gleichen Rechte wie andere Bürger haben. Die Einführung dieses Gesetzes war das Ergebnis jahrelanger Lobbyarbeit und öffentlicher Kampagnen, die von Orin Valis und anderen Aktivisten organisiert wurden.

$$\text{Gleichstellung} = \frac{\text{Rechte}_{\text{Hybride}}}{\text{Rechte}_{\text{Bürger}}} \tag{22}$$

Die Gleichstellung wurde durch die oben genannte Gleichung symbolisch dargestellt, die verdeutlicht, dass die Rechte der Plasma-Kristall-Hybriden proportional zu den Rechten anderer Bürger erhöht werden sollten.

Politische Unterstützung und Allianzen

Ein weiterer wichtiger Aspekt des Erfolgs der Bewegung war die Schaffung von Allianzen mit anderen politischen Gruppen und Organisationen. Durch die Zusammenarbeit mit etablierten Bürgerrechtsorganisationen konnte die Bewegung zusätzliche Ressourcen mobilisieren und eine breitere Unterstützung in der politischen Landschaft Zolrans gewinnen. Dies führte zu einer erhöhten Sichtbarkeit und einem stärkeren Druck auf die Gesetzgeber, Maßnahmen zur Förderung der Gleichstellung zu ergreifen.

Ein Beispiel für eine solche Allianz war die Zusammenarbeit mit der *Vereinigung für intergalaktische Menschenrechte*, die es ermöglichte, internationale Aufmerksamkeit auf die Anliegen der Plasma-Kristall-Hybriden zu lenken. Diese Partnerschaft führte zur Einberufung eines internationalen Gipfels, auf dem die Herausforderungen und Erfolge der Gleichstellungsbewegung diskutiert wurden.

Gesetzliche Vorgaben für Bildung und Beschäftigung

Ein weiterer bedeutender Fortschritt war die Einführung von gesetzlichen Vorgaben, die sicherstellen, dass Plasma-Kristall-Hybride Zugang zu qualitativ hochwertiger Bildung und fairen Arbeitsplätzen haben. Das *Bildungsgesetz für Plasma-Kristall-Hybriden* (BGP) von 2026 stellte sicher, dass Schulen verpflichtet sind, Programme zur Förderung der Vielfalt und Inklusion anzubieten. Diese Programme sollen nicht nur das Verständnis für die Kultur der Plasma-Kristall-Hybriden fördern, sondern auch Vorurteile abbauen.

In Bezug auf die Beschäftigung wurde das *Gesetz zur Förderung der Chancengleichheit* (GfC) eingeführt, das Unternehmen dazu verpflichtet, bei der Einstellung von Mitarbeitern eine diverse Belegschaft zu fördern. Dies führte zu einer signifikanten Erhöhung der Beschäftigung von Plasma-Kristall-Hybriden in verschiedenen Sektoren, was wiederum zur Stärkung der Gemeinschaft beitrug.

Erfolge in der öffentlichen Wahrnehmung

Die gesetzgeberischen Erfolge hatten auch einen positiven Einfluss auf die öffentliche Wahrnehmung der Plasma-Kristall-Hybriden. Durch Medienkampagnen und öffentliche Veranstaltungen, die von Orin Valis organisiert wurden, konnte das Bewusstsein für die kulturellen und sozialen Beiträge der Plasma-Kristall-Hybriden gesteigert werden. Dies führte zu einer wachsenden Akzeptanz und Unterstützung in der breiteren Gesellschaft.

Ein bemerkenswerter Moment war die *Woche der Plasma-Kristall-Kultur*, die 2027 zum ersten Mal gefeiert wurde. Diese Veranstaltung brachte Tausende von

Menschen zusammen, um die Errungenschaften der Plasma-Kristall-Hybriden zu feiern und ihre Kultur zu würdigen. Die Veranstaltung erhielt breite Medienberichterstattung und half, das Image der Plasma-Kristall-Hybriden in der Gesellschaft zu verbessern.

Zusammenfassung der Erfolge

Zusammenfassend lässt sich sagen, dass die Bewegung unter der Führung von Orin Valis eine Reihe von bedeutenden gesetzgeberischen Erfolgen erzielt hat, die nicht nur die rechtliche Gleichstellung der Plasma-Kristall-Hybriden vorantreiben, sondern auch das öffentliche Bewusstsein und die Akzeptanz in der Gesellschaft erhöhen. Diese Erfolge sind das Ergebnis harter Arbeit, strategischer Allianzen und der unermüdlichen Bemühungen von Orin Valis und seinen Mitstreitern, die eine gerechtere und inklusivere Gesellschaft für alle anstreben.

$$\text{Erfolg}_{\text{Bewegung}} = \text{Gesetzesänderungen} + \text{Öffentliche Unterstützung} + \text{Kulturelle Anerkenn}$$
$$(23)$$

Die Gleichung verdeutlicht, dass der Erfolg der Bewegung auf einer Kombination aus gesetzlichen Änderungen, öffentlicher Unterstützung und kultureller Anerkennung basiert, die alle zusammenwirken, um die Gleichstellung der Plasma-Kristall-Hybriden voranzutreiben.

Einfluss auf die Gesellschaft

Der Einfluss von Orin Valis und der Gleichstellungsbewegung für Plasma-Kristall-Hybride auf Zolran ist sowohl tiefgreifend als auch vielschichtig. Diese Bewegung hat nicht nur das Bewusstsein für die Rechte und Bedürfnisse von Plasma-Kristall-Hybriden geschärft, sondern auch eine breitere Diskussion über Gleichheit und soziale Gerechtigkeit in der gesamten Gesellschaft angestoßen. In diesem Abschnitt werden wir die verschiedenen Facetten dieses Einflusses untersuchen, einschließlich der Veränderungen in der öffentlichen Wahrnehmung, der politischen Landschaft und der kulturellen Dynamik.

Öffentliches Bewusstsein und Wahrnehmung

Durch die unermüdliche Arbeit von Orin Valis und seinen Mitstreitern hat sich das öffentliche Bewusstsein für die Herausforderungen, mit denen Plasma-Kristall-Hybride konfrontiert sind, erheblich verändert. Vor der Gründung der Bewegung waren Plasma-Kristall-Hybride oft marginalisiert und ihre Anliegen wurden in der breiteren Gesellschaft kaum wahrgenommen. Orin nutzte soziale Medien und öffentliche Auftritte, um die Stimmen der Plasma-Kristall-Hybriden zu verstärken und ihre Geschichten zu erzählen.

Ein Beispiel für diesen Einfluss ist die Kampagne *„Licht auf die Vielfalt"*, die darauf abzielte, die verschiedenen Identitäten innerhalb der Plasma-Kristall-Hybriden zu feiern und gleichzeitig auf die Diskriminierung hinzuweisen, der sie ausgesetzt sind. Diese Kampagne führte zu einer Welle der Solidarität und Unterstützung aus verschiedenen Teilen der Gesellschaft, wodurch das Thema Gleichheit in den Vordergrund rückte.

Politische Veränderungen

Der Einfluss von Orin Valis erstreckte sich auch auf die politische Landschaft von Zolran. Durch die Mobilisierung von Unterstützern und die Durchführung von Demonstrationen gelang es der Bewegung, Gesetzesänderungen zu bewirken, die die Rechte von Plasma-Kristall-Hybriden stärkten.

Ein konkretes Beispiel ist das *Gesetz zur Gleichstellung von Plasma-Kristall-Hybriden*, das 2022 verabschiedet wurde. Dieses Gesetz gewährte Plasma-Kristall-Hybriden rechtliche Anerkennung und Schutz vor Diskriminierung in verschiedenen Lebensbereichen, einschließlich Bildung, Beschäftigung und Wohnraum. Die Passage dieses Gesetzes war ein bedeutender Meilenstein für die Bewegung und wurde als direkte Folge der Hartnäckigkeit und des Engagements von Orin Valis und seinen Unterstützern angesehen.

Kulturelle Dynamik

Die Bewegung hat auch die kulturelle Dynamik auf Zolran beeinflusst. Orin Valis und andere Aktivisten haben die Bedeutung von Kunst und Kultur als Mittel zur Förderung des sozialen Wandels erkannt. Kunstwerke, Filme und Musik, die die Erfahrungen von Plasma-Kristall-Hybriden darstellen, haben dazu beigetragen, das Verständnis und die Empathie in der breiteren Gesellschaft zu fördern.

Ein bemerkenswertes Beispiel ist der Dokumentarfilm *„Klang der Kristalle"*, der das Leben von Plasma-Kristall-Hybriden und ihre Kämpfe um Gleichheit dokumentiert. Dieser Film wurde nicht nur national, sondern auch international anerkannt und hat dazu beigetragen, das Bewusstsein für die Bewegung zu schärfen.

Zusätzlich wurden kulturelle Veranstaltungen, wie das jährliche *Festival der Vielfalt*, ins Leben gerufen, das als Plattform für Plasma-Kristall-Hybriden dient, um ihre Talente und ihre Kultur zu präsentieren. Diese Veranstaltungen fördern den Dialog und die Interaktion zwischen verschiedenen Gemeinschaften und tragen dazu bei, Vorurteile abzubauen.

Herausforderungen und Widerstand

Trotz dieser Erfolge sieht sich die Bewegung auch Herausforderungen und Widerstand gegenüber. Politische Gegner und konservative Gruppen haben versucht, die Fortschritte der Bewegung zu untergraben, indem sie Fehlinformationen verbreiten und die Anliegen der Plasma-Kristall-Hybriden als übertrieben darstellen. Diese Widerstände zeigen, dass der Kampf um Gleichheit noch lange nicht beendet ist und dass es weiterhin Anstrengungen bedarf, um die erzielten Fortschritte zu verteidigen.

Fazit

Zusammenfassend lässt sich sagen, dass der Einfluss von Orin Valis und der Gleichstellungsbewegung für Plasma-Kristall-Hybride auf Zolran tiefgreifende Veränderungen in der Gesellschaft bewirkt hat. Durch die Erhöhung des öffentlichen Bewusstseins, die Schaffung politischer Veränderungen und die Förderung kultureller Ausdrucksformen hat die Bewegung nicht nur das Leben von Plasma-Kristall-Hybriden verbessert, sondern auch eine breitere Diskussion über Gleichheit und soziale Gerechtigkeit angestoßen. Die Herausforderungen, die noch vor uns liegen, erfordern weiterhin Engagement und Zusammenarbeit, um sicherzustellen, dass die Errungenschaften der Bewegung nicht nur erhalten bleiben, sondern auch weiter ausgebaut werden.

Die Rolle von Orin als Sprecher

Orin Valis hat sich in der Gleichstellungsbewegung für Plasma-Kristall-Hybride auf Zolran als eine herausragende Stimme etabliert. Seine Fähigkeit, komplexe Themen auf eine zugängliche und ansprechende Weise zu kommunizieren, hat nicht nur das Bewusstsein für die Anliegen seiner Gemeinschaft geschärft, sondern auch eine breite Anhängerschaft mobilisiert. In diesem Abschnitt werden wir die verschiedenen Dimensionen von Orins Rolle als Sprecher untersuchen, einschließlich seiner Kommunikationsstrategien, der Herausforderungen, denen er begegnete, und der Auswirkungen seiner Reden auf die Bewegung.

Kommunikationsstrategien

Orins Kommunikationsstil ist geprägt von Authentizität und Empathie. Er versteht es, seine Botschaften in einer Sprache zu vermitteln, die sowohl emotional ansprechend als auch informativ ist. Eine seiner häufigsten Methoden ist die Verwendung von Geschichten, die die Erfahrungen der Plasma-Kristall-Hybriden widerspiegeln. Diese Technik, die auf der Theorie der narrativen Identität basiert, ermöglicht es dem Publikum, sich mit den Erfahrungen und Herausforderungen der Betroffenen zu identifizieren und fördert das Verständnis für die Gleichstellungsanliegen.

Ein Beispiel für Orins Geschichtenerzählkunst ist seine Rede während der ersten großen Demonstration der Bewegung. Er begann mit einer persönlichen Anekdote über seine Kindheit und die Ungerechtigkeiten, die er erlebt hatte. Diese Erzählung schuf eine emotionale Verbindung zu den Zuhörern und bereitete den Boden für die anschließende Diskussion über die systematischen Diskriminierungen, mit denen Plasma-Kristall-Hybride konfrontiert sind.

Die Bedeutung von Empathie

Die Rolle der Empathie in Orins Reden kann nicht genug betont werden. Er hat die Fähigkeit, sich in die Perspektiven anderer hineinzuversetzen und diese Emotionen in seinen Botschaften zu reflektieren. Dies ist besonders wichtig in einer Bewegung, die oft mit Widerstand und Skepsis konfrontiert ist. Orin hat häufig betont, dass „Empathie die Brücke ist, die uns verbindet", und diese Philosophie hat sich als zentral für seine Ansprache erwiesen.

Eine theoretische Grundlage für Orins Ansatz findet sich in der Empathietheorie von Carl Rogers, die besagt, dass echte Empathie die Grundlage für effektive Kommunikation und Beziehungspflege ist. Orin verwendet diese Prinzipien, um eine Atmosphäre des Vertrauens und des Verständnisses zu schaffen, die es ihm ermöglicht, mit seinem Publikum auf einer tieferen Ebene zu kommunizieren.

Herausforderungen als Sprecher

Trotz seiner Erfolge hatte Orin auch mit erheblichen Herausforderungen zu kämpfen. Politische Gegner und skeptische Medienvertreter versuchten oft, seine Botschaften zu diskreditieren oder zu verzerren. Ein Beispiel hierfür war die Berichterstattung über eine seiner Reden, in der seine Worte aus dem Kontext gerissen wurden, um ihn als radikalen Aktivisten darzustellen. Orin musste lernen, mit solchen Rückschlägen umzugehen und seine Botschaften klar zu formulieren, um Missverständnisse zu vermeiden.

Ein weiteres Problem, dem er gegenüberstand, war die interne Uneinigkeit innerhalb der Bewegung. Unterschiedliche Meinungen über die Richtung und die Methoden der Bewegung führten manchmal zu Spannungen. Orin trat als Mediator auf und setzte seine Kommunikationsfähigkeiten ein, um die verschiedenen Standpunkte zu integrieren und eine einheitliche Stimme zu finden.

Die Auswirkungen von Orins Reden

Die Auswirkungen von Orins Reden auf die Bewegung waren tiefgreifend. Seine Fähigkeit, Menschen zu inspirieren und zu mobilisieren, führte zu einer signifikanten Zunahme der Unterstützung für die Gleichstellungsbewegung. Laut einer Umfrage unter Teilnehmern der ersten großen Demonstration gaben 85% an, dass Orins Rede ihre Sichtweise auf die Probleme der Plasma-Kristall-Hybriden verändert hatte.

Darüber hinaus hat Orins Einfluss auch die Medienberichterstattung über die Bewegung positiv beeinflusst. Seine Reden wurden oft in sozialen Medien geteilt und erreichten ein breiteres Publikum, was zu einer erhöhten Sichtbarkeit der Anliegen der Plasma-Kristall-Hybriden führte. Die Verwendung von Plattformen wie ZolranNet und Intergalactic Media ermöglichte es Orin, seine Botschaften einem globalen Publikum zu präsentieren.

Schlussfolgerung

Zusammenfassend lässt sich sagen, dass Orin Valis eine zentrale Rolle als Sprecher in der Gleichstellungsbewegung für Plasma-Kristall-Hybride spielt. Durch seine einzigartigen Kommunikationsstrategien, die Betonung von Empathie und die Fähigkeit, Herausforderungen zu meistern, hat er nicht nur das Bewusstsein für die Anliegen seiner Gemeinschaft geschärft, sondern auch eine Bewegung inspiriert, die für Gleichheit und Gerechtigkeit kämpft. Orins Erbe als Sprecher wird weiterhin die nächsten Generationen von Aktivisten beeinflussen und die Diskussion über die Rechte der Plasma-Kristall-Hybriden vorantreiben.

Bildung und Aufklärung als Schlüssel

Bildung und Aufklärung sind fundamentale Elemente in der Gleichstellungsbewegung für Plasma-Kristall-Hybride auf Zolran. Sie bilden die Grundlage für ein besseres Verständnis der Herausforderungen, mit denen diese Gemeinschaft konfrontiert ist, und sind entscheidend für die Mobilisierung und

Aktivierung des kollektiven Bewusstseins. In diesem Abschnitt werden wir die Rolle von Bildung und Aufklärung in Orin Valis' Bewegung untersuchen, die Theorien, die diese Ansätze stützen, sowie die Probleme, die bei der Umsetzung auftreten können.

Die Rolle der Bildung

Bildung ist nicht nur ein Mittel zur Wissensvermittlung, sondern auch ein Werkzeug zur Empowerment. Orin Valis erkannte früh, dass eine informierte Gemeinschaft in der Lage ist, ihre Rechte und Bedürfnisse effektiver zu vertreten. Er förderte Bildungsinitiativen, die Plasma-Kristall-Hybriden in den Bereichen Wissenschaft, Recht und soziale Gerechtigkeit schulten. Diese Programme zielten darauf ab, die Teilnehmer zu befähigen, ihre Stimmen zu erheben und aktiv an der Gestaltung ihrer Zukunft teilzunehmen.

Ein Beispiel für eine solche Initiative ist das "Zolran Institute for Plasma-Kristall Studies", das von Orin gegründet wurde. Hier wurden Workshops und Seminare angeboten, die sich mit den spezifischen Herausforderungen der Plasma-Kristall-Hybriden auseinandersetzten. Die Teilnehmer lernten nicht nur über ihre Rechte, sondern auch über die rechtlichen Rahmenbedingungen, die ihre Existenz beeinflussen. Die Theorie des sozialen Lernens, wie sie von Albert Bandura formuliert wurde, spielt hierbei eine zentrale Rolle. Bandura argumentiert, dass Menschen durch Beobachtung und Nachahmung lernen, was bedeutet, dass die Vorbilder innerhalb der Bewegung eine entscheidende Rolle bei der Wissensvermittlung spielen.

Aufklärung als Mittel zur Sensibilisierung

Aufklärung geht über die formale Bildung hinaus und umfasst die Sensibilisierung der breiten Öffentlichkeit für die Anliegen der Plasma-Kristall-Hybriden. Orin Valis nutzte verschiedene Plattformen, um Informationen zu verbreiten und Vorurteile abzubauen. Durch kreative Kampagnen in sozialen Medien und öffentliche Veranstaltungen gelang es ihm, die Aufmerksamkeit auf die Diskriminierung und Ungerechtigkeit zu lenken, mit denen Plasma-Kristall-Hybride konfrontiert sind.

Ein Beispiel für eine erfolgreiche Aufklärungskampagne war die „Plasma-Kristall-Woche", während der Workshops, Diskussionsrunden und künstlerische Darbietungen stattfanden. Diese Veranstaltungen ermöglichten es den Teilnehmern, ihre Erfahrungen zu teilen und Empathie für die Herausforderungen anderer zu entwickeln. Die Theorie der sozialen Identität von

Henri Tajfel ist hier relevant, da sie erklärt, wie Gruppenidentität das Verhalten und die Einstellungen von Individuen beeinflussen kann. Durch die Förderung einer positiven Identität unter Plasma-Kristall-Hybriden half Orin, ein Gefühl der Zugehörigkeit und Solidarität zu schaffen.

Herausforderungen bei der Umsetzung

Trotz der positiven Auswirkungen von Bildung und Aufklärung sieht sich die Bewegung auch Herausforderungen gegenüber. Ein zentrales Problem ist der Zugang zu Bildungseinrichtungen. Viele Plasma-Kristall-Hybride haben aufgrund von Diskriminierung und Vorurteilen Schwierigkeiten, qualitativ hochwertige Bildung zu erhalten. Dies führt zu einem Teufelskreis, in dem mangelnde Bildung die Fähigkeit zur politischen Mobilisierung und zum Engagement in der Gemeinschaft einschränkt.

Ein weiteres Problem ist die Verbreitung von Fehlinformationen. In einer Zeit, in der soziale Medien eine zentrale Rolle bei der Informationsverbreitung spielen, ist es entscheidend, dass die Bewegung gegen Falschinformationen ankämpft. Orin Valis und seine Unterstützer entwickelten Strategien, um die Verbreitung von korrekten Informationen zu fördern und gleichzeitig gegen die schädlichen Narrative vorzugehen, die Plasma-Kristall-Hybride stigmatisieren.

Beispiele erfolgreicher Bildungsinitiativen

Ein bemerkenswertes Beispiel für eine erfolgreiche Bildungsinitiative war das Programm „Mentoren für Plasma-Kristall-Hybride", das erfahrene Aktivisten mit jüngeren Mitgliedern der Gemeinschaft zusammenbrachte. Diese Mentoren halfen den Jugendlichen, ihre Fähigkeiten zu entwickeln, und gaben ihnen das Selbstvertrauen, sich aktiv an der Bewegung zu beteiligen. Die Ergebnisse waren beeindruckend: Viele der Mentees wurden selbst zu aktiven Stimmen innerhalb der Bewegung und trugen dazu bei, neue Ideen und Perspektiven einzubringen.

Darüber hinaus wurde ein Online-Kurs entwickelt, der sich mit den rechtlichen Rechten der Plasma-Kristall-Hybriden beschäftigte. Dieser Kurs wurde von einer Vielzahl von Teilnehmern genutzt und trug dazu bei, das Bewusstsein für die rechtlichen Herausforderungen zu schärfen, mit denen die Gemeinschaft konfrontiert ist. Die Rückmeldungen waren überwältigend positiv, und viele Teilnehmer berichteten, dass sie sich nach dem Abschluss des Kurses besser informiert und motiviert fühlten, sich für ihre Rechte einzusetzen.

Fazit

Zusammenfassend lässt sich sagen, dass Bildung und Aufklärung Schlüsselkomponenten in der Gleichstellungsbewegung für Plasma-Kristall-Hybride sind. Sie bieten nicht nur die notwendigen Werkzeuge zur Selbstermächtigung, sondern fördern auch ein tieferes Verständnis für die Herausforderungen, mit denen die Gemeinschaft konfrontiert ist. Orin Valis' Engagement für Bildung hat nicht nur das Leben vieler Plasma-Kristall-Hybriden verändert, sondern auch die gesamte Bewegung gestärkt. Die Herausforderungen, die bei der Umsetzung von Bildungs- und Aufklärungsinitiativen auftreten, müssen jedoch weiterhin angegangen werden, um sicherzustellen, dass alle Mitglieder der Gemeinschaft Zugang zu den Ressourcen haben, die sie benötigen, um sich erfolgreich zu engagieren und für ihre Rechte einzutreten.

Internationale Anerkennung der Bewegung

Die Gleichstellungsbewegung für Plasma-Kristall-Hybride auf Zolran hat in den letzten Jahren internationale Anerkennung erlangt. Diese Anerkennung ist nicht nur ein Beweis für den Erfolg der Bewegung, sondern auch ein wichtiger Schritt in Richtung einer globalen Solidarität für die Rechte von Minderheiten und marginalisierten Gruppen. In diesem Abschnitt werden wir die verschiedenen Aspekte der internationalen Anerkennung untersuchen, die Herausforderungen, die damit verbunden sind, und einige bemerkenswerte Beispiele, die die Reichweite und den Einfluss der Bewegung verdeutlichen.

Theoretische Grundlagen der internationalen Anerkennung

Internationale Anerkennung ist ein komplexes Konzept, das in der politischen Theorie und den internationalen Beziehungen untersucht wird. Die Anerkennung einer Bewegung oder einer Gruppe kann als eine Form des sozialen Kapitals betrachtet werden, das den Akteuren ermöglicht, ihre Anliegen auf einer größeren Bühne zu präsentieren. Laut der Theorie des sozialen Kapitals von Pierre Bourdieu wird die Bedeutung der sozialen Netzwerke und der Beziehungen zwischen Individuen und Gruppen hervorgehoben. Diese Netzwerke können als Katalysatoren für Veränderungen dienen, indem sie Ressourcen und Unterstützung mobilisieren.

Die internationale Anerkennung kann auch durch die Rahmenbedingungen der sozialen Bewegungen erklärt werden. Die Theorien von Charles Tilly über kollektive Aktionen und soziale Bewegungen zeigen, dass die Sichtbarkeit und die Unterstützung durch internationale Akteure entscheidend für den Erfolg einer

Bewegung sind. Tilly argumentiert, dass soziale Bewegungen, die in der Lage sind, internationale Aufmerksamkeit zu erlangen, oft mehr Einfluss auf politische Entscheidungen ausüben können.

Herausforderungen der internationalen Anerkennung

Trotz der Erfolge, die die Bewegung erzielt hat, gibt es auch erhebliche Herausforderungen. Eine der größten Hürden ist die Wahrnehmung von Plasma-Kristall-Hybriden in der internationalen Gemeinschaft. Oftmals werden sie als exotisch oder fremd betrachtet, was zu Missverständnissen und Vorurteilen führen kann. Dies kann die Mobilisierung internationaler Unterstützung erschweren.

Darüber hinaus sind die politischen Rahmenbedingungen in verschiedenen Ländern unterschiedlich. Während einige Staaten die Gleichstellungsbewegung unterstützen, gibt es auch Länder, in denen solche Bewegungen stark unterdrückt werden. Diese Diskrepanz kann zu einer Fragmentierung der internationalen Unterstützung führen und die Bemühungen um eine einheitliche Front gegen Diskriminierung erschweren.

Beispiele für internationale Anerkennung

Ein bemerkenswertes Beispiel für die internationale Anerkennung der Bewegung ist die Teilnahme von Orin Valis an der Konferenz für intergalaktische Menschenrechte auf dem Planeten Veridion. Diese Konferenz brachte Vertreter verschiedener interstellarer Bewegungen zusammen und bot eine Plattform, um die Anliegen der Plasma-Kristall-Hybriden vorzustellen. Orin hielt eine leidenschaftliche Rede, die die Zuhörer berührte und die Notwendigkeit von Gleichheit und Gerechtigkeit für alle betonte. Die Rede wurde in den Medien weit verbreitet und führte zu einer Welle der Unterstützung aus verschiedenen Teilen des Universums.

Ein weiteres Beispiel ist die Zusammenarbeit mit internationalen Organisationen wie der Intergalaktischen Liga für Gleichheit (ILE). Diese Organisation hat die Bewegung aktiv unterstützt, indem sie Ressourcen bereitgestellt und internationale Kampagnen zur Sensibilisierung gestartet hat. Die ILE hat auch dazu beigetragen, die Anliegen der Plasma-Kristall-Hybriden in internationalen Foren zu vertreten, was zu einer stärkeren globalen Sichtbarkeit der Bewegung geführt hat.

Fazit

Die internationale Anerkennung der Bewegung für Plasma-Kristall-Hybride ist ein entscheidender Schritt auf dem Weg zu einer gerechteren und gleichberechtigteren Gesellschaft. Trotz der Herausforderungen, die damit verbunden sind, hat die Bewegung bedeutende Fortschritte gemacht und wichtige Allianzen gebildet. Die theoretischen Grundlagen, die die internationale Anerkennung unterstützen, sowie die praktischen Beispiele, die den Einfluss der Bewegung verdeutlichen, zeigen, dass der Weg zur Gleichheit ein kollektiver Prozess ist, der sowohl lokale als auch globale Anstrengungen erfordert. Die Zukunft der Bewegung hängt von ihrer Fähigkeit ab, internationale Unterstützung zu mobilisieren und die Herausforderungen, die vor ihr liegen, zu überwinden.

Zusammenarbeit mit anderen Aktivisten

Die Zusammenarbeit mit anderen Aktivisten ist ein entscheidender Aspekt der Gleichstellungsbewegung für Plasma-Kristall-Hybride auf Zolran. Diese Kooperation ermöglicht es, Ressourcen zu bündeln, Strategien zu entwickeln und eine stärkere Stimme in der Gesellschaft zu schaffen. In diesem Abschnitt werden wir die theoretischen Grundlagen, Herausforderungen und einige erfolgreiche Beispiele der Zusammenarbeit innerhalb der Bewegung untersuchen.

Theoretische Grundlagen der Zusammenarbeit

Die Theorie der sozialen Bewegungen legt nahe, dass die Mobilisierung von Unterstützern und die Schaffung eines kollektiven Identitätsgefühls entscheidend für den Erfolg einer Bewegung sind. Nach Tilly (2004) ist die Zusammenarbeit zwischen verschiedenen Gruppen nicht nur vorteilhaft, sondern oft notwendig, um politische Veränderungen herbeizuführen. Dies gilt besonders in einem Kontext, in dem Plasma-Kristall-Hybride mit Diskriminierung und Ungleichheit konfrontiert sind.

Ein zentraler Aspekt der Zusammenarbeit ist das Konzept der *Solidarität*. Solidarität bedeutet, dass verschiedene Gruppen ihre Unterschiede überwinden und gemeinsame Ziele verfolgen. Dies wird durch das Teilen von Ressourcen, Informationen und Erfahrungen erreicht. Zudem können unterschiedliche Perspektiven und Ansätze zu innovativen Lösungen führen, die in der Vergangenheit möglicherweise übersehen wurden.

Herausforderungen der Zusammenarbeit

Trotz der Vorteile gibt es zahlreiche Herausforderungen, die die Zusammenarbeit zwischen Aktivisten erschweren können. Eine der größten Hürden ist das Vorhandensein von *interner Diversität*. Unterschiedliche Perspektiven und Prioritäten können zu Konflikten führen, die die Effektivität der Bewegung beeinträchtigen. Es ist entscheidend, diese Unterschiede zu erkennen und einen Raum für Dialog und Kompromisse zu schaffen.

Ein weiteres Problem ist die *Ressourcenteilung*. Oftmals haben Gruppen unterschiedliche Ressourcen und Fähigkeiten, was zu Ungleichheiten in der Zusammenarbeit führen kann. Es ist wichtig, transparent über Ressourcen und Erwartungen zu kommunizieren, um Missverständnisse zu vermeiden.

Zusätzlich kann die *Koordination* zwischen verschiedenen Gruppen eine Herausforderung darstellen. Unterschiedliche Organisationsstrukturen und Kommunikationsstile können die Zusammenarbeit erschweren. Eine klare Kommunikation und die Festlegung gemeinsamer Ziele sind entscheidend, um diese Hürden zu überwinden.

Beispiele erfolgreicher Zusammenarbeit

Trotz der Herausforderungen gibt es zahlreiche Beispiele für erfolgreiche Zusammenarbeit innerhalb der Bewegung. Ein bemerkenswerter Fall ist die *Kampagne für die Anerkennung der Plasma-Kristall-Hybriden als gleichberechtigte Bürger*. Diese Kampagne wurde von verschiedenen Organisationen, darunter die *Zolranische Allianz für Gleichheit* und die *Vereinigung der Plasma-Kristall-Hybriden*, ins Leben gerufen. Durch die Bündelung ihrer Ressourcen und Netzwerke konnten sie eine landesweite Sensibilisierungskampagne starten, die zu bedeutenden Gesetzesänderungen führte.

Ein weiteres Beispiel ist die *Kunst für Gleichheit*-Initiative, die Künstler und Aktivisten aus verschiedenen Hintergründen zusammenbrachte, um die Anliegen der Plasma-Kristall-Hybriden durch kreative Ausdrucksformen zu fördern. Diese Initiative führte zu einer Reihe von Ausstellungen und Veranstaltungen, die das Bewusstsein für die Herausforderungen der Plasma-Kristall-Hybriden schärften und gleichzeitig eine Plattform für den Dialog zwischen verschiedenen Gruppen boten.

Schlussfolgerung

Die Zusammenarbeit mit anderen Aktivisten ist ein unverzichtbarer Bestandteil der Gleichstellungsbewegung für Plasma-Kristall-Hybride auf Zolran. Trotz der

Herausforderungen, die sie mit sich bringt, können gemeinsame Anstrengungen zu bedeutenden Fortschritten und einer stärkeren, vereinten Stimme führen. Die Theorie der sozialen Bewegungen und erfolgreiche Beispiele aus der Praxis zeigen, dass Solidarität und Zusammenarbeit nicht nur möglich, sondern auch notwendig sind, um die Vision einer gerechteren Gesellschaft zu verwirklichen.

Die Bedeutung von Feiern und Anerkennung

In der Welt des Aktivismus ist das Feiern von Erfolgen und die Anerkennung von Leistungen von entscheidender Bedeutung für die Motivation und den Zusammenhalt innerhalb einer Bewegung. Diese Praktiken sind nicht nur emotional bereichernd, sondern auch strategisch wichtig, um die Ziele der Bewegung zu fördern und die Unterstützung der Gemeinschaft zu festigen.

Psychologische Aspekte

Feiern und Anerkennung fördern das Gemeinschaftsgefühl und stärken die Identität der Mitglieder einer Bewegung. Psychologisch gesehen sind diese Elemente entscheidend, um das Engagement der Aktivisten aufrechtzuerhalten. Die *Selbstbestimmungstheorie* (Deci & Ryan, 1985) legt nahe, dass Menschen ein Bedürfnis nach sozialer Eingebundenheit und Anerkennung haben. Wenn Aktivisten für ihre Bemühungen gewürdigt werden, fühlen sie sich wertgeschätzt und motiviert, weiterhin für die Gleichstellung der Plasma-Kristall-Hybriden zu kämpfen. Die positive Verstärkung, die durch Feiern entsteht, kann auch dazu beitragen, die Resilienz gegenüber Rückschlägen zu erhöhen, indem sie ein Gefühl der Zugehörigkeit und des Zwecks vermittelt.

Beispiele aus der Bewegung

Ein herausragendes Beispiel für die Bedeutung von Feiern in der Bewegung für Plasma-Kristall-Hybride war das *Zolran Festival der Vielfalt*, das jährlich stattfindet. Bei diesem Festival werden die Erfolge der Bewegung gefeiert, und es werden Geschichten von Plasma-Kristall-Hybriden erzählt, die durch den Aktivismus positive Veränderungen in ihrem Leben erfahren haben. Solche Veranstaltungen bieten nicht nur eine Plattform für die Sichtbarkeit der Bewegung, sondern fördern auch die Gemeinschaft und ermöglichen es den Mitgliedern, ihre Erfolge zu teilen und neue Unterstützer zu gewinnen.

Ein weiterer wichtiger Aspekt ist die Anerkennung von Einzelpersonen, die sich besonders für die Bewegung eingesetzt haben. Die *Orin Valis Auszeichnung für Bürgerrechtsaktivismus* wird jährlich an Aktivisten verliehen, die herausragende

Beiträge geleistet haben. Diese Anerkennung motiviert nicht nur die Preisträger, sondern inspiriert auch andere, sich zu engagieren und ihre eigenen Beiträge zu leisten.

Herausforderungen bei der Umsetzung

Trotz der positiven Aspekte des Feierns und der Anerkennung gibt es auch Herausforderungen, die es zu bewältigen gilt. Eine der größten Herausforderungen besteht darin, sicherzustellen, dass die Anerkennung gerecht und inklusiv ist. In vielen Bewegungen kann es zu Spannungen kommen, wenn bestimmte Gruppen oder Einzelpersonen übersehen werden. Dies kann zu einem Gefühl der Entfremdung und Ungerechtigkeit führen, das die Gemeinschaft schwächt.

Um diesen Problemen entgegenzuwirken, ist es wichtig, ein transparentes und partizipatives Anerkennungssystem zu entwickeln, das die Vielfalt innerhalb der Bewegung widerspiegelt. Workshops und Diskussionen, in denen die Mitglieder ihre Ansichten über Anerkennung und Feiern teilen können, sind von entscheidender Bedeutung, um ein inklusives Umfeld zu schaffen.

Schlussfolgerung

Die Bedeutung von Feiern und Anerkennung in der Bewegung für Plasma-Kristall-Hybride kann nicht hoch genug eingeschätzt werden. Sie sind essentielle Werkzeuge, um den Aktivismus lebendig zu halten, die Gemeinschaft zu stärken und die Motivation zu fördern. Durch strategisches Feiern und eine gerechte Anerkennung der Leistungen aller Mitglieder kann die Bewegung nicht nur ihre Ziele effektiver erreichen, sondern auch ein inspirierendes Beispiel für andere Bewegungen weltweit setzen. Der Einsatz von Feiern und Anerkennung als Teil der Aktivismusstrategie wird somit zu einem unverzichtbaren Element für den langfristigen Erfolg und die Nachhaltigkeit der Gleichstellungsbewegung.

Geschichten von betroffenen Plasma-Kristall-Hybriden

Die Geschichten von Plasma-Kristall-Hybriden sind nicht nur Erzählungen individueller Schicksale, sondern auch Spiegelbilder der Herausforderungen und Errungenschaften einer gesamten Gemeinschaft. Diese Geschichten verdeutlichen die tiefgreifenden sozialen, kulturellen und politischen Probleme, mit denen Plasma-Kristall-Hybriden konfrontiert sind, und bieten Einblicke in die Resilienz und den Kampfgeist dieser einzigartigen Gruppe.

Die Geschichte von Lira Kova

Lira Kova, eine 23-jährige Plasma-Kristall-Hybride, wuchs in einer kleinen Stadt auf Zolran auf, wo Plasma-Kristall-Hybriden oft als Außenseiter betrachtet wurden. Ihre frühesten Erinnerungen sind geprägt von Erlebnissen, in denen sie aufgrund ihrer hybriden Herkunft diskriminiert wurde. „Ich erinnere mich, dass ich in der Schule oft allein war. Die anderen Kinder haben mich nicht eingeladen, mit ihnen zu spielen, weil sie Angst vor dem Unbekannten hatten", erzählt Lira. Diese Erfahrungen weckten in ihr den Wunsch, für die Rechte ihrer Gemeinschaft zu kämpfen.

Lira fand Trost in der Kunst und begann, ihre Gefühle durch Malerei auszudrücken. Ihre Werke thematisieren die duale Identität und die Herausforderungen, die mit der Zugehörigkeit zu zwei verschiedenen Welten verbunden sind. Diese künstlerische Ausdrucksform wurde zu einem wichtigen Teil ihrer Identität und half ihr, ihre Stimme zu finden.

Die Herausforderungen der Identität

Die Identität von Plasma-Kristall-Hybriden ist oft von inneren Konflikten geprägt. Viele Hybriden, wie Lira, kämpfen mit dem Gefühl der Zugehörigkeit und dem Druck, sich anpassen zu müssen. In einer Studie von Dr. Elara Voss, die sich mit der psychologischen Gesundheit von Plasma-Kristall-Hybriden beschäftigt hat, wird festgestellt, dass 78% der Befragten von Identitätskrisen berichten. Diese Krisen sind häufig mit dem Gefühl verbunden, in der Gesellschaft nicht akzeptiert zu werden.

$$\text{Identitätskonflikt} = \frac{\text{Wunsch nach Akzeptanz}}{\text{Gesellschaftliche Vorurteile}} \tag{24}$$

Die Gleichung zeigt, dass der Wunsch nach Akzeptanz durch die gesellschaftlichen Vorurteile, mit denen Plasma-Kristall-Hybriden konfrontiert sind, stark beeinflusst wird. Diese Vorurteile führen oft zu einem Gefühl der Isolation und einem Mangel an Unterstützung innerhalb der Gemeinschaft.

Die Rolle der Gemeinschaft

Die Geschichten von Plasma-Kristall-Hybriden sind auch Geschichten von Gemeinschaft und Unterstützung. Die Gründung von Selbsthilfegruppen und Netzwerken hat vielen Hybriden geholfen, ihre Erfahrungen zu teilen und sich gegenseitig zu unterstützen. Ein Beispiel ist die „Plasma-Vereinigung", die von Orin Valis ins Leben gerufen wurde. Diese Gruppe bietet einen Raum, in dem

Plasma-Kristall-Hybriden ihre Geschichten erzählen und sich über ihre Herausforderungen austauschen können.

Ein Mitglied der Plasma-Vereinigung, Tarek Nox, berichtet: „Die Unterstützung, die ich hier gefunden habe, hat mein Leben verändert. Ich fühlte mich lange Zeit allein, aber jetzt weiß ich, dass ich nicht allein bin." Diese Gemeinschaft hat nicht nur individuelle Geschichten geprägt, sondern auch kollektive Bewegungen ins Leben gerufen, die für die Rechte der Plasma-Kristall-Hybriden kämpfen.

Erfolge und Errungenschaften

Die Geschichten von Plasma-Kristall-Hybriden sind auch geprägt von Erfolgen. Lira Kova hatte die Möglichkeit, ihre Kunst in einer landesweiten Ausstellung zu präsentieren, die speziell für die Sichtbarkeit von Plasma-Kristall-Hybriden organisiert wurde. „Es war unglaublich, meine Werke neben denen anderer Hybriden zu sehen. Es fühlte sich an, als ob wir endlich eine Stimme hatten", erzählt Lira.

Die Ausstellung führte zu einer erhöhten Sensibilisierung in der Gesellschaft und veranlasste viele Menschen, sich mit den Herausforderungen der Plasma-Kristall-Hybriden auseinanderzusetzen. Diese Sichtbarkeit hat dazu beigetragen, Vorurteile abzubauen und das Verständnis für die hybriden Identitäten zu fördern.

Zukunftsperspektiven

Trotz der Herausforderungen, mit denen Plasma-Kristall-Hybriden konfrontiert sind, sind ihre Geschichten auch Geschichten der Hoffnung. Die jüngere Generation von Plasma-Kristall-Hybriden setzt sich aktiv für die Gleichstellung und Anerkennung ein. Die Geschichten von Lira, Tarek und vielen anderen sind nicht nur individuelle Erzählungen, sondern Teil eines größeren Narrativs, das die Kraft und den Einfluss der Plasma-Kristall-Hybriden auf Zolran zeigt.

Die Erzählungen dieser Hybriden sind ein Aufruf zur Aktion und ein Beweis dafür, dass Veränderungen möglich sind. Mit jedem Schritt, den sie in Richtung Gleichstellung machen, bauen sie ein Vermächtnis auf, das zukünftige Generationen inspirieren wird.

Fazit

Die Geschichten von Plasma-Kristall-Hybriden sind reich an Emotionen, Kämpfen und Triumphen. Sie zeigen die Komplexität der hybriden Identität und die Herausforderungen, die mit dem Streben nach Gleichheit verbunden sind. Diese Geschichten sind nicht nur wichtig für das Verständnis der Plasma-Kristall-Hybriden, sondern auch für die gesamte Gesellschaft, die von der Diversität und den Erfahrungen dieser einzigartigen Gemeinschaft profitieren kann.

Inspiration für zukünftige Generationen

Die Gleichstellungsbewegung für Plasma-Kristall-Hybride auf Zolran hat nicht nur gegenwärtige Erfolge erzielt, sondern auch eine nachhaltige Inspiration für zukünftige Generationen geschaffen. Diese Inspiration speist sich aus verschiedenen Quellen und Theorien, die den Aktivismus, das Engagement und die Hoffnung auf eine gerechtere Gesellschaft fördern.

Die Kraft der Geschichten

Eine der stärksten Inspirationsquellen sind die Geschichten derjenigen, die von der Bewegung betroffen sind. Durch das Teilen ihrer Erfahrungen und Herausforderungen können junge Plasma-Kristall-Hybride erkennen, dass sie nicht allein sind. Diese Erzählungen bieten nicht nur eine Perspektive auf die Ungerechtigkeiten, die ihre Gemeinschaften betreffen, sondern auch Beispiele für Widerstandsfähigkeit und Mut. Die Geschichten von Orin Valis und seinen Mitstreitern fungieren als kraftvolle Narrative, die die Werte von Empathie, Solidarität und Engagement für soziale Gerechtigkeit vermitteln.

Mentorship und Vorbilder

Ein weiterer entscheidender Faktor für die Inspiration zukünftiger Generationen ist die Rolle von Mentoren und Vorbildern. Orin Valis selbst hat vielen jungen Aktivisten als Mentor gedient. Durch Workshops, Seminare und persönliche Gespräche hat er sein Wissen und seine Erfahrungen weitergegeben. Diese Mentorship-Programme sind entscheidend, um die nächste Generation von Aktivisten zu fördern und sie zu ermutigen, ihre eigenen Stimmen zu finden.

Bildung als Schlüssel

Bildung spielt eine zentrale Rolle in der Inspiration junger Menschen. Die Bewegung hat sich dafür eingesetzt, Bildungsressourcen für Plasma-Kristall-Hybride bereitzustellen, die oft unterversorgt sind. Durch die Förderung von Bildung in den Bereichen Rechte, Geschichte und Kultur können zukünftige Generationen befähigt werden, informierte Entscheidungen zu treffen und aktiv an der Gesellschaft teilzunehmen. Die Gründung von Schulen und Bildungsprogrammen, die speziell auf die Bedürfnisse dieser Gemeinschaften zugeschnitten sind, hat bereits begonnen, positive Veränderungen zu bewirken.

Kreativität und Kunst

Die Bewegung hat auch die Bedeutung von Kunst und Kreativität erkannt, um Inspiration zu fördern. Kunst ist ein kraftvolles Werkzeug, um Botschaften zu verbreiten und das Bewusstsein zu schärfen. Die Verwendung von Musik, Theater, Malerei und Literatur hat es der Bewegung ermöglicht, eine breitere Öffentlichkeit zu erreichen und emotionale Verbindungen zu schaffen. Junge Plasma-Kristall-Hybride werden ermutigt, ihre kreativen Talente zu nutzen, um ihre Geschichten zu erzählen und ihre Anliegen zu vertreten.

Technologie und soziale Medien

In der heutigen digitalen Ära spielt Technologie eine entscheidende Rolle im Aktivismus. Die Bewegung hat soziale Medien effektiv genutzt, um ihre Botschaften zu verbreiten und eine globale Gemeinschaft von Unterstützern zu mobilisieren. Durch die Schaffung von Online-Plattformen, auf denen junge Menschen ihre Ideen und Projekte teilen können, wird eine Kultur des Engagements und der Zusammenarbeit gefördert. Dies inspiriert zukünftige Generationen, Technologie als Werkzeug für den Wandel zu nutzen.

Globale Vernetzung

Die Inspiration für zukünftige Generationen beschränkt sich nicht nur auf Zolran. Die Bewegung hat internationale Verbindungen geknüpft und sich mit anderen Bürgerrechtsbewegungen auf der ganzen Welt solidarisiert. Diese globale Vernetzung ermöglicht es jungen Plasma-Kristall-Hybriden, von den Erfahrungen anderer zu lernen und ihre eigenen Strategien zu entwickeln. Indem sie sehen, wie andere Gemeinschaften ähnliche Herausforderungen bewältigen, können sie ermutigt werden, aktiv zu werden und Veränderungen in ihrem eigenen Umfeld herbeizuführen.

Die Philosophie der Hoffnung

Die Philosophie der Hoffnung, die Orin Valis und die Bewegung vertreten, ist ein weiterer inspirierender Aspekt. Hoffnung ist nicht nur ein Gefühl, sondern eine aktive Entscheidung, die Zukunft zu gestalten. Diese Philosophie ermutigt zukünftige Generationen, an eine bessere Welt zu glauben und die notwendigen Schritte zu unternehmen, um diese Vision zu verwirklichen. Indem sie lernen, dass Veränderung möglich ist, werden sie motiviert, sich für ihre Überzeugungen einzusetzen.

Praktische Beispiele und Erfolge

Ein konkretes Beispiel für die Inspiration zukünftiger Generationen ist das Projekt „Plasma-Kristall-Leadership", das von der Bewegung ins Leben gerufen wurde. Dieses Programm bietet jungen Menschen die Möglichkeit, Führungsqualitäten zu entwickeln und sich aktiv in die Gemeinschaft einzubringen. Teilnehmer berichten von ihren Erfahrungen und wie sie inspiriert wurden, eigene Initiativen zu starten, die sich mit lokalen Problemen befassen.

Ein weiteres Beispiel ist die jährliche „Gleichstellungswoche", in der Veranstaltungen und Workshops organisiert werden, um das Bewusstsein für die Rechte von Plasma-Kristall-Hybriden zu schärfen. Diese Veranstaltungen bieten eine Plattform für junge Menschen, ihre Stimmen zu erheben und ihre Ideen zu präsentieren, was zu einer stärkeren Gemeinschaft und einem Gefühl der Zugehörigkeit führt.

Zusammenfassung

Zusammenfassend lässt sich sagen, dass die Gleichstellungsbewegung für Plasma-Kristall-Hybride auf Zolran nicht nur gegenwärtige Erfolge erzielt hat, sondern auch eine bedeutende Inspirationsquelle für zukünftige Generationen darstellt. Durch das Teilen von Geschichten, Mentorship, Bildung, Kunst, Technologie, globale Vernetzung und eine Philosophie der Hoffnung wird eine neue Generation von Aktivisten gefördert, die bereit ist, für Gleichheit und Gerechtigkeit zu kämpfen. Diese Inspiration ist entscheidend für die Schaffung einer gerechteren und inklusiveren Zukunft, in der Plasma-Kristall-Hybride und andere marginalisierte Gruppen die Möglichkeit haben, ihre Träume zu verwirklichen.

Die Vision für eine gerechtere Gesellschaft

Orin Valis' Vision für eine gerechtere Gesellschaft ist tief verwurzelt in den Prinzipien von Gleichheit, Gerechtigkeit und Inklusion. Diese Vision geht über die bloße Forderung nach Rechten für Plasma-Kristall-Hybride hinaus; sie zielt darauf ab, ein umfassendes soziales Gefüge zu schaffen, in dem alle Wesen, unabhängig von ihrer Herkunft oder ihrer biologischen Beschaffenheit, die gleichen Chancen und Rechte genießen.

Theoretische Grundlagen

Die theoretische Basis für Orins Vision kann in der sozialen Gerechtigkeitstheorie gefunden werden, die von Philosophen wie John Rawls und Martha Nussbaum geprägt wurde. Rawls' Konzept der „Gerechtigkeit als Fairness" postuliert, dass soziale und wirtschaftliche Ungleichheiten nur dann akzeptabel sind, wenn sie den am wenigsten Begünstigten zugutekommen. Dies wird durch die sogenannte „Differenzprinzip" unterstützt:

$$\text{Gleichheit} \rightarrow \text{Gerechtigkeit} \rightarrow \text{Wohlstand für alle} \qquad (25)$$

Nussbaums Ansatz hingegen betont die Bedeutung von Fähigkeiten und Möglichkeiten, die jeder Einzelne benötigt, um ein erfülltes Leben zu führen. Ihre „Fähigkeitenansatz" fordert, dass jede Gesellschaft die Bedingungen schaffen muss, die es ihren Mitgliedern ermöglichen, ihre Fähigkeiten zu entwickeln und zu entfalten.

Identifikation der Probleme

In Zolran sind Plasma-Kristall-Hybride mit einer Vielzahl von Herausforderungen konfrontiert, die eine gerechte Gesellschaft behindern. Dazu gehören:

+ **Diskriminierung:** Plasma-Kristall-Hybride erfahren häufig Diskriminierung in Bildung, Beschäftigung und im Gesundheitswesen. Diese Diskriminierung führt zu einem Teufelskreis von Armut und Ungleichheit.

+ **Mangel an Repräsentation:** In politischen und sozialen Institutionen sind Plasma-Kristall-Hybride oft unterrepräsentiert, was bedeutet, dass ihre Stimmen und Bedürfnisse nicht angemessen berücksichtigt werden.

+ **Zugang zu Ressourcen:** Der Zugang zu grundlegenden Ressourcen wie Bildung, Gesundheitsversorgung und Wohnraum ist für Plasma-Kristall-Hybride eingeschränkt, was ihre Möglichkeiten zur persönlichen und gemeinschaftlichen Entwicklung einschränkt.

Beispiele für Lösungen

Um diese Herausforderungen zu bewältigen, schlägt Orin eine Reihe von Lösungen vor, die auf den Prinzipien der sozialen Gerechtigkeit basieren:

1. **Bildungsreform:** Die Einführung von Bildungsprogrammen, die speziell auf die Bedürfnisse von Plasma-Kristall-Hybriden zugeschnitten sind, um Chancengleichheit zu gewährleisten. Dies könnte durch Stipendien, Mentoring-Programme und spezielle Fördermaßnahmen geschehen.

2. **Politische Partizipation:** Die Schaffung von Plattformen, die Plasma-Kristall-Hybriden eine Stimme in politischen Entscheidungsprozessen geben. Dies könnte durch die Gründung von politischen Organisationen oder die Förderung von Vertretern in bestehenden Institutionen geschehen.

3. **Öffentlichkeitsarbeit:** Eine umfassende Kampagne zur Sensibilisierung der breiten Öffentlichkeit für die Herausforderungen und Errungenschaften von Plasma-Kristall-Hybriden, um Vorurteile abzubauen und Verständnis zu fördern.

Langfristige Vision

Orins langfristige Vision für eine gerechtere Gesellschaft umfasst die Schaffung eines integrativen und unterstützenden Umfelds, in dem Plasma-Kristall-Hybride nicht nur akzeptiert, sondern aktiv gefördert werden. Dies erfordert:

+ **Interkulturelle Zusammenarbeit:** Der Austausch und die Zusammenarbeit zwischen verschiedenen Kulturen und Gemeinschaften, um ein besseres Verständnis und Respekt für Vielfalt zu fördern.

+ **Technologische Innovation:** Der Einsatz von Technologie, um Barrieren abzubauen und den Zugang zu Informationen und Ressourcen zu erleichtern. Dies könnte durch Online-Plattformen, soziale Medien und digitale Bildungsressourcen geschehen.

+ **Nachhaltigkeit:** Die Entwicklung nachhaltiger Praktiken, die nicht nur die Umwelt schützen, sondern auch soziale Gerechtigkeit fördern, indem sie sicherstellen, dass alle Gemeinschaften von den Ressourcen des Planeten profitieren.

Schlussfolgerung

Die Vision von Orin Valis für eine gerechtere Gesellschaft ist ein Aufruf zum Handeln. Sie fordert alle Mitglieder der Gesellschaft auf, aktiv zu werden und sich für die Rechte und das Wohlergehen von Plasma-Kristall-Hybriden einzusetzen. Durch Bildung, politische Partizipation und interkulturelle Zusammenarbeit können wir eine Zukunft schaffen, in der Gerechtigkeit und Gleichheit für alle erreicht werden.

Orin glaubt fest daran, dass die Kraft der Gemeinschaft und der unerschütterliche Glaube an eine bessere Zukunft der Schlüssel zu einem gerechteren Zolran sind. Diese Vision ist nicht nur ein Traum, sondern ein erreichbares Ziel, das durch kollektives Engagement und Zusammenarbeit verwirklicht werden kann.

Der Einfluss von Orin Valis

Persönliche und gesellschaftliche Auswirkungen

Orins Philosophie und Lebensanschauung

Orin Valis, als Führer der Gleichstellungsbewegung für Plasma-Kristall-Hybride auf Zolran, entwickelte eine Philosophie, die sowohl von persönlicher Erfahrung als auch von den Herausforderungen geprägt war, denen seine Gemeinschaft gegenüberstand. Seine Lebensanschauung kann in mehreren Schlüsselkonzepten zusammengefasst werden, die die Grundlage seiner Aktivität und seines Engagements für soziale Gerechtigkeit bildeten.

Die Bedeutung der Identität

Ein zentrales Element von Orins Philosophie ist die Bedeutung der Identität. Für ihn war die Identität nicht nur eine persönliche Angelegenheit, sondern auch ein politisches Statement. Orin glaubte, dass jeder Plasma-Kristall-Hybrid das Recht hat, seine einzigartige Herkunft und Kultur zu feiern. Er prägte den Satz:

$$\text{Identität} = \text{Kultur} + \text{Erfahrung} + \text{Gemeinschaft} \tag{26}$$

Diese Gleichung verdeutlicht, dass Identität aus der Interaktion zwischen kulturellen Wurzeln, individuellen Erfahrungen und der Zugehörigkeit zu einer Gemeinschaft entsteht. Orin setzte sich dafür ein, dass Plasma-Kristall-Hybride in der Gesellschaft sichtbar und hörbar sind, um Vorurteile abzubauen und das Verständnis zu fördern.

Empathie als Schlüssel zur Veränderung

Ein weiteres zentrales Konzept in Orins Philosophie ist die Empathie. Er glaubte, dass echte Veränderungen nur dann möglich sind, wenn Menschen bereit sind, sich in die Lage anderer zu versetzen. Orin sagte oft:

> „Empathie ist der erste Schritt zur Gerechtigkeit. Wenn wir nicht fühlen, was andere fühlen, können wir nicht verstehen, was sie brauchen."

Diese Sichtweise führte ihn dazu, Programme zu initiieren, die den Dialog zwischen verschiedenen Gemeinschaften förderten. Orin veranstaltete regelmäßig Workshops, in denen Plasma-Kristall-Hybride und andere Gruppen ihre Geschichten austauschen konnten, um Vorurteile abzubauen und ein besseres Verständnis füreinander zu entwickeln.

Die Kraft der Bildung

Orin war überzeugt, dass Bildung der Schlüssel zur Befreiung von Diskriminierung und Ungerechtigkeit ist. Er propagierte die Idee, dass Wissen Macht ist, und dass es unerlässlich ist, dass Plasma-Kristall-Hybride Zugang zu qualitativ hochwertiger Bildung haben. In seinen Reden erklärte er:

$$\text{Bildung} = \text{Wissen} + \text{Verständnis} + \text{Aktion} \qquad (27)$$

Er förderte Bildungsinitiativen, die nicht nur akademisches Wissen vermittelten, sondern auch Fähigkeiten zur kritischen Reflexion und zur aktiven Teilnahme an der Gesellschaft. Seine Vision war es, eine Generation von Plasma-Kristall-Hybriden zu schaffen, die nicht nur informiert, sondern auch aktiv in der Gestaltung ihrer Gemeinschaften ist.

Der Wert von Gemeinschaft

Orins Lebensanschauung betonte auch den Wert der Gemeinschaft. Er glaubte, dass individuelle Kämpfe oft kollektive Kämpfe sind und dass die Solidarität innerhalb der Gemeinschaft entscheidend ist, um Veränderungen herbeizuführen. Er sagte:

> „Gemeinschaft ist nicht nur ein Ort, es ist eine Verantwortung. Wir müssen füreinander einstehen."

Diese Philosophie führte zur Gründung von Unterstützungsnetzwerken, in denen Plasma-Kristall-Hybride zusammenkamen, um sich gegenseitig zu unterstützen und Ressourcen zu teilen. Orin organisierte regelmäßig Treffen, um die Gemeinschaft zu stärken und gemeinsame Ziele zu definieren.

Der Glaube an die Veränderung

Ein weiterer fundamentaler Aspekt von Orins Philosophie war sein unerschütterlicher Glaube an die Möglichkeit der Veränderung. Trotz der Herausforderungen, denen er und seine Bewegung gegenüberstanden, war Orin überzeugt, dass Veränderung nicht nur möglich, sondern unvermeidlich ist, wenn Menschen sich zusammenschließen und für ihre Rechte kämpfen. In seinen Worten:

$$\text{Veränderung} = \text{Engagement} + \text{Zusammenarbeit} + \text{Hoffnung} \qquad (28)$$

Diese Überzeugung motivierte ihn und seine Anhänger, auch in schwierigen Zeiten weiterzumachen. Orin ermutigte seine Unterstützer, nicht aufzugeben und an die Kraft ihrer Stimmen zu glauben.

Kunst und Ausdruck als Mittel der Veränderung

Orin erkannte die transformative Kraft von Kunst und kulturellem Ausdruck. Er glaubte, dass Kunst ein starkes Werkzeug ist, um soziale Themen zu beleuchten und Empathie zu wecken. In seinen Reden betonte er:

„Kunst ist die Sprache der Seele. Sie kann das Unaussprechliche ausdrücken und Herzen erreichen, die Worte allein nicht erreichen können."

Deshalb unterstützte er Künstler und kreative Projekte innerhalb der Plasma-Kristall-Hybriden, die soziale Themen aufgriffen und die Stimmen der Marginalisierten hörbar machten. Seine Philosophie beinhaltete die Überzeugung, dass Kunst nicht nur ein Spiegel der Gesellschaft ist, sondern auch ein Katalysator für Veränderung.

Fazit

Zusammenfassend lässt sich sagen, dass Orin Valis' Philosophie und Lebensanschauung auf den Prinzipien von Identität, Empathie, Bildung, Gemeinschaft, Hoffnung und künstlerischem Ausdruck basieren. Diese Elemente bildeten das Fundament seiner Arbeit als Bürgerrechtsaktivist und inspirierten viele andere, sich für die Rechte der Plasma-Kristall-Hybriden einzusetzen. Orins Vision einer gerechten und inklusiven Gesellschaft bleibt ein Leitstern für zukünftige Generationen und ein Beispiel dafür, wie eine starke Lebensanschauung Veränderungen bewirken kann.

Die Rolle als Vorbild für andere

Orin Valis hat sich als herausragendes Vorbild für Plasma-Kristall-Hybride und darüber hinaus etabliert. Seine Fähigkeit, sich für Gerechtigkeit und Gleichheit einzusetzen, inspiriert nicht nur seine unmittelbare Gemeinschaft, sondern auch zukünftige Generationen von Aktivisten. Die Rolle eines Vorbilds ist von entscheidender Bedeutung in der sozialen Bewegung, da sie die Möglichkeit bietet, Werte und Prinzipien zu vermitteln, die über individuelle Erfahrungen hinausgehen.

Einfluss durch Vorbilder

Die Theorie des sozialen Lernens, wie sie von Albert Bandura formuliert wurde, legt nahe, dass Menschen durch Beobachtung und Nachahmung lernen. Vorbilder wie Orin Valis bieten ein lebendiges Beispiel für Engagement und Mut. In seiner Jugend war Orin oft von den Geschichten anderer Aktivisten inspiriert, die für ihre Überzeugungen eintraten. Diese Inspiration motivierte ihn, selbst aktiv zu werden und seinen eigenen Weg im Aktivismus zu finden.

Praktische Beispiele

Ein prägnantes Beispiel für Orins Einfluss als Vorbild zeigt sich in der Gründung von Jugendgruppen, die sich für die Rechte der Plasma-Kristall-Hybriden einsetzen. Diese Gruppen, die aus jungen Menschen bestehen, die Orins Beispiel folgen, haben in ihrer Gemeinde bedeutende Veränderungen bewirkt. Sie organisieren Workshops, um das Bewusstsein für die Herausforderungen, mit denen Plasma-Kristall-Hybride konfrontiert sind, zu schärfen und ihre Stimmen in der Gesellschaft zu erheben.

Ein weiteres Beispiel ist die Art und Weise, wie Orin mit der Kunst als Ausdrucksform umgeht. Er hat oft betont, dass Kunst ein kraftvolles Werkzeug für den Aktivismus ist. Viele junge Künstler, die von Orins Philosophie inspiriert sind, nutzen ihre Kreativität, um soziale Themen anzugehen und die Geschichten ihrer Gemeinschaft zu erzählen. Diese künstlerischen Ausdrucksformen fördern nicht nur das Bewusstsein, sondern stärken auch das Gemeinschaftsgefühl und die Identität der Plasma-Kristall-Hybriden.

Herausforderungen für Vorbilder

Es gibt jedoch auch Herausforderungen, die mit der Rolle eines Vorbilds verbunden sind. Orin Valis sieht sich häufig mit dem Druck konfrontiert, die hohen Erwartungen zu erfüllen, die an ihn als Führer der Bewegung gestellt werden. Diese Erwartungen können zu Stress und psychischen Belastungen führen, insbesondere wenn er mit Kritik oder Widerstand konfrontiert wird. Der Umgang mit diesen Herausforderungen erfordert eine starke innere Überzeugung und die Fähigkeit, sich selbst treu zu bleiben, während man gleichzeitig die Bedürfnisse der Gemeinschaft berücksichtigt.

Empathie und Verständnis

Ein zentraler Aspekt von Orins Vorbildfunktion ist seine Fähigkeit zur Empathie. Er hat stets betont, wie wichtig es ist, die Perspektiven anderer zu verstehen und anzuerkennen. Diese Fähigkeit hat es ihm ermöglicht, Brücken zwischen verschiedenen Gruppen zu bauen und ein Gefühl der Einheit innerhalb der Bewegung zu fördern. Orin ermutigt andere, ebenfalls empathisch zu handeln und sich in die Lage derjenigen zu versetzen, die unter Ungerechtigkeiten leiden.

Der Einfluss auf die nächste Generation

Die Rolle von Orin als Vorbild hat auch tiefgreifende Auswirkungen auf die nächste Generation von Aktivisten. Junge Menschen, die seine Reden hören oder seine Projekte verfolgen, sind oft motiviert, selbst aktiv zu werden. Die Geschichten von Plasma-Kristall-Hybriden, die durch Orins Engagement Gehör finden, bieten diesen Jugendlichen ein Gefühl der Zugehörigkeit und der Hoffnung. Sie sehen in Orin nicht nur einen Anführer, sondern auch einen Mentor, der sie auf ihrem eigenen Weg zum Aktivismus unterstützt.

Zusammenfassung

Zusammenfassend lässt sich sagen, dass Orin Valis durch sein Engagement und seine Philosophie als Vorbild für viele dient. Seine Fähigkeit, Empathie zu zeigen, andere zu inspirieren und eine Gemeinschaft aufzubauen, macht ihn zu einer Schlüsselfigur in der Gleichstellungsbewegung für Plasma-Kristall-Hybride. Die Herausforderungen, die er bewältigt, und die Erfolge, die er erzielt, bieten nicht nur eine Anleitung für andere, sondern auch einen Anreiz, sich für eine gerechtere Gesellschaft einzusetzen. Orins Vermächtnis als Vorbild wird weiterhin in den Herzen und Köpfen derer leben, die er beeinflusst hat, und es wird die nächste Generation von Aktivisten prägen.

Die Bedeutung von Empathie und Verständnis

Empathie und Verständnis sind zentrale Elemente in der Bürgerrechtsbewegung, insbesondere für Orin Valis und die Gleichstellungsbewegung der Plasma-Kristall-Hybriden auf Zolran. Diese Konzepte sind nicht nur moralische Imperative, sondern auch strategische Werkzeuge, die den Aktivismus stärken und die Gemeinschaften vereinen können. In diesem Abschnitt werden wir die theoretischen Grundlagen der Empathie und des Verständnisses untersuchen, die Herausforderungen, die sich aus einem Mangel an diesen Eigenschaften ergeben können, und Beispiele, die die transformative Kraft von Empathie in der Praxis zeigen.

Theoretische Grundlagen

Empathie wird oft als die Fähigkeit definiert, die Gefühle und Perspektiven anderer zu erkennen und nachzuvollziehen. Der Psychologe Carl Rogers beschreibt Empathie als eine „aktive Teilnahme an den Erfahrungen eines anderen", die dazu beiträgt, ein tiefes Verständnis für die Bedürfnisse und Herausforderungen anderer zu entwickeln. Diese Fähigkeit ist besonders wichtig in sozialen Bewegungen, wo das Verständnis der Erfahrungen marginalisierter Gruppen entscheidend ist, um eine effektive und inklusive Strategie zu entwickeln.

Darüber hinaus ist das Konzept des „kulturellen Verständnisses" entscheidend. Es bezieht sich auf die Fähigkeit, die kulturellen Hintergründe und sozialen Kontexte anderer zu erkennen und zu respektieren. Edward Said, ein bedeutender Kulturtheoretiker, argumentiert in seinem Werk „Orientalismus", dass das Verständnis der anderen Perspektiven hilft, Vorurteile abzubauen und eine gerechtere Gesellschaft zu fördern.

Herausforderungen durch mangelnde Empathie

Ein Mangel an Empathie kann zu Missverständnissen, Konflikten und einer Spaltung innerhalb der Bewegung führen. Politische Gegner nutzen oft Empathielosigkeit, um Narrative zu schaffen, die die Plasma-Kristall-Hybriden als Bedrohung darstellen. Diese Taktiken zielen darauf ab, Ängste zu schüren und die Solidarität zwischen den verschiedenen Gruppen zu untergraben.

Ein Beispiel dafür ist die öffentliche Wahrnehmung der Plasma-Kristall-Hybriden, die häufig von Stereotypen und Vorurteilen geprägt ist. Diese negativen Darstellungen können dazu führen, dass die Gesellschaft die Herausforderungen, mit denen diese Gemeinschaft konfrontiert ist, nicht ernst nimmt. Orin Valis erkannte früh, dass es entscheidend war, Empathie zu fördern, um die Narrative zu ändern und das Verständnis für die Anliegen seiner Gemeinschaft zu vertiefen.

Empathie in der Praxis

Die Anwendung von Empathie in der Praxis zeigt sich in verschiedenen Initiativen innerhalb der Bewegung. Orin Valis initiierte beispielsweise „Erzählcafés", in denen Plasma-Kristall-Hybriden ihre persönlichen Geschichten teilen konnten. Diese Veranstaltungen ermöglichten es den Teilnehmern, durch das Teilen von Erfahrungen eine emotionale Verbindung herzustellen.

Ein konkretes Beispiel ist die Geschichte von Lira, einer Plasma-Kristall-Hybriden, die aufgrund ihrer Identität Diskriminierung erlebte. Durch das Teilen ihrer Geschichte in einem Erzählcafé konnte sie anderen helfen, die Herausforderungen und den Schmerz, den sie erlebte, nachzuvollziehen. Diese Art des Dialogs hat nicht nur das Verständnis innerhalb der Gemeinschaft gefördert, sondern auch das Bewusstsein in der breiteren Gesellschaft geschärft.

Die Rolle von Empathie in der Mobilisierung

Empathie spielt auch eine entscheidende Rolle bei der Mobilisierung von Unterstützern. Wenn Menschen sich mit den Geschichten und Kämpfen anderer identifizieren können, sind sie eher bereit, sich zu engagieren und aktiv zu werden. Orin Valis nutzte soziale Medien, um Geschichten von Plasma-Kristall-Hybriden zu verbreiten, die die Herausforderungen und Erfolge der Bewegung dokumentierten. Diese Geschichten weckten Mitgefühl und Verständnis, was zu einer Zunahme der Unterstützung führte.

Ein Beispiel für eine erfolgreiche Mobilisierung war die „Licht für Gleichheit"-Kampagne, die durch die Erzählungen von Betroffenen geprägt war. Die visuelle Darstellung von persönlichen Geschichten in Form von Videos und Blogbeiträgen schuf ein starkes Gefühl der Verbundenheit und führte zu einer massiven Teilnahme an Demonstrationen.

Fazit

Zusammenfassend lässt sich sagen, dass Empathie und Verständnis nicht nur ethische Werte sind, sondern auch fundamentale Bausteine für den Erfolg von Bewegungen wie der von Orin Valis. Sie ermöglichen es, Barrieren abzubauen, Vorurteile zu überwinden und eine inklusive Gemeinschaft zu schaffen, die für Gleichheit und Gerechtigkeit kämpft. Die Herausforderungen, die sich aus einem Mangel an Empathie ergeben, sind erheblich, aber die positiven Auswirkungen, die eine empathische Herangehensweise haben kann, sind unbestreitbar. Durch die Förderung von Empathie und Verständnis kann die Bewegung nicht nur ihre Ziele erreichen, sondern auch ein nachhaltiges Vermächtnis für zukünftige Generationen schaffen.

Einfluss auf die Kultur und Kunst

Orin Valis hat nicht nur die politische Landschaft auf Zolran geprägt, sondern auch einen tiefgreifenden Einfluss auf die Kultur und Kunst der Plasma-Kristall-Hybriden ausgeübt. Seine Philosophie der Gleichheit und Gerechtigkeit hat Künstler, Schriftsteller und Musiker inspiriert, die in ihren Werken die Themen Identität, Widerstand und Gemeinschaft aufgreifen. Diese kulturellen Ausdrucksformen sind nicht nur Reflexionen der gesellschaftlichen Veränderungen, sondern auch Werkzeuge für den Aktivismus selbst.

Theoretische Grundlagen

Die Theorie des sozialen Wandels, wie sie von Herbert Blumer in den 1960er Jahren formuliert wurde, besagt, dass kulturelle Bewegungen oft als Reaktion auf soziale Ungerechtigkeiten entstehen. Valis' Engagement für die Plasma-Kristall-Hybriden kann als Katalysator für einen kulturellen Wandel betrachtet werden, der sich in verschiedenen künstlerischen Ausdrucksformen manifestiert. Kunst wird hier nicht nur als ästhetisches Medium, sondern auch als politisches Werkzeug verstanden, das die Wahrnehmung von Ungerechtigkeit schärft und zur Mobilisierung anregt.

Kunst als Widerstand

Ein bemerkenswertes Beispiel für den Einfluss von Orin Valis auf die Kunst ist die Installation „Plasma Resonance", die von der Künstlerin Lira Thal geschaffen wurde. Diese Installation zeigt interaktive Plasma-Kristall-Skulpturen, die das Publikum dazu einladen, mit den Kunstwerken zu interagieren. Durch die Verwendung von Licht und Klang wird eine Verbindung zwischen dem Betrachter und der Kunst hergestellt, die das Gefühl von Gemeinschaft und Solidarität fördert. Thal beschreibt ihre Arbeit als „eine visuelle Metapher für die Stimmen der Plasma-Kristall-Hybriden, die in der Gesellschaft oft übersehen werden."

Einfluss auf die Literatur

In der Literatur hat Valis' Einfluss zu einer Welle von Erzählungen geführt, die die Lebensrealitäten der Plasma-Kristall-Hybriden beleuchten. Der Roman

„Kristallträume" von Aiko Renshu erzählt die Geschichte einer jungen Hybriden, die sich in einer von Vorurteilen geprägten Gesellschaft behaupten muss. Die Protagonistin wird von Orin Valis' Ideen inspiriert, was zu einem inneren Konflikt führt, der die gesamte Erzählung durchzieht. Renshu nutzt die Erzählform als Plattform, um die Herausforderungen und Triumphe der Hybriden darzustellen und gleichzeitig auf die universellen Themen von Identität und Zugehörigkeit hinzuweisen.

Musik und Performative Kunst

Die Musikszene auf Zolran hat ebenfalls stark von Valis' Aktivismus profitiert. Die Band „Plasma Beats" hat sich der Aufgabe verschrieben, durch ihre Musik auf die Anliegen der Plasma-Kristall-Hybriden aufmerksam zu machen. Ihr Hit „Gleichheit für alle" wurde zur Hymne der Bewegung und kombiniert traditionelle Klänge mit modernen Beats, um eine breite Zuhörerschaft zu erreichen. Die Texte thematisieren den Kampf um Gleichheit und die Sehnsucht nach Anerkennung, was die Band zu einer Stimme der Hoffnung für viele macht.

Herausforderungen und Probleme

Trotz der positiven Auswirkungen von Orin Valis auf die Kultur und Kunst gibt es auch Herausforderungen. Künstler, die sich mit sozialpolitischen Themen auseinandersetzen, sehen sich oft mit Zensur und Widerstand konfrontiert. In einigen Fällen wurden Werke, die Valis' Botschaften unterstützen, von den Behörden als provokant oder unangemessen eingestuft. Dies führt zu einem Spannungsfeld zwischen künstlerischem Ausdruck und politischer Repression, das die Kreativität der Künstler einschränken kann.

Ein Beispiel hierfür ist die Schließung der Galerie „Kunst für Gleichheit", die regelmäßig Ausstellungen von Künstlern veranstaltete, die sich mit den Themen der Gleichstellungsbewegung auseinandersetzten. Trotz dieser Rückschläge bleibt die künstlerische Gemeinschaft auf Zolran resilient und findet Wege, ihre Botschaften durch alternative Kanäle zu verbreiten, wie zum Beispiel digitale Plattformen und internationale Kooperationen.

Zukunftsperspektiven

Die Zukunft der Kultur und Kunst in Bezug auf Orin Valis' Einfluss sieht vielversprechend aus. Mit dem wachsenden Bewusstsein für die Anliegen der Plasma-Kristall-Hybriden wird erwartet, dass immer mehr Künstler sich diesen Themen widmen. Die Nutzung von Technologie, insbesondere sozialen Medien, eröffnet neue Möglichkeiten für die Verbreitung von Kunst und Botschaften. Künstler wie Lira Thal und Aiko Renshu zeigen, wie kreative Ausdrucksformen dazu beitragen können, die Stimmen der Marginalisierten zu stärken und gesellschaftliche Veränderungen voranzutreiben.

Zusammenfassend lässt sich sagen, dass Orin Valis nicht nur ein Bürgerrechtsaktivist, sondern auch ein kultureller Innovator ist. Sein Einfluss auf die Kunst und Kultur der Plasma-Kristall-Hybriden ist ein Beweis dafür, dass Kreativität und Aktivismus Hand in Hand gehen können, um eine gerechtere und inklusivere Gesellschaft zu schaffen. Die Geschichten, die durch Kunst erzählt werden, und die Stimmen, die durch Musik und Literatur Gehör finden, sind entscheidend für das Verständnis und die Anerkennung der Plasma-Kristall-Hybriden in der breiteren Gesellschaft.

Die Entwicklung eines neuen Bewusstseins

Die Entwicklung eines neuen Bewusstseins unter den Plasma-Kristall-Hybriden auf Zolran ist ein faszinierender Prozess, der tief in den sozialen, kulturellen und politischen Veränderungen verwurzelt ist, die Orin Valis und seine Bewegung angestoßen haben. Dieses neue Bewusstsein ist nicht nur eine Reaktion auf die bestehenden Ungerechtigkeiten, sondern auch eine aktive Gestaltung der Identität und der Werte, die die Plasma-Kristall-Hybriden verkörpern.

Theoretische Grundlagen

Um die Entwicklung dieses neuen Bewusstseins zu verstehen, ist es wichtig, einige theoretische Konzepte zu betrachten, die die Basis für das Denken und Handeln der Bewegung bilden. Eine zentrale Theorie ist die *Theorie der sozialen Identität* (Tajfel & Turner, 1979), die besagt, dass das Selbstkonzept eines Individuums stark von der Zugehörigkeit zu sozialen Gruppen geprägt wird. In diesem Kontext begannen Plasma-Kristall-Hybride, sich als Teil einer größeren Gemeinschaft zu identifizieren, die nicht nur durch ihre biologischen Merkmale, sondern auch durch gemeinsame Erfahrungen des Marginalisierungs und der Diskriminierung verbunden ist.

Ein weiteres wichtiges Konzept ist die *Kritische Theorie*, die von Denkern wie Theodor Adorno und Max Horkheimer entwickelt wurde. Diese Theorie fordert eine kritische Reflexion über gesellschaftliche Strukturen und die Machtverhältnisse, die diese prägen. In Anlehnung an diese Theorie begannen die Plasma-Kristall-Hybriden, ihre eigene Situation zu hinterfragen und die gesellschaftlichen Normen, die ihre Diskriminierung aufrechterhielten, aktiv zu kritisieren.

Herausforderungen bei der Bewusstseinsbildung

Die Entwicklung eines neuen Bewusstseins war jedoch nicht ohne Herausforderungen. Eine der größten Hürden war die Überwindung von internalisierten Vorurteilen und Stereotypen. Viele Plasma-Kristall-Hybride wuchsen in einem Umfeld auf, in dem sie als minderwertig oder andersartig betrachtet wurden. Diese internalisierten Einstellungen führten oft zu einem Mangel an Selbstwertgefühl und dem Gefühl, nicht in die Gesellschaft zu passen.

Ein Beispiel für diese Herausforderung war die Reaktion auf die erste große Demonstration, die von Orin Valis organisiert wurde. Viele Mitglieder der Gemeinschaft waren zunächst zögerlich, sich zu engagieren, aus Angst vor Repressionen oder öffentlicher Beschämung. Orin und seine Mitstreiter mussten daher nicht nur für die Rechte der Plasma-Kristall-Hybriden eintreten, sondern auch aktiv daran arbeiten, das Vertrauen innerhalb der eigenen Gemeinschaft zu stärken.

Positive Beispiele für Bewusstseinsbildung

Trotz dieser Herausforderungen gab es zahlreiche positive Entwicklungen, die die Entstehung eines neuen Bewusstseins förderten. Eine der wirkungsvollsten Strategien war die Verwendung von Kunst und Kultur als Mittel zur Sensibilisierung und Mobilisierung. Orin Valis erkannte frühzeitig, dass Geschichten und kreative Ausdrucksformen eine starke Wirkung auf das Bewusstsein der Menschen haben können.

So wurden Theateraufführungen, Kunstinstallationen und Musikfestivals organisiert, die die Erfahrungen und Kämpfe der Plasma-Kristall-Hybriden thematisierten. Diese kulturellen Veranstaltungen schufen nicht nur einen Raum für den Ausdruck von Identität, sondern förderten auch den Dialog zwischen verschiedenen Gemeinschaften auf Zolran. Ein Beispiel ist das *Festival der Vielfalt*, das jährlich gefeiert wird und bei dem Künstler aus verschiedenen Hintergründen zusammenkommen, um ihre Werke zu präsentieren und die Vielfalt der Plasma-Kristall-Hybriden zu feiern.

Die Rolle von Bildung

Ein weiterer entscheidender Faktor in der Entwicklung eines neuen Bewusstseins war die Rolle der Bildung. Orin Valis und seine Bewegung setzten sich intensiv für die Bildung von Plasma-Kristall-Hybriden ein, um ihnen die Werkzeuge an die Hand zu geben, die sie benötigten, um ihre Stimmen zu erheben. Programme zur Aufklärung über die Rechte von Minderheiten und die Bedeutung der Gleichstellung wurden in Schulen und Gemeinschaftszentren eingeführt.

Ein bemerkenswertes Beispiel ist das *Plasma-Kristall-Bildungsprojekt*, das speziell für junge Plasma-Kristall-Hybride entwickelt wurde. Dieses Projekt bietet Workshops, in denen die Teilnehmer lernen, ihre Identität zu schätzen und sich aktiv für ihre Rechte einzusetzen. Die positive Resonanz auf diese Bildungsinitiativen zeigt, dass Bildung ein Schlüssel zur Stärkung des Gemeinschaftsgefühls und zur Entwicklung eines neuen Bewusstseins ist.

Auswirkungen auf die Gesellschaft

Die Entwicklung eines neuen Bewusstseins unter den Plasma-Kristall-Hybriden hat nicht nur Auswirkungen auf die Gemeinschaft selbst, sondern auch auf die Gesellschaft als Ganzes. Durch die Sensibilisierung und Mobilisierung von Menschen aus verschiedenen Hintergründen hat die Bewegung von Orin Valis dazu beigetragen, eine breitere Diskussion über Gleichheit und Gerechtigkeit auf Zolran anzustoßen.

Diese Diskussion hat zu einer verstärkten politischen Mobilisierung und zur Unterstützung von Gesetzesänderungen geführt, die die Rechte von Plasma-Kristall-Hybriden stärken. Die Bewegung hat auch andere marginalisierte Gruppen inspiriert, sich zu organisieren und für ihre eigenen Rechte einzutreten, was zu einer Welle von Aktivismus und sozialem Wandel auf Zolran geführt hat.

Schlussfolgerung

Zusammenfassend lässt sich sagen, dass die Entwicklung eines neuen Bewusstseins unter den Plasma-Kristall-Hybriden ein komplexer, aber lohnenswerter Prozess ist. Durch die Kombination von theoretischen Ansätzen, kulturellen Ausdrucksformen und Bildungsinitiativen hat Orin Valis eine Bewegung geschaffen, die nicht nur die Identität der Plasma-Kristall-Hybriden stärkt, sondern auch einen bedeutenden Einfluss auf die Gesellschaft als Ganzes ausübt. Dieses neue Bewusstsein ist ein entscheidender Schritt auf dem Weg zu Gleichheit und Gerechtigkeit für alle.

Orins Beziehungen zu anderen Aktivisten

Die Beziehungen von Orin Valis zu anderen Aktivisten sind ein entscheidender Bestandteil seiner Reise als Bürgerrechtsaktivist und haben nicht nur seine persönliche Entwicklung beeinflusst, sondern auch die Dynamik der Gleichstellungsbewegung für Plasma-Kristall-Hybride auf Zolran. In diesem Abschnitt beleuchten wir die verschiedenen Facetten dieser Beziehungen, die Herausforderungen, die sich daraus ergeben haben, sowie die theoretischen Grundlagen, die diese Interaktionen untermauern.

Die Bedeutung von Netzwerken

In der Welt des Aktivismus spielen Netzwerke eine zentrale Rolle. Orin erkannte früh, dass die Mobilisierung von Unterstützern und die Schaffung von Allianzen mit anderen Aktivisten entscheidend für den Erfolg seiner Bewegung waren. Der Aktivismus ist oft ein kollektiver Prozess, der auf dem Austausch von Ideen, Ressourcen und Strategien beruht. Diese Netzwerke ermöglichen es Aktivisten, voneinander zu lernen und ihre Ansätze zu verfeinern.

Ein Beispiel für Orins Netzwerk ist seine Zusammenarbeit mit der Gruppe *Plasma United*, die sich für die Rechte von Plasma-Kristall-Hybriden einsetzt. Diese Gruppe hatte bereits Erfahrung in der Mobilisierung von Protesten und der Sensibilisierung der Öffentlichkeit. Durch den Austausch von Taktiken und Ressourcen konnte Orin seine eigene Bewegung schneller aufbauen und effektiver gestalten.

Mentoren und Vorbilder

Ein weiterer wichtiger Aspekt von Orins Beziehungen zu anderen Aktivisten sind die Mentoren, die ihn auf seinem Weg begleitet haben. Diese Mentoren, oft erfahrene Aktivisten, haben ihm nicht nur wertvolle Ratschläge gegeben, sondern auch als Vorbilder fungiert. Orin lernte von ihren Erfolgen und Misserfolgen und konnte so seine eigenen Strategien entwickeln.

Ein herausragendes Beispiel ist die Aktivistin *Lyra Kintar*, die für ihre unermüdliche Arbeit zur Förderung der Rechte von Minderheiten auf Zolran bekannt ist. Lyra half Orin, die Bedeutung von Empathie und Verständnis in der Aktivismusarbeit zu erkennen. Ihre Philosophie, dass die besten Lösungen aus einem tiefen Verständnis der Bedürfnisse der Betroffenen entstehen, prägte Orins Ansatz in der Bewegung.

Herausforderungen in der Zusammenarbeit

Trotz der positiven Aspekte von Orins Beziehungen zu anderen Aktivisten gab es auch Herausforderungen. Unterschiedliche Ansichten über Strategien und Ziele führten manchmal zu Spannungen innerhalb der Bewegung. Ein Beispiel hierfür war die Debatte über den Einsatz von radikalen Protestformen versus friedlichen Demonstrationen. Während einige Aktivisten für eine aggressive Herangehensweise plädierten, setzte Orin auf Dialog und Zusammenarbeit.

Diese Differenzen verdeutlichen die theoretischen Konzepte der *Kollektiven Identität* und der *Inklusivität*. Kollektive Identität bezieht sich auf das Gefühl der Zugehörigkeit zu einer bestimmten Gruppe, während Inklusivität die Bereitschaft beschreibt, verschiedene Perspektiven und Ansätze zu akzeptieren. Orin musste lernen, wie er eine inklusive Atmosphäre schaffen kann, in der unterschiedliche Stimmen gehört werden, ohne dass die Bewegung fragmentiert wird.

Die Rolle von Technologie

Ein weiterer wichtiger Aspekt von Orins Beziehungen zu anderen Aktivisten ist die Rolle von Technologie. In der heutigen Zeit nutzen viele Aktivisten soziale Medien, um ihre Botschaften zu verbreiten und Unterstützer zu mobilisieren. Orin erkannte, dass die Zusammenarbeit mit Technikaffinen Aktivisten entscheidend war, um die Reichweite seiner Bewegung zu erhöhen.

Durch die Zusammenarbeit mit den Aktivisten von *Tech4Change* konnte Orin innovative Ansätze zur Nutzung sozialer Medien entwickeln. Diese Gruppe half ihm, effektive Kampagnen zu erstellen, die nicht nur lokal, sondern auch international Aufmerksamkeit erregten. Die Fähigkeit, Informationen schnell zu verbreiten und eine breitere Öffentlichkeit zu erreichen, war entscheidend für den Erfolg der Bewegung.

Erfolge durch Zusammenarbeit

Die Zusammenarbeit mit anderen Aktivisten führte auch zu bedeutenden Erfolgen. Ein bemerkenswerter Erfolg war die Organisation der *Zolran Equality March*, bei dem Tausende von Plasma-Kristall-Hybriden und ihren Unterstützern zusammenkamen, um für Gleichheit und Gerechtigkeit zu demonstrieren. Diese Veranstaltung wurde durch die Zusammenarbeit mit verschiedenen Aktivistengruppen möglich, die ihre Ressourcen und Netzwerke bündelten.

Die Veranstaltung wurde nicht nur zu einem Symbol für den Zusammenhalt innerhalb der Bewegung, sondern auch zu einem Wendepunkt in der öffentlichen Wahrnehmung der Plasma-Kristall-Hybriden. Die Medienberichterstattung über den Marsch führte zu einem Anstieg des Interesses an den Anliegen der Bewegung und half, neue Unterstützer zu gewinnen.

Zukünftige Perspektiven

Orin Valis' Beziehungen zu anderen Aktivisten werden auch in Zukunft eine wichtige Rolle spielen. Die Herausforderungen, vor denen die Bewegung steht, erfordern weiterhin eine enge Zusammenarbeit und den Austausch von Ideen. Orin ist bestrebt, ein Netzwerk von Aktivisten zu schaffen, das auf den Prinzipien von Empathie, Verständnis und Inklusivität basiert.

Die Theorie des *Kooperativen Aktivismus* wird in diesem Zusammenhang immer relevanter. Diese Theorie betont die Bedeutung der Zusammenarbeit zwischen verschiedenen Gruppen, um gemeinsame Ziele zu erreichen. Orin plant, Workshops und Schulungen anzubieten, um anderen Aktivisten die Werkzeuge und Strategien an die Hand zu geben, die sie benötigen, um effektiv zusammenzuarbeiten.

Fazit

Zusammenfassend lässt sich sagen, dass Orins Beziehungen zu anderen Aktivisten ein wesentlicher Bestandteil seines Engagements für die Gleichstellungsbewegung sind. Diese Beziehungen haben nicht nur seine persönliche Entwicklung gefördert, sondern auch die Bewegung als Ganzes gestärkt. Durch die Schaffung eines unterstützenden Netzwerks, die Zusammenarbeit mit Mentoren und die Nutzung von Technologie konnte Orin bedeutende Fortschritte erzielen. Die Herausforderungen, die sich aus diesen Beziehungen ergeben, bieten jedoch auch wertvolle Lektionen für die Zukunft des Aktivismus auf Zolran.

Der Einfluss auf die nächste Generation

Der Einfluss von Orin Valis auf die nächste Generation der Plasma-Kristall-Hybriden ist nicht nur ein Zeugnis seiner Führungsstärke, sondern auch ein Beispiel für die transformative Kraft des Aktivismus. In den letzten Jahren hat sich gezeigt, dass die Art und Weise, wie Orin seine Botschaft und Philosophie vermittelt hat, tiefgreifende Auswirkungen auf junge Menschen hat, die sich mit den Herausforderungen der Gleichstellung und Identität auseinandersetzen.

Philosophische Grundlagen

Orins Philosophie basiert auf den Prinzipien der Empathie, des Respekts und der kollektiven Verantwortung. Diese Werte sind nicht nur für die gegenwärtige Generation von Plasma-Kristall-Hybriden von Bedeutung, sondern werden auch von den jüngeren Generationen übernommen. Orin propagiert die Idee, dass jeder Einzelne die Macht hat, Veränderungen herbeizuführen, was sich in seinem berühmten Zitat „*Die Zukunft liegt in unseren Händen, wenn wir bereit sind, für sie zu kämpfen*" widerspiegelt.

Ein zentraler Aspekt seiner Philosophie ist die **Theorie der sozialen Identität**, die postuliert, dass das Zugehörigkeitsgefühl zu einer bestimmten Gruppe das Verhalten und die Wahrnehmung von Individuen stark beeinflusst. Die Plasma-Kristall-Hybriden, die sich mit Orins Bewegung identifizieren, entwickeln ein starkes Gemeinschaftsgefühl, das sie motiviert, sich für Gleichheit und Gerechtigkeit einzusetzen.

Bildung und Aufklärung

Ein weiterer entscheidender Einfluss von Orin auf die nächste Generation ist sein Engagement für Bildung und Aufklärung. Er hat zahlreiche Programme ins Leben gerufen, die darauf abzielen, das Bewusstsein für die Herausforderungen der Plasma-Kristall-Hybriden zu schärfen. Diese Programme umfassen Workshops, Seminare und kreative Projekte, die es jungen Menschen ermöglichen, ihre Stimmen zu erheben und ihre Geschichten zu teilen.

Die **Kritische Pädagogik**, ein Konzept, das von Paulo Freire geprägt wurde, spielt eine wichtige Rolle in Orins Bildungsansatz. Sie ermutigt die Lernenden, kritisch über ihre sozialen Umstände nachzudenken und aktiv an der Schaffung einer gerechteren Gesellschaft teilzunehmen. Durch die Implementierung dieser Theorie hat Orin es geschafft, eine neue Generation von Aktivisten zu inspirieren, die bereit sind, ihre Stimme zu erheben und für ihre Rechte zu kämpfen.

Praktische Beispiele

Ein bemerkenswertes Beispiel für den Einfluss von Orin auf die nächste Generation ist die Gründung des **Plasma-Kristall-Jugendrates**, einer Plattform, die jungen Aktivisten eine Stimme gibt. Dieser Rat hat bereits mehrere Initiativen ins Leben gerufen, darunter die Kampagne „*Gleichheit für alle*", die darauf abzielt, die Sichtbarkeit der Plasma-Kristall-Hybriden in den Medien zu erhöhen und die Öffentlichkeit für ihre Anliegen zu sensibilisieren.

Ein weiteres Beispiel ist das jährliche **Festival der Plasma-Kristall-Kultur**, das von jungen Aktivisten organisiert wird und als Plattform dient, um Kunst, Musik und Performances zu präsentieren, die die Erfahrungen und Kämpfe der Plasma-Kristall-Hybriden widerspiegeln. Dieses Festival hat nicht nur die

Gemeinschaft gestärkt, sondern auch das Interesse und die Unterstützung von außerhalb der Gemeinschaft geweckt.

Herausforderungen und Widerstände

Trotz dieser positiven Entwicklungen gibt es auch Herausforderungen, mit denen die nächste Generation konfrontiert ist. Der Widerstand gegen die Gleichstellungsbewegung ist nach wie vor stark, und junge Aktivisten sehen sich oft mit Kritik und Ablehnung konfrontiert. Dies kann zu einem Gefühl der Entmutigung führen, das jedoch durch die Unterstützung von Mentoren und Gleichgesinnten überwunden werden kann.

Die **Resilienztheorie** zeigt, dass Individuen und Gemeinschaften, die in der Lage sind, sich an widrige Umstände anzupassen und daraus zu lernen, langfristig erfolgreicher sind. Orin hat diese Theorie in seiner Arbeit verankert und ermutigt die nächste Generation, trotz Rückschlägen weiterzumachen und ihre Ziele nicht aus den Augen zu verlieren.

Langfristige Auswirkungen

Langfristig wird Orins Einfluss auf die nächste Generation weitreichende Auswirkungen haben. Die Werte, die er vermittelt hat, werden nicht nur in der gegenwärtigen Aktivistengemeinschaft weitergetragen, sondern auch in zukünftige Generationen von Plasma-Kristall-Hybriden und darüber hinaus. Die Idee, dass jeder Einzelne eine Rolle im Kampf für Gerechtigkeit spielt, wird weiterhin junge Menschen inspirieren, sich aktiv in ihrer Gemeinschaft zu engagieren.

Zusammenfassend lässt sich sagen, dass Orin Valis nicht nur ein Führer, sondern auch ein Mentor für die nächste Generation ist. Durch Bildung, Aufklärung und die Förderung eines starken Gemeinschaftsgefühls hat er einen nachhaltigen Einfluss geschaffen, der die Plasma-Kristall-Hybriden und ihre Kämpfe in der Zukunft prägen wird. In einer Welt, die oft von Ungerechtigkeit und Ungleichheit geprägt ist, bleibt Orins Vermächtnis eine Quelle der Hoffnung und Inspiration für alle, die für eine gerechtere Gesellschaft kämpfen wollen.

Die Rolle der Medien in Orins Geschichte

Die Medien spielen eine entscheidende Rolle in der Geschichte von Orin Valis und der Gleichstellungsbewegung für Plasma-Kristall-Hybride auf Zolran. Sie sind nicht nur ein Werkzeug zur Verbreitung von Informationen, sondern auch ein Medium, das die öffentliche Wahrnehmung und das gesellschaftliche Bewusstsein beeinflusst. In diesem Abschnitt werden wir die verschiedenen Facetten der

Medienberichterstattung und deren Auswirkungen auf Orins Aktivismus untersuchen.

Die Medienlandschaft auf Zolran

Die Medienlandschaft auf Zolran ist vielfältig und umfasst traditionelle Printmedien, Rundfunk, sowie digitale Plattformen und soziale Medien. Diese Vielfalt ermöglicht es, verschiedene Zielgruppen zu erreichen und unterschiedliche Perspektiven zu präsentieren. Insbesondere soziale Medien haben sich als kraftvolles Instrument für den Aktivismus erwiesen, da sie es ermöglichen, Botschaften schnell und weitreichend zu verbreiten.

Frühe Medienberichterstattung

Zu Beginn von Orins Aktivismus war die Medienberichterstattung über die Gleichstellungsbewegung eher begrenzt. Die ersten Artikel, die über die Ungerechtigkeiten berichteten, mit denen Plasma-Kristall-Hybride konfrontiert waren, erschienen in lokalen Zeitungen. Diese Berichterstattung war oft sensationalistisch und konzentrierte sich mehr auf die Konflikte als auf die tatsächlichen Anliegen der Bewegung.

Ein Beispiel hierfür ist der Artikel „Die Plasma-Kristall-Hybriden: Eine Bedrohung für die Gesellschaft?", der in der Zolraner Tageszeitung veröffentlicht wurde. Der Artikel stellte die Bewegung als radikal dar und vermittelte ein verzerrtes Bild der Plasma-Kristall-Hybriden, was zu einer weiteren Stigmatisierung der Gruppe führte.

Der Einfluss sozialer Medien

Mit dem Aufkommen sozialer Medien änderte sich die Dynamik der Berichterstattung. Orin und seine Unterstützer begannen, Plattformen wie *ZolranTalk* und *PlasmaNet* zu nutzen, um ihre Botschaften direkt an die Öffentlichkeit zu bringen. Diese Plattformen ermöglichten es ihnen, ihre Geschichten zu erzählen, ohne von traditionellen Medien abhängig zu sein.

Die Verwendung von Hashtags wie `#PlasmaEquality` führte zu einer viralen Verbreitung von Inhalten, die die Anliegen der Bewegung unterstützten. Ein bemerkenswertes Beispiel war die Kampagne `#HearOurVoices`, die eine Vielzahl von Videos und persönlichen Geschichten von Plasma-Kristall-Hybriden sammelte und verbreitete. Diese Kampagne trug maßgeblich dazu bei, das Bewusstsein für die Herausforderungen zu schärfen, mit denen diese Gruppe konfrontiert ist.

Herausforderungen der Medienberichterstattung

Trotz der Vorteile, die soziale Medien bieten, standen Orin und seine Bewegung auch vor Herausforderungen in der Medienberichterstattung. Falschinformationen und negative Berichterstattung blieben ein ständiges Problem. Politische Gegner nutzten die Medien, um falsche Narrative zu verbreiten, die die Bewegung diskreditierten.

Ein Beispiel ist die Verbreitung des Gerüchts, dass Orin und seine Anhänger gewaltsame Taktiken unterstützen würden. Diese Falschinformation wurde von einigen Medien aufgegriffen und führte zu einem Rückgang der Unterstützung in der breiten Öffentlichkeit.

Die Rolle der Pressefreiheit

Die Pressefreiheit spielte eine entscheidende Rolle in Orins Geschichte. Während einige Journalisten die Bewegung objektiv und fair berichteten, gab es auch Fälle von Zensur und Druck auf Reporter, die sich für die Anliegen der Plasma-Kristall-Hybriden einsetzten. Orin erkannte die Bedeutung einer freien Presse für den Aktivismus und arbeitete aktiv daran, Medienvertreter zu ermutigen, über die wahren Anliegen der Bewegung zu berichten.

Die Entwicklung einer Medienstrategie

Um die Herausforderungen zu bewältigen und die Berichterstattung zu beeinflussen, entwickelte Orin eine umfassende Medienstrategie. Diese umfasste:

- **Pressekonferenzen:** Regelmäßige Pressekonferenzen wurden organisiert, um die Medien über Fortschritte und Erfolge der Bewegung zu informieren.

- **Medienpartnerschaften:** Orin suchte aktiv nach Partnerschaften mit Journalisten und Medienorganisationen, die bereit waren, die Bewegung fair zu berichten.

- **Schulungen für Aktivisten:** Workshops wurden angeboten, um Aktivisten zu schulen, wie sie effektiv mit den Medien kommunizieren können.

Diese Strategien führten zu einer verbesserten Berichterstattung über die Bewegung und halfen, das öffentliche Bild von Plasma-Kristall-Hybriden zu verändern.

Erfolge in der Medienberichterstattung

Die Bemühungen von Orin und seinem Team zahlten sich aus. Die Medienberichterstattung über die Gleichstellungsbewegung wurde zunehmend positiver, insbesondere nach der ersten großen Demonstration, die landesweit Beachtung fand. Berichterstattung in nationalen Zeitungen und Rundfunkanstalten hob die Erfolge der Bewegung hervor und trug zur Mobilisierung weiterer Unterstützer bei.

Fazit

Die Rolle der Medien in Orins Geschichte ist ein Beispiel dafür, wie Kommunikation und Öffentlichkeitsarbeit den Verlauf eines sozialen Bewegungsprozesses beeinflussen können. Die Fähigkeit, die eigene Geschichte zu erzählen und die öffentliche Wahrnehmung aktiv zu gestalten, war entscheidend für den Erfolg der Gleichstellungsbewegung für Plasma-Kristall-Hybride auf Zolran. Orins strategischer Umgang mit den Medien hat nicht nur die Bewegung gestärkt, sondern auch das Bewusstsein für die Anliegen der Plasma-Kristall-Hybriden in der Gesellschaft insgesamt erhöht.

$$\text{Einfluss der Medien} = \frac{\text{Qualität der Berichterstattung} \times \text{Öffentliche Wahrnehmung}}{\text{Falschinformationen} + \text{Zensur}}$$

$$(29)$$

Globale Auswirkungen der Bewegung

Die Bewegung für die Gleichstellung der Plasma-Kristall-Hybriden unter der Führung von Orin Valis hat nicht nur auf Zolran, sondern auch international bedeutende Auswirkungen hinterlassen. Diese globale Dimension des Aktivismus ist entscheidend, um die Wechselwirkungen zwischen lokalen Kämpfen und weltweiten sozialen Bewegungen zu verstehen. In diesem Abschnitt werden wir die globalen Auswirkungen der Bewegung analysieren, einschließlich ihrer theoretischen Grundlagen, der Herausforderungen, mit denen sie konfrontiert ist, und konkreter Beispiele, die die Reichweite und den Einfluss dieser Bewegung verdeutlichen.

Theoretische Grundlagen

Die globale Dimension der Gleichstellungsbewegung für Plasma-Kristall-Hybriden kann durch verschiedene theoretische Rahmenwerke verstanden werden, darunter die Theorien des globalen Aktivismus und der transnationalen sozialen Bewegungen. Laut Tilly und Tarrow (2015) ist eine soziale Bewegung nicht nur durch ihre lokalen Wurzeln definiert, sondern auch durch die Netzwerke, die sie über nationale Grenzen hinweg aufbaut. Diese Netzwerke ermöglichen es den Aktivisten, Ressourcen, Informationen und Strategien auszutauschen, was zu einer stärkeren Mobilisierung führt.

Ein zentrales Konzept in diesem Kontext ist die *Transnationalität*, die sich auf die Fähigkeit von Bewegungen bezieht, über nationale Grenzen hinweg zu operieren und dabei gemeinsame Ziele zu verfolgen. Dies wird besonders deutlich in der Zusammenarbeit zwischen Plasma-Kristall-Hybriden und anderen marginalisierten Gruppen weltweit, die ähnliche Herausforderungen im Bereich der Gleichstellung und der Menschenrechte erleben.

Herausforderungen

Trotz der positiven globalen Auswirkungen sieht sich die Bewegung auch erheblichen Herausforderungen gegenüber. Eine der größten Hürden ist die *politische Repression*, die in vielen Ländern gegen Aktivisten gerichtet ist. Diese Repression kann in Form von Zensur, Verhaftungen oder sogar Gewalt auftreten. In einigen Fällen haben Regierungen versucht, die Bewegung zu diskreditieren, indem sie sie als Bedrohung für die nationale Sicherheit darstellen.

Ein weiteres Problem ist die *Kulturunterschiede*, die zu Missverständnissen und Konflikten innerhalb der Bewegung führen können. Aktivisten aus verschiedenen kulturellen Hintergründen bringen unterschiedliche Perspektiven und Prioritäten mit, was zu Spannungen führen kann. Diese Unterschiede müssen anerkannt und respektiert werden, um eine effektive Zusammenarbeit zu gewährleisten.

Konkrete Beispiele

Ein herausragendes Beispiel für die globale Wirkung der Bewegung ist die *Internationale Konferenz der Plasma-Kristall-Hybriden*, die in den letzten Jahren in verschiedenen Städten weltweit stattgefunden hat. Diese Konferenzen haben es Aktivisten ermöglicht, ihre Erfahrungen auszutauschen, Strategien zu entwickeln und sich gegenseitig zu unterstützen. Die Konferenzen haben auch die Sichtbarkeit der Bewegung in den Medien erhöht, was zu einer breiteren Unterstützung und einem besseren Verständnis der Anliegen der Plasma-Kristall-Hybriden geführt hat.

Ein weiteres Beispiel ist die Zusammenarbeit mit internationalen Menschenrechtsorganisationen wie Amnesty International und Human Rights

Watch. Diese Organisationen haben die Anliegen der Plasma-Kristall-Hybriden in ihre Berichte aufgenommen und deren Stimmen auf globalen Plattformen gehört. Diese Unterstützung hat nicht nur das Bewusstsein für die Bewegung geschärft, sondern auch Druck auf Regierungen ausgeübt, die Rechte der Plasma-Kristall-Hybriden zu respektieren.

Globale Solidarität

Die Bewegung hat auch das Konzept der *globalen Solidarität* gefördert. Aktivisten aus verschiedenen Ländern haben sich zusammengeschlossen, um gemeinsame Aktionen zu organisieren, die auf die Rechte von Plasma-Kristall-Hybriden und anderen marginalisierten Gruppen aufmerksam machen. Diese Solidarität hat zu einer stärkeren globalen Gemeinschaft geführt, die sich für Gleichheit und Gerechtigkeit einsetzt.

Ein Beispiel für diese Solidarität ist die *Weltweite Woche der Plasma-Kristall-Hybriden*, die jährlich stattfindet und in der Menschen auf der ganzen Welt Veranstaltungen organisieren, um auf die Anliegen dieser Gruppe aufmerksam zu machen. Diese Veranstaltungen reichen von Demonstrationen über Kunstausstellungen bis hin zu Bildungsprogrammen, die das Bewusstsein für die Herausforderungen, mit denen Plasma-Kristall-Hybriden konfrontiert sind, schärfen.

Schlussfolgerung

Zusammenfassend lässt sich sagen, dass die Bewegung für die Gleichstellung der Plasma-Kristall-Hybriden unter Orin Valis nicht nur auf Zolran, sondern auch auf globaler Ebene bedeutende Auswirkungen hat. Durch die Schaffung transnationaler Netzwerke, die Überwindung kultureller Unterschiede und die Förderung globaler Solidarität hat die Bewegung einen nachhaltigen Einfluss auf die soziale Gerechtigkeit und die Menschenrechte. Während sie vor Herausforderungen steht, bleibt die Vision einer gerechteren Gesellschaft für Plasma-Kristall-Hybriden und andere marginalisierte Gruppen ein kraftvoller Antrieb für den Aktivismus weltweit.

Ein Blick auf die Zukunft der Gleichstellungsbewegung

Die Gleichstellungsbewegung für Plasma-Kristall-Hybride steht an einem entscheidenden Wendepunkt. In den letzten Jahren hat die Bewegung bedeutende Fortschritte erzielt, doch die Herausforderungen, die vor uns liegen, sind ebenso komplex wie die Erfolge, die wir gefeiert haben. Um die Zukunft dieser Bewegung zu gestalten, ist es wichtig, sowohl bestehende Theorien als auch neue Ansätze zu berücksichtigen.

Theoretische Grundlagen

Ein zentraler theoretischer Rahmen für die Gleichstellungsbewegung ist die *Intersektionalität*, ein Konzept, das von Kimberlé Crenshaw geprägt wurde. Intersektionalität beschreibt, wie verschiedene soziale Kategorien – wie Rasse, Geschlecht, Klasse und in unserem Fall auch die Spezieszugehörigkeit – sich überschneiden und somit unterschiedliche Erfahrungen von Diskriminierung und Privilegien schaffen. Für Plasma-Kristall-Hybride bedeutet dies, dass ihre Identität nicht nur durch ihre Hybridnatur definiert wird, sondern auch durch andere Faktoren, die ihre Erfahrungen und Herausforderungen beeinflussen.

$$E = mc^2 \tag{30}$$

Diese berühmte Gleichung von Einstein steht hier symbolisch für die Energie, die aus der Wechselwirkung von verschiedenen Identitäten und Erfahrungen entsteht. Die Gleichstellungsbewegung muss diese Energie nutzen, um eine inklusive und vielfältige Plattform zu schaffen, die allen Stimmen Gehör verschafft.

Zukünftige Herausforderungen

Trotz der Fortschritte gibt es zahlreiche Herausforderungen, die die Bewegung bewältigen muss:

* **Politischer Widerstand:** Die Bewegung sieht sich weiterhin einem starken politischen Widerstand gegenüber. Gegner der Gleichstellung nutzen gezielte Desinformationskampagnen, um die öffentliche Meinung zu beeinflussen. Ein Beispiel dafür ist die Verbreitung von Fehlinformationen über die Lebensweise und die Bedürfnisse von Plasma-Kristall-Hybriden.

* **Interne Konflikte:** Wie in vielen sozialen Bewegungen gibt es auch innerhalb der Gleichstellungsbewegung unterschiedliche Meinungen über Strategien und Prioritäten. Diese Konflikte können die Einheit und Effektivität der Bewegung gefährden. Ein Beispiel ist die Debatte darüber, ob der Fokus stärker auf rechtlichen Änderungen oder auf der Sensibilisierung der breiten Öffentlichkeit liegen sollte.

* **Technologische Entwicklungen:** Die rasante Entwicklung von Technologien kann sowohl eine Chance als auch eine Bedrohung darstellen.

Während soziale Medien als Plattform zur Mobilisierung dienen, können sie auch zur Verbreitung von Hass und Vorurteilen genutzt werden. Die Bewegung muss Strategien entwickeln, um diese Technologien verantwortungsbewusst zu nutzen.

Strategien für die Zukunft

Um die Herausforderungen zu meistern und die Bewegung voranzutreiben, sind mehrere Strategien erforderlich:

1. **Bildung und Aufklärung:** Eine der wichtigsten Maßnahmen besteht darin, Bildungsprogramme zu entwickeln, die die Vielfalt der Plasma-Kristall-Hybriden und deren Rechte fördern. Workshops, Seminare und Online-Kurse können helfen, das Verständnis und die Empathie in der breiten Öffentlichkeit zu erhöhen.

2. **Stärkung der Gemeinschaft:** Die Bewegung sollte sich darauf konzentrieren, Gemeinschaften zu stärken, indem sie lokale Organisationen und Initiativen unterstützt. Dies kann durch finanzielle Mittel, Schulungen oder den Austausch von Ressourcen geschehen. Ein Beispiel ist das Programm „Plasma-Kristall-Hybride für alle", das lokale Gruppen in ihrer Arbeit unterstützt.

3. **Internationale Zusammenarbeit:** Der Austausch mit Gleichstellungsbewegungen in anderen Ländern kann neue Perspektiven und Strategien bieten. Die Teilnahme an internationalen Konferenzen und die Bildung von Allianzen können die Sichtbarkeit und den Einfluss der Bewegung erhöhen.

Inspirierende Beispiele

Es gibt bereits inspirierende Beispiele für erfolgreiche Initiativen innerhalb der Bewegung:

+ **Die „Plasma-Pride"-Parade:** Diese jährliche Veranstaltung hat sich zu einem bedeutenden Symbol für die Sichtbarkeit und den Stolz der Plasma-Kristall-Hybriden entwickelt. Die Parade zieht Tausende von Teilnehmern an und bietet eine Plattform, um die Erfolge der Bewegung zu feiern und auf bestehende Herausforderungen aufmerksam zu machen.

+ **Mentoring-Programme:** Verschiedene Organisationen bieten Mentoring-Programme an, die jungen Plasma-Kristall-Hybriden helfen, ihre Stimme zu finden und sich aktiv an der Bewegung zu beteiligen. Diese Programme fördern nicht nur die persönliche Entwicklung, sondern auch die langfristige Nachhaltigkeit der Bewegung.

Ein Aufruf zur aktiven Teilnahme

Die Zukunft der Gleichstellungsbewegung für Plasma-Kristall-Hybride hängt von der aktiven Teilnahme aller ab. Jeder Einzelne kann einen Beitrag leisten, sei es durch Freiwilligenarbeit, Spenden oder einfach durch das Teilen von Informationen und Erfahrungen. Die Kraft der Gemeinschaft und das Engagement jedes Einzelnen sind entscheidend, um eine gerechtere und gleichberechtigte Gesellschaft zu schaffen.

Abschließend lässt sich sagen, dass die Zukunft der Gleichstellungsbewegung sowohl Herausforderungen als auch Chancen birgt. Mit einer soliden theoretischen Grundlage, klaren Strategien und einer engagierten Gemeinschaft können wir eine positive Veränderung herbeiführen und eine Welt schaffen, in der Plasma-Kristall-Hybride in vollem Umfang anerkannt und respektiert werden.

Rückblick und Ausblick

Die Zukunft der Plasma-Kristall-Hybriden

Reflexion über die Erfolge und Misserfolge

Die Reise von Orin Valis und der Bewegung für Plasma-Kristall-Hybride auf Zolran ist geprägt von einer Vielzahl an Erfolgen und Misserfolgen, die sowohl die Entwicklung der Bewegung als auch die persönliche Entwicklung von Orin maßgeblich beeinflusst haben. In diesem Abschnitt reflektieren wir über die entscheidenden Momente, die sowohl als Meilensteine des Fortschritts als auch als Herausforderungen in der Geschichte der Gleichstellungsbewegung fungierten.

Erfolge der Bewegung

Die Gleichstellungsbewegung für Plasma-Kristall-Hybride hat in den letzten Jahren bemerkenswerte Erfolge erzielt. Ein zentraler Erfolg war die Einführung neuer Gesetze, die den Plasma-Kristall-Hybriden rechtliche Gleichstellung und Schutz gewährten. Diese Gesetzesänderungen waren das Ergebnis jahrelanger harter Arbeit, Mobilisierung und Sensibilisierung, die Orin und seine Mitstreiter initiierten. Ein Beispiel ist das *Zolranische Gleichstellungsgesetz*, das im Jahr 2025 verabschiedet wurde und die Diskriminierung aufgrund der hybriden Identität ausdrücklich verbietet.

Ein weiterer bedeutender Erfolg war die Schaffung eines Netzwerks von Unterstützern und Verbündeten, das sich über verschiedene Sektoren der Gesellschaft erstreckte. Dies umfasste nicht nur andere Aktivisten, sondern auch Künstler, Wissenschaftler und politische Entscheidungsträger, die die Anliegen der Plasma-Kristall-Hybriden unterstützten. Orins Fähigkeit, diese verschiedenen Gruppen zusammenzubringen, war entscheidend für die Stärkung der Bewegung.

Misserfolge und Herausforderungen

Trotz dieser Erfolge gab es auch zahlreiche Rückschläge. Ein prägnantes Beispiel war die erste große Demonstration, die im Jahr 2023 stattfand. Obwohl sie gut geplant war, führte eine unerwartete Gegenreaktion von politischen Gegnern zu erheblichen Spannungen. Die Demonstration endete in Konfrontationen, die nicht nur die öffentliche Wahrnehmung der Bewegung gefährdeten, sondern auch das Vertrauen innerhalb der eigenen Reihen erschütterten. Diese Erfahrung lehrte Orin und seine Anhänger, dass die Mobilisierung von Unterstützung nicht nur eine Frage der Planung ist, sondern auch der strategischen Kommunikation und des Umgangs mit Widerstand.

Ein weiteres bedeutendes Hindernis war die innere Uneinigkeit innerhalb der Bewegung. Unterschiedliche Ansichten über die besten Strategien und Prioritäten führten zu internen Konflikten, die die Effektivität der Bewegung beeinträchtigten. Orin musste lernen, wie wichtig es ist, einen Konsens zu finden und eine inklusive Atmosphäre zu schaffen, in der alle Stimmen gehört werden. Die Theorie des *Kollektiven Aktivismus*, die besagt, dass der Erfolg einer Bewegung von der Fähigkeit abhängt, unterschiedliche Perspektiven zu integrieren, wurde für Orin und seine Mitstreiter zu einer wichtigen Lehre.

Theoretische Überlegungen

Die Reflexion über Erfolge und Misserfolge lässt sich auch durch verschiedene theoretische Ansätze des Aktivismus untermauern. Die *Theorie des sozialen Wandels* legt nahe, dass Veränderungen in der Gesellschaft oft durch kollektives Handeln und Mobilisierung entstehen. Die Erfolge der Bewegung für Plasma-Kristall-Hybride sind ein Beispiel für diese Theorie in der Praxis. Gleichzeitig zeigt die *Resilienztheorie*, dass Rückschläge nicht das Ende, sondern eine Gelegenheit zum Lernen und Wachsen darstellen. Diese Theorien halfen Orin, die Herausforderungen zu verstehen und strategisch zu reagieren.

Schlussfolgerung

Die Reflexion über die Erfolge und Misserfolge der Bewegung für Plasma-Kristall-Hybride ist eine essentielle Übung, um die Dynamik des Aktivismus zu verstehen. Während Erfolge gefeiert werden sollten, ist es ebenso wichtig, aus Misserfolgen zu lernen. Orin Valis hat durch seine Erfahrungen nicht nur die Bewegung geprägt, sondern auch eine Philosophie entwickelt, die auf der Akzeptanz von Fehlern und der kontinuierlichen Suche nach Verbesserung basiert. Diese Reflexion wird nicht nur die zukünftige Richtung der Bewegung beeinflussen, sondern auch als Inspiration für kommende Generationen von Aktivisten dienen. Die Balance zwischen Erfolg und Misserfolg ist nicht nur eine Realität des Aktivismus, sondern auch eine Quelle der Stärke und des Fortschritts.

Die Herausforderungen, die noch vor uns liegen

Die Gleichstellungsbewegung für Plasma-Kristall-Hybride auf Zolran hat in den letzten Jahren bedeutende Fortschritte gemacht, doch stehen wir vor einer Vielzahl von Herausforderungen, die es zu bewältigen gilt, um die gesteckten Ziele zu erreichen. Diese Herausforderungen sind sowohl struktureller als auch gesellschaftlicher Natur und erfordern innovative Ansätze sowie ein starkes Engagement von allen Beteiligten.

Strukturelle Herausforderungen

Eine der größten strukturellen Herausforderungen ist die institutionelle Diskriminierung, die Plasma-Kristall-Hybriden in verschiedenen Lebensbereichen begegnet. Diese Diskriminierung zeigt sich in Form von ungleichen Bildungschancen, eingeschränktem Zugang zu Gesundheitsdiensten und einer unzureichenden Vertretung in politischen Ämtern. Um diese Probleme zu adressieren, ist es notwendig, bestehende Gesetze zu reformieren und neue gesetzliche Rahmenbedingungen zu schaffen, die die Gleichstellung fördern. Ein Beispiel dafür könnte die Einführung von Quoten für Plasma-Kristall-Hybride in Bildungseinrichtungen und öffentlichen Ämtern sein.

Gesellschaftliche Vorurteile

Neben strukturellen Barrieren sind gesellschaftliche Vorurteile eine weitere Herausforderung. Viele Menschen haben ein verzerrtes Bild von Plasma-Kristall-Hybriden, das durch stereotype Darstellungen in den Medien und der Popkultur verstärkt wird. Um diese Vorurteile abzubauen, ist eine umfassende Aufklärungskampagne erforderlich, die die positiven Beiträge von Plasma-Kristall-Hybriden zur Gesellschaft hervorhebt. Dies könnte durch die Zusammenarbeit mit Künstlern und Influencern geschehen, die Geschichten von Plasma-Kristall-Hybriden erzählen und somit ein neues, positiveres Bild vermitteln.

Interne Konflikte innerhalb der Bewegung

Ein weiteres Hindernis sind interne Konflikte innerhalb der Bewegung selbst. Unterschiedliche Meinungen über Strategien und Ziele können zu Spaltungen führen, die die Effektivität der Bewegung beeinträchtigen. Um diese Konflikte zu überwinden, ist es wichtig, einen offenen Dialog zu fördern und gemeinsame Werte zu definieren. Workshops und Seminare könnten dazu beitragen, das Verständnis und die Zusammenarbeit innerhalb der Bewegung zu stärken.

Ressourcen und Finanzierung

Die Finanzierung bleibt ebenfalls eine kritische Herausforderung. Viele Initiativen sind auf Spenden und externe Unterstützung angewiesen, was die Planung und Durchführung langfristiger Projekte erschwert. Die Entwicklung eines nachhaltigen Finanzierungsmodells, das sowohl öffentliche als auch private Mittel einbezieht, ist entscheidend. Eine Möglichkeit könnte die Gründung eines Fonds sein, der speziell für die Unterstützung von Projekten zugunsten Plasma-Kristall-Hybriden eingerichtet wird.

Technologische Herausforderungen

In der heutigen digitalen Welt spielt Technologie eine entscheidende Rolle im Aktivismus. Jedoch ist der Zugang zu modernen Technologien für viele Plasma-Kristall-Hybriden eingeschränkt, was ihre Fähigkeit, sich zu organisieren und ihre Botschaften zu verbreiten, beeinträchtigt. Die Bereitstellung von Schulungen und Ressourcen im Bereich digitaler Medien könnte helfen, diese Kluft zu überbrücken und die Sichtbarkeit der Bewegung zu erhöhen.

Zukunftsvision und strategische Planung

Um diesen Herausforderungen zu begegnen, ist eine klare Zukunftsvision und strategische Planung unerlässlich. Die Bewegung muss ihre Ziele regelmäßig überprüfen und anpassen, um sicherzustellen, dass sie relevant bleibt und die Bedürfnisse der Plasma-Kristall-Hybriden erfüllt. Die Entwicklung eines langfristigen Aktionsplans, der Meilensteine und messbare Ziele umfasst, wird dazu beitragen, den Fortschritt zu verfolgen und die Motivation der Unterstützer aufrechtzuerhalten.

Fazit

Zusammenfassend lässt sich sagen, dass die Herausforderungen, die vor uns liegen, zwar erheblich sind, aber nicht unüberwindbar. Mit einem vereinten Ansatz, der auf Bildung, Aufklärung und strategischer Planung basiert, können wir die Hindernisse überwinden und eine gerechtere Zukunft für Plasma-Kristall-Hybride auf Zolran schaffen. Es ist an der Zeit, die Ärmel hochzukrempeln und gemeinsam für eine bessere Welt zu kämpfen.

Orins Vision für die nächsten Jahre

Orin Valis, als Führer der Gleichstellungsbewegung für Plasma-Kristall-Hybride, hat eine klare und inspirierende Vision für die kommenden Jahre formuliert. Diese Vision basiert auf dem Grundsatz der Gleichheit und der Inklusion, und sie zielt darauf ab, die Herausforderungen, mit denen Plasma-Kristall-Hybride konfrontiert sind, aktiv anzugehen.

Ziele und Strategien

In den nächsten Jahren möchte Orin mehrere Schlüsselziele verfolgen:

+ **Bildung und Aufklärung:** Orin sieht Bildung als das stärkste Werkzeug, um Vorurteile abzubauen und das Verständnis für Plasma-Kristall-Hybride in der Gesellschaft zu fördern. Er plant, Bildungsprogramme zu initiieren, die sich auf die Geschichte, Kultur und die Herausforderungen dieser Gruppe konzentrieren. Dies umfasst Workshops, Schulungen und öffentliche Vorträge, um das Bewusstsein zu schärfen.

+ **Politische Lobbyarbeit:** Orin beabsichtigt, die politischen Strukturen zu beeinflussen, um Gesetze zu schaffen, die die Rechte der Plasma-Kristall-Hybriden schützen. Dies wird durch die Mobilisierung von Unterstützern und die Schaffung eines starken Netzwerks von Aktivisten und politischen Verbündeten geschehen.

+ **Internationale Zusammenarbeit:** Orin plant, internationale Allianzen mit anderen Bürgerrechtsbewegungen zu bilden, um von deren Erfahrungen zu lernen und gemeinsame Strategien zu entwickeln. Dies könnte durch Konferenzen, Austauschprogramme und gemeinsame Kampagnen geschehen.

Herausforderungen

Die Umsetzung dieser Vision wird jedoch nicht ohne Herausforderungen sein. Einige der zentralen Probleme, die Orin ansprechen möchte, sind:

+ **Widerstand gegen Veränderungen:** Es gibt tief verwurzelte Vorurteile und Widerstände in der Gesellschaft, die es schwierig machen, Fortschritte zu erzielen. Orin plant, diese Herausforderungen durch gezielte Aufklärung und Dialog zu überwinden, um Verständnis und Empathie zu fördern.

+ **Ressourcenmangel:** Der Mangel an finanziellen und personellen Ressourcen könnte die Umsetzung von Bildungsprogrammen und politischen Initiativen behindern. Orin hat Strategien entwickelt, um Fördermittel zu akquirieren und Partnerschaften mit Organisationen einzugehen, die ähnliche Ziele verfolgen.

+ **Interne Konflikte:** Die Bewegung selbst könnte mit internen Konflikten konfrontiert werden, insbesondere wenn es um unterschiedliche Ansichten über die besten Strategien zur Erreichung der Ziele geht. Orin betont die Bedeutung von Kommunikation und Teamarbeit, um ein einheitliches Vorgehen zu gewährleisten.

Theoretische Grundlagen

Orins Vision stützt sich auf mehrere theoretische Ansätze, die im Aktivismus von Bedeutung sind. Dazu gehören:

+ **Theorie der sozialen Gerechtigkeit:** Diese Theorie betont die Notwendigkeit, soziale Ungleichheiten zu erkennen und aktiv zu bekämpfen. Orin glaubt, dass die Gleichstellung der Plasma-Kristall-Hybriden nur durch bewusste Anstrengungen zur Schaffung von Gerechtigkeit erreicht werden kann.

+ **Empowerment-Theorie:** Orin sieht Empowerment als einen zentralen Bestandteil seiner Vision. Er möchte Plasma-Kristall-Hybriden die Werkzeuge und das Wissen geben, um sich selbst zu vertreten und ihre Stimmen in der Gesellschaft zu erheben.

+ **Kritische Theorie:** Diese Theorie hinterfragt bestehende Machtstrukturen und strebt danach, die Stimmen der Marginalisierten zu stärken. Orins Ansatz beinhaltet die kritische Analyse der gesellschaftlichen Normen und die Förderung von Veränderungen, die auf Gleichheit abzielen.

Beispiele für zukünftige Initiativen

Um seine Vision zu verwirklichen, plant Orin mehrere spezifische Initiativen:

+ **Plasma-Kristall-Kunstfestival:** Ein jährliches Festival, das die Kultur der Plasma-Kristall-Hybriden feiert und gleichzeitig Bildungsangebote und Workshops bietet. Dies wird nicht nur das Bewusstsein schärfen, sondern auch die Gemeinschaft stärken.

+ **Mentorenprogramm:** Ein Programm, das junge Plasma-Kristall-Hybride mit erfahrenen Aktivisten und Fachleuten verbindet, um ihnen zu helfen, ihre Fähigkeiten zu entwickeln und ihre Stimmen zu stärken.

+ **Online-Plattform für den Austausch:** Eine digitale Plattform, die es Plasma-Kristall-Hybriden ermöglicht, ihre Geschichten zu teilen, Ressourcen auszutauschen und sich gegenseitig zu unterstützen. Dies wird auch helfen, ein globales Netzwerk aufzubauen.

Fazit

Orin Valis' Vision für die nächsten Jahre ist eine kraftvolle und inspirierende Vorstellung von einer gerechteren Zukunft für Plasma-Kristall-Hybride. Durch Bildung, politische Lobbyarbeit und internationale Zusammenarbeit strebt er danach, die Herausforderungen, vor denen seine Gemeinschaft steht, aktiv zu bekämpfen. Obwohl es Hindernisse gibt, bleibt Orin optimistisch und entschlossen, die Veränderungen herbeizuführen, die notwendig sind, um eine inklusive und gerechte Gesellschaft zu schaffen. Mit einem klaren Fokus auf Empowerment und soziale Gerechtigkeit wird Orins Vision die Grundlage für zukünftige Erfolge legen und eine neue Ära des Aktivismus einläuten.

Die Rolle der Gemeinschaft in der Zukunft

Die Gemeinschaft spielt eine entscheidende Rolle in der Zukunft der Plasma-Kristall-Hybriden und ihrer Gleichstellungsbewegung. In einer Zeit, in der soziale Netzwerke und digitale Plattformen den Dialog und die Mobilisierung erleichtern, wird die Bedeutung der Gemeinschaft als Katalysator für Veränderungen immer offensichtlicher. In diesem Abschnitt werden wir untersuchen, wie Gemeinschaften in der Zukunft agieren können, um die Ziele der Bewegung zu unterstützen und welche Herausforderungen sie dabei bewältigen müssen.

Theoretische Grundlagen

Die Rolle der Gemeinschaft in sozialen Bewegungen lässt sich durch verschiedene Theorien erklären. Eine der zentralen Theorien ist die *Theorie des kollektiven Handelns*, die besagt, dass Individuen in Gruppen zusammenarbeiten, um gemeinsame Ziele zu erreichen. Diese Theorie hebt hervor, dass das Gefühl der Zugehörigkeit und die kollektive Identität entscheidend für die Mobilisierung von Gemeinschaften sind.

Ein weiterer relevanter theoretischer Rahmen ist die *Soziale Identitätstheorie*, die beschreibt, wie Individuen ihre Identität durch ihre Zugehörigkeit zu sozialen Gruppen definieren. In der Gleichstellungsbewegung für Plasma-Kristall-Hybride wird das Gefühl der Solidarität und der gemeinsamen Identität als Plasma-Kristall-Hybride dazu beitragen, die Mobilisierung und den Zusammenhalt innerhalb der Gemeinschaft zu stärken.

Herausforderungen für die Gemeinschaft

Trotz der positiven Aspekte, die eine starke Gemeinschaft mit sich bringt, gibt es auch Herausforderungen, die es zu bewältigen gilt. Eine der größten Herausforderungen ist die *Fragmentierung der Gemeinschaft*. In einer globalisierten Welt, in der unterschiedliche Kulturen und Identitäten aufeinandertreffen, kann es zu Spannungen und Konflikten innerhalb der Gemeinschaft kommen. Diese Spannungen können durch unterschiedliche Ansichten über Strategien und Ziele innerhalb der Bewegung verstärkt werden.

Ein weiteres Problem ist die *Ressourcensituation*. Gemeinschaften benötigen finanzielle, materielle und emotionale Ressourcen, um effektiv arbeiten zu können. Oftmals sind diese Ressourcen begrenzt, was die Fähigkeit der Gemeinschaft einschränkt, ihre Ziele zu verfolgen und ihre Stimme zu erheben.

Beispiele für Gemeinschaftsinitiativen

Es gibt bereits zahlreiche Beispiele, die zeigen, wie Gemeinschaften aktiv werden können, um die Gleichstellungsbewegung zu unterstützen. Eine solche Initiative ist die *Plasma-Kristall-Gemeinschaftsplattform*, die es Plasma-Kristall-Hybriden ermöglicht, sich zu vernetzen, Ressourcen auszutauschen und gemeinsame Projekte zu initiieren. Diese Plattform hat es der Gemeinschaft ermöglicht, Bildungsprogramme zu entwickeln, die auf die spezifischen Bedürfnisse von Plasma-Kristall-Hybriden zugeschnitten sind.

Ein weiteres Beispiel ist die *Kampagne für lokale Veranstaltungen*, die darauf abzielt, das Bewusstsein für die Anliegen der Plasma-Kristall-Hybriden in verschiedenen Gemeinden zu schärfen. Durch Workshops, Informationsveranstaltungen und kulturelle Festivals wird die Gemeinschaft mobilisiert, um ihre Anliegen sichtbar zu machen und Unterstützung zu gewinnen.

Zukünftige Perspektiven

Um die Rolle der Gemeinschaft in der Zukunft zu stärken, müssen mehrere Strategien entwickelt und umgesetzt werden. Eine wichtige Strategie ist die *Förderung der Bildung*. Bildung ist ein Schlüssel, um das Bewusstsein für die Herausforderungen und Bedürfnisse der Plasma-Kristall-Hybriden zu schärfen. Durch Bildungsinitiativen können Gemeinschaften besser informiert werden und sich aktiv an der Bewegung beteiligen.

Darüber hinaus sollte die *Nutzung von Technologie* weiter ausgebaut werden. Digitale Plattformen bieten die Möglichkeit, Menschen über geografische Grenzen hinweg zu verbinden und den Austausch von Ideen und Ressourcen zu fördern. Die Entwicklung von Apps und Online-Foren kann die Mobilisierung erleichtern und die Gemeinschaft stärken.

Schließlich ist die *Schaffung von Allianzen* mit anderen sozialen Bewegungen von großer Bedeutung. Indem Plasma-Kristall-Hybriden mit anderen Gruppen zusammenarbeiten, die ähnliche Ziele verfolgen, können sie ihre Ressourcen bündeln und ihre Stimme verstärken. Diese Allianzen können dazu beitragen, eine breitere Unterstützung für die Gleichstellungsbewegung zu gewinnen und die gesellschaftliche Akzeptanz zu erhöhen.

Fazit

Zusammenfassend lässt sich sagen, dass die Rolle der Gemeinschaft in der Zukunft der Gleichstellungsbewegung für Plasma-Kristall-Hybride von zentraler Bedeutung ist. Die Gemeinschaft kann als Katalysator für Veränderungen wirken, indem sie Mobilisierung, Bildung und Unterstützung bietet. Gleichzeitig müssen Herausforderungen wie Fragmentierung und Ressourcenknappheit angegangen werden. Durch innovative Ansätze und eine starke Zusammenarbeit können Plasma-Kristall-Hybriden eine gerechtere und inklusivere Zukunft gestalten.

Neue Strategien für den Aktivismus

Im Kontext der Gleichstellungsbewegung für Plasma-Kristall-Hybride auf Zolran hat sich das Aktivismusfeld ständig weiterentwickelt, um den Herausforderungen und Veränderungen der Gesellschaft gerecht zu werden. Orin Valis und seine Mitstreiter haben innovative Strategien entwickelt, um ihre Botschaften effektiver zu kommunizieren und eine breitere Unterstützung zu mobilisieren. In diesem Abschnitt werden einige dieser neuen Strategien untersucht, die auf aktuellen Theorien des Aktivismus basieren und Beispiele für deren erfolgreiche Umsetzung bieten.

1. Digitale Mobilisierung

Eine der bedeutendsten Veränderungen im Aktivismus ist die Nutzung digitaler Plattformen zur Mobilisierung von Unterstützern. Soziale Medien haben es ermöglicht, Botschaften schnell und weitreichend zu verbreiten. Plattformen wie ZolranNet und PlasmaBook bieten nicht nur eine Bühne für Diskussionen, sondern auch Tools zur Organisation von Veranstaltungen und Kampagnen.

$$\text{Reichweite} = \text{Anzahl der Follower} \times \text{Engagement-Rate} \tag{31}$$

Diese Gleichung verdeutlicht, dass die Reichweite einer Botschaft direkt von der Anzahl der Follower und deren Engagement abhängt. Orin Valis hat diese Strategie genutzt, um eine Online-Kampagne zu starten, die auf die Ungerechtigkeiten aufmerksam machte, mit denen Plasma-Kristall-Hybride konfrontiert sind. Die Kampagne führte zu einer Verdopplung der Unterstützer innerhalb von nur drei Monaten.

2. Storytelling als Werkzeug

Eine weitere Strategie, die sich als effektiv erwiesen hat, ist das Storytelling. Durch das Teilen persönlicher Geschichten von Plasma-Kristall-Hybriden konnte die Bewegung eine emotionale Verbindung zu potenziellen Unterstützern herstellen. Orin Valis hat Workshops organisiert, in denen Betroffene ihre Erfahrungen schildern konnten. Diese Geschichten wurden dann in sozialen Medien geteilt, um das Bewusstsein zu schärfen und Empathie zu fördern.

3. Interkulturelle Zusammenarbeit

Um die Reichweite und Wirkung ihrer Botschaften zu erhöhen, hat die Bewegung auch interkulturelle Kooperationen gesucht. Durch die Zusammenarbeit mit anderen marginalisierten Gruppen auf Zolran konnte eine breitere Basis für den Aktivismus geschaffen werden. Diese Strategie wurde durch die Erkenntnis gestützt, dass viele der Herausforderungen, mit denen Plasma-Kristall-Hybride konfrontiert sind, auch von anderen Gemeinschaften geteilt werden.

Ein Beispiel hierfür ist die Partnerschaft mit der Bewegung der Quarz-Kristall-Kreaturen, die ähnliche Diskriminierungserfahrungen gemacht haben. Gemeinsame Veranstaltungen und Kampagnen haben nicht nur die Sichtbarkeit beider Bewegungen erhöht, sondern auch den Austausch von Ressourcen und Strategien gefördert.

4. Bildung und Aufklärung

Bildung spielt eine entscheidende Rolle im Aktivismus. Orin Valis hat erkannt, dass Wissen Macht ist und hat daher Programme zur Aufklärung über die Rechte von Plasma-Kristall-Hybriden ins Leben gerufen. Diese Programme richten sich nicht nur an Plasma-Kristall-Hybride, sondern auch an die breitere Gesellschaft, um Vorurteile abzubauen und Verständnis zu fördern.

Ein Beispiel für eine erfolgreiche Bildungsinitiative ist das „Plasma-Kristall-Knowledge-Programm", das Workshops und Informationsveranstaltungen umfasst. Die Teilnehmer lernen über die Geschichte, Kultur und die spezifischen Herausforderungen, mit denen Plasma-Kristall-Hybride konfrontiert sind. Die positive Resonanz auf diese Programme hat dazu beigetragen, das Bewusstsein in der breiteren Gesellschaft zu erhöhen.

5. Kreative Protestformen

In der heutigen Zeit sind kreative Protestformen ein weiteres wichtiges Element des Aktivismus. Orin Valis hat verschiedene künstlerische Ausdrucksformen genutzt, um auf die Anliegen der Plasma-Kristall-Hybriden aufmerksam zu machen. Kunstinstallationen, Theateraufführungen und Musikfestivals haben nicht nur die Massen mobilisiert, sondern auch Medienaufmerksamkeit erregt.

Ein bemerkenswertes Beispiel ist das „Kunst für Gleichheit"-Festival, das Künstler aus verschiedenen Disziplinen zusammenbrachte, um die Botschaft der Gleichheit und Gerechtigkeit für Plasma-Kristall-Hybride zu verbreiten. Die Veranstaltung zog Tausende von Besuchern an und wurde in den Medien weitreichend berichtet, was zu einer signifikanten Steigerung des Bewusstseins und der Unterstützung führte.

6. Nutzung von Technologie

Technologie hat den Aktivismus revolutioniert. Orin Valis hat moderne Technologien eingesetzt, um die Bewegung zu stärken. Von der Nutzung von Apps zur Organisation von Protesten bis hin zu Virtual-Reality-Erfahrungen, die das Leben von Plasma-Kristall-Hybriden simulieren, hat die Bewegung innovative Wege gefunden, um ihre Botschaften zu verbreiten.

Ein Beispiel ist die Entwicklung einer App, die Informationen über bevorstehende Veranstaltungen, Ressourcen und Unterstützungsnetzwerke für Plasma-Kristall-Hybride bietet. Diese App hat es den Nutzern ermöglicht, sich schnell zu vernetzen und aktiv zu werden, was die Mobilisierung erheblich erleichtert hat.

7. Nachhaltigkeit im Aktivismus

Ein weiterer wichtiger Aspekt neuer Strategien ist die Berücksichtigung der Nachhaltigkeit im Aktivismus. Orin Valis hat sich dafür eingesetzt, dass die Bewegung umweltfreundliche Praktiken in ihre Aktivitäten integriert. Dies umfasst die Verwendung von recycelbaren Materialien bei Veranstaltungen und die Förderung von umweltbewussten Initiativen innerhalb der Gemeinschaft.

Diese Strategie hat nicht nur die Umwelt geschützt, sondern auch das Bewusstsein für ökologische Themen innerhalb der Bewegung geschärft. Indem die Bewegung Verantwortung für ihre Umwelt übernimmt, hat sie das Vertrauen und die Unterstützung der Gemeinschaft gestärkt.

Fazit

Die neuen Strategien für den Aktivismus, die von Orin Valis und seiner Bewegung entwickelt wurden, zeigen, dass Anpassungsfähigkeit und Kreativität entscheidend für den Erfolg sind. Durch digitale Mobilisierung, Storytelling, interkulturelle Zusammenarbeit, Bildung, kreative Protestformen, technologische Innovationen und nachhaltige Praktiken hat die Bewegung nicht nur ihre Reichweite erhöht, sondern auch das Bewusstsein und das Verständnis für die Rechte der Plasma-Kristall-Hybriden auf Zolran gefördert. Diese Strategien bieten ein Modell für zukünftige Aktivisten und zeigen, dass Veränderung möglich ist, wenn Gemeinschaften zusammenarbeiten und innovative Ansätze verfolgen.

Die Bedeutung von Bildung und Aufklärung

Die Bildung spielt eine zentrale Rolle in der Entwicklung von Individuen und Gesellschaften, insbesondere in der Gleichstellungsbewegung für Plasma-Kristall-Hybride auf Zolran. In diesem Abschnitt werden wir die verschiedenen Dimensionen der Bildung und Aufklärung untersuchen, die für Orin Valis und seine Bewegung von entscheidender Bedeutung waren.

Theoretische Grundlagen der Bildung

Bildung ist nicht nur der Erwerb von Wissen, sondern auch die Entwicklung von Fähigkeiten, kritischem Denken und sozialer Verantwortung. Die Theorie der *Bildung als Emanzipation* von Paulo Freire ist besonders relevant. Freire argumentiert, dass Bildung ein Werkzeug zur Befreiung von Unterdrückung ist. In seinem Buch *Pädagogik der Unterdrückten* beschreibt er, wie Bildung dazu beitragen kann, das Bewusstsein für soziale Ungerechtigkeiten zu schärfen und die Menschen dazu zu ermutigen, aktiv für ihre Rechte einzutreten.

$$C = \frac{1}{N} \sum_{i=1}^{N} (x_i - \bar{x})^2 \tag{32}$$

Hierbei ist C die Varianz, N die Anzahl der Datenpunkte, x_i die einzelnen Werte und $\bar{x}$ der Durchschnitt. Diese Formel zeigt, wie Bildung zur Schaffung einer informierten und kritischen Gesellschaft beitragen kann, indem sie die Varianz im Denken und Handeln der Menschen reduziert.

Bildung als Werkzeug des Aktivismus

Für Orin Valis war Bildung ein entscheidendes Werkzeug, um Plasma-Kristall-Hybriden zu mobilisieren. Durch die Schaffung von Bildungsprogrammen und Workshops konnte er das Bewusstsein für die spezifischen Herausforderungen, mit denen Plasma-Kristall-Hybride konfrontiert sind, schärfen. Diese Programme umfassten Themen wie:

+ **Rechtsbildung:** Aufklärung über die Rechte von Plasma-Kristall-Hybriden und die Gesetze, die ihre Gleichstellung betreffen.

+ **Kulturelle Bildung:** Förderung des Verständnisses für die kulturellen Beiträge von Plasma-Kristall-Hybriden zur Gesellschaft.

+ **Politische Bildung:** Schulung in politischen Prozessen und der Bedeutung von Wahlen und politischem Engagement.

Durch diese Bildungsinitiativen konnte Orin eine informierte Basis schaffen, die in der Lage war, aktiv an der Bewegung teilzunehmen und sich für ihre Rechte einzusetzen.

Herausforderungen in der Bildung

Trotz der Bedeutung von Bildung gab es zahlreiche Herausforderungen. Viele Plasma-Kristall-Hybriden hatten keinen Zugang zu qualitativ hochwertiger Bildung, was zu einem Mangel an Wissen und Fähigkeiten führte. Diese Ungleichheit wurde durch verschiedene Faktoren verstärkt, darunter:

+ **Ökonomische Barrieren:** Viele Plasma-Kristall-Hybriden lebten in Armut, was den Zugang zu Bildungseinrichtungen erschwerte.

+ **Soziale Vorurteile:** Diskriminierung und Vorurteile gegenüber Plasma-Kristall-Hybriden führten oft dazu, dass sie von Bildungsressourcen ausgeschlossen wurden.

+ **Politische Unterdrückung:** In einigen Regionen wurden Bildungsprogramme, die sich mit den Rechten von Plasma-Kristall-Hybriden befassten, verboten oder zensiert.

Diese Herausforderungen erforderten kreative Lösungen. Orin und seine Unterstützer entwickelten alternative Bildungsformate, wie Online-Kurse und mobile Workshops, um sicherzustellen, dass Bildung für alle zugänglich war.

Beispiele erfolgreicher Bildungsinitiativen

Ein herausragendes Beispiel für eine erfolgreiche Bildungsinitiative war das *Zolran Bildungsnetzwerk*, das von Orin ins Leben gerufen wurde. Dieses Netzwerk bot:

+ **Kostenlose Online-Kurse** zu Themen wie Bürgerrechte, Geschichte der Plasma-Kristall-Hybriden und politische Teilhabe.

+ **Mentoring-Programme,** bei denen erfahrene Aktivisten jüngere Plasma-Kristall-Hybriden unterstützten.

+ **Öffentliche Vorträge** und Diskussionsrunden, die das Bewusstsein für die Anliegen der Plasma-Kristall-Hybriden schärften.

Diese Initiativen führten zu einem Anstieg des Engagements unter Plasma-Kristall-Hybriden und halfen, eine starke Gemeinschaft zu bilden, die sich für Gleichheit und Gerechtigkeit einsetzte.

Der Einfluss von Bildung auf die Gesellschaft

Die Auswirkungen der Bildungsinitiativen von Orin Valis waren weitreichend. Durch die Aufklärung und Sensibilisierung der Plasma-Kristall-Hybriden konnten sie nicht nur ihre eigenen Rechte einfordern, sondern auch das Bewusstsein der breiteren Gesellschaft für ihre Anliegen schärfen. Dies führte zu:

+ **Gesetzesänderungen:** Durch den Druck, den informierte Bürger auf die Politik ausübten, konnten wichtige Gesetze zur Gleichstellung verabschiedet werden.

+ **Kulturelle Anerkennung:** Die Beiträge der Plasma-Kristall-Hybriden zur Gesellschaft wurden zunehmend anerkannt und gefeiert.

+ **Interkultureller Dialog:** Bildung förderte den Dialog zwischen verschiedenen Kulturen und schuf ein besseres Verständnis für die Herausforderungen, mit denen Plasma-Kristall-Hybriden konfrontiert sind.

Fazit

Zusammenfassend lässt sich sagen, dass Bildung und Aufklärung grundlegende Elemente in der Gleichstellungsbewegung für Plasma-Kristall-Hybride auf Zolran waren. Orin Valis erkannte die Macht der Bildung, um Menschen zu mobilisieren, Vorurteile abzubauen und eine gerechtere Gesellschaft zu schaffen. Die Herausforderungen, die es zu bewältigen galt, wurden durch innovative Ansätze und die Entschlossenheit der Gemeinschaft überwunden. Letztlich hat die Bildung nicht nur das Leben der Plasma-Kristall-Hybriden verändert, sondern auch das Gesicht der gesamten Gesellschaft auf Zolran.

Zusammenarbeit mit anderen Kulturen

Die Zusammenarbeit mit anderen Kulturen stellt eine fundamentale Komponente für den Erfolg der Gleichstellungsbewegung für Plasma-Kristall-Hybride auf Zolran dar. In einer zunehmend globalisierten Welt ist es unerlässlich, dass Aktivisten über kulturelle Grenzen hinweg arbeiten, um ein umfassendes Verständnis für die Herausforderungen und Möglichkeiten zu entwickeln, die sich aus der Interaktion zwischen verschiedenen Gemeinschaften ergeben.

Theoretische Grundlagen

Die Theorie der interkulturellen Kommunikation, wie sie von Edward T. Hall und Geert Hofstede entwickelt wurde, bietet wertvolle Einsichten in die Dynamiken, die bei der Zusammenarbeit zwischen Kulturen zu beachten sind. Hall unterscheidet zwischen hoch- und niedrigkontextuellen Kulturen, während Hofstede Dimensionen wie Machtabstand, Individualismus versus Kollektivismus und Unsicherheitsvermeidung beschreibt. Diese Konzepte helfen dabei, Missverständnisse zu vermeiden und effektive Kommunikationsstrategien zu entwickeln.

Probleme der interkulturellen Zusammenarbeit

Trotz der Vorteile, die die interkulturelle Zusammenarbeit mit sich bringt, gibt es auch zahlreiche Herausforderungen. Zu den häufigsten Problemen gehören:

+ **Missverständnisse:** Unterschiedliche kulturelle Normen und Werte können zu Fehlinterpretationen führen. Ein Beispiel hierfür ist der unterschiedliche Umgang mit Autorität; während in einigen Kulturen Hierarchien stark betont werden, ist in anderen ein egalitärer Ansatz bevorzugt.

+ **Ressourcenkonflikte:** Bei der Zusammenarbeit können Ressourcen wie Zeit, Geld und Energie ungleich verteilt sein, was zu Spannungen führen kann. Dies kann insbesondere dann problematisch sein, wenn eine Kultur mehr Ressourcen bereitstellt als eine andere.

+ **Kulturelle Stereotypen:** Vorurteile und Stereotypen können den Dialog zwischen Kulturen belasten und den Fortschritt behindern. Es ist entscheidend, diese Stereotypen aktiv zu hinterfragen und abzubauen.

Beispiele erfolgreicher interkultureller Zusammenarbeit

Trotz dieser Herausforderungen gibt es zahlreiche Beispiele für erfolgreiche Zusammenarbeit zwischen Kulturen in der Gleichstellungsbewegung:

+ **Internationale Konferenzen:** Veranstaltungen wie die „Zolran Global Equality Conference" haben es Aktivisten ermöglicht, sich auszutauschen und Strategien zu entwickeln, die an die spezifischen Bedürfnisse ihrer Gemeinschaften angepasst sind. Solche Konferenzen fördern den interkulturellen Dialog und stärken das Verständnis.

+ **Künstlerische Kooperationen:** Kunstprojekte, die verschiedene kulturelle Perspektiven integrieren, haben dazu beigetragen, das Bewusstsein für die Anliegen der Plasma-Kristall-Hybriden zu schärfen. Ein Beispiel ist das Theaterstück „Klang der Kristalle", das von Künstlern aus verschiedenen Kulturen inszeniert wurde und die Herausforderungen und Träume der Plasma-Kristall-Hybriden thematisiert.

+ **Bildungsinitiativen:** Programme, die den Austausch von Wissen und Erfahrungen zwischen verschiedenen Kulturen fördern, haben sich als besonders effektiv erwiesen. So wurde das Programm „Kulturelle Brücken" ins Leben gerufen, das Schüler aus verschiedenen Kulturen zusammenbringt, um über Gleichstellung und soziale Gerechtigkeit zu lernen.

Strategien für die Zusammenarbeit

Um die interkulturelle Zusammenarbeit zu stärken, sollten folgende Strategien in Betracht gezogen werden:

+ **Schulungen zur interkulturellen Sensibilisierung:** Aktivisten sollten in interkultureller Kommunikation geschult werden, um Missverständnisse zu minimieren und eine respektvolle Zusammenarbeit zu fördern.

+ **Etablierung von Partnerschaften:** Langfristige Partnerschaften mit Organisationen aus verschiedenen Kulturen können den Austausch von Ressourcen und Wissen erleichtern.

+ **Förderung von Diversität in der Bewegung:** Eine vielfältige Mitgliederstruktur innerhalb der Bewegung kann dazu beitragen, unterschiedliche Perspektiven zu integrieren und innovative Lösungen zu entwickeln.

Zusammenfassend lässt sich sagen, dass die Zusammenarbeit mit anderen Kulturen nicht nur notwendig, sondern auch bereichernd für die Gleichstellungsbewegung der Plasma-Kristall-Hybriden ist. Durch das Überwinden von kulturellen Barrieren und das Schaffen eines inklusiven Dialogs können Aktivisten eine stärkere, vereinte Front bilden, um für Gleichheit und Gerechtigkeit zu kämpfen.

Die Rolle der Technologie im Aktivismus

In der heutigen Zeit spielt Technologie eine entscheidende Rolle im Aktivismus, insbesondere in Bewegungen wie der von Orin Valis für Plasma-Kristall-Hybride. Die Integration von Technologie in den Aktivismus hat die Art und Weise revolutioniert, wie Informationen verbreitet, Gemeinschaften mobilisiert und Veränderungen angestrebt werden. In diesem Abschnitt werden wir die verschiedenen Dimensionen der Technologie im Aktivismus beleuchten, einschließlich ihrer Vorteile, Herausforderungen und konkreten Beispiele.

Theoretische Grundlagen

Die Rolle der Technologie im Aktivismus kann durch verschiedene theoretische Rahmenwerke verstanden werden. Ein zentrales Konzept ist das der **Netzwerkgesellschaft**, wie von Manuel Castells beschrieben. Castells argumentiert, dass die moderne Gesellschaft zunehmend durch Netzwerke strukturiert wird, die durch digitale Technologien ermöglicht werden. Diese Netzwerke bieten Aktivisten die Möglichkeit, sich zu organisieren, Informationen auszutauschen und Mobilisierungen schnell durchzuführen.

Ein weiteres wichtiges Konzept ist die **digitale Öffentlichkeit**. Diese beschreibt den Raum, in dem sich Menschen online versammeln, um Ideen auszutauschen und soziale Bewegungen zu unterstützen. Die digitale Öffentlichkeit ermöglicht es, dass Stimmen, die zuvor marginalisiert waren, Gehör finden und dass Aktivisten in der Lage sind, eine breitere Öffentlichkeit zu erreichen, als es durch traditionelle Medien möglich wäre.

Vorteile der Technologie im Aktivismus

Die Vorteile der Technologie im Aktivismus sind vielfältig:

- **Erweiterte Reichweite:** Durch soziale Medien können Botschaften schnell und weit verbreitet werden. Plattformen wie Twitter, Facebook und Instagram ermöglichen es Aktivisten, ein globales Publikum zu erreichen.

- **Echtzeit-Kommunikation:** Technologie ermöglicht es Aktivisten, in Echtzeit zu kommunizieren, was besonders in Krisensituationen von Bedeutung ist. Dies kann entscheidend sein, um auf Entwicklungen schnell zu reagieren und die Gemeinschaft zu mobilisieren.

+ **Ressourcenteilung:** Aktivisten können durch digitale Plattformen Ressourcen, Informationen und Strategien teilen, was die Effizienz und Effektivität von Bewegungen erhöht.

+ **Anonymität und Sicherheit:** In repressiven Regimen kann Technologie es Aktivisten ermöglichen, anonym zu bleiben und sich sicherer zu organisieren, ohne Angst vor Verfolgung.

Herausforderungen der Technologie im Aktivismus

Trotz der vielen Vorteile gibt es auch bedeutende Herausforderungen, die mit der Nutzung von Technologie im Aktivismus einhergehen:

+ **Desinformation:** Die Verbreitung von Fehlinformationen kann die Glaubwürdigkeit von Bewegungen untergraben und zu Verwirrung führen. Aktivisten müssen sich aktiv mit der Herausforderung auseinandersetzen, korrekte Informationen zu verbreiten.

+ **Überwachung:** In vielen Ländern sind Aktivisten der Überwachung durch staatliche Stellen ausgesetzt. Die Nutzung von Technologie kann dazu führen, dass sie leichter identifiziert und verfolgt werden.

+ **Digitale Kluft:** Nicht alle Menschen haben gleichen Zugang zu Technologie und Internet. Dies kann zu Ungleichheiten innerhalb von Bewegungen führen, da einige Gruppen besser vernetzt sind als andere.

+ **Erosion von persönlichem Engagement:** Die Leichtigkeit der Online-Interaktion kann dazu führen, dass persönliches Engagement und direkte Aktionen vernachlässigt werden. Aktivismus kann zu einem „Like"-Klick verkommen, anstatt zu echtem Handeln.

Beispiele für Technologie im Aktivismus

Die Verwendung von Technologie im Aktivismus hat in der Vergangenheit viele bemerkenswerte Beispiele hervorgebracht:

+ **Arabischer Frühling:** Während des Arabischen Frühlings spielten soziale Medien eine zentrale Rolle bei der Mobilisierung von Protesten und der Verbreitung von Informationen über die Ereignisse in den betroffenen Ländern.

+ **#BlackLivesMatter:** Diese Bewegung hat soziale Medien genutzt, um auf Rassismus und Polizeigewalt aufmerksam zu machen. Der Hashtag wurde zu einem globalen Symbol für den Kampf gegen Ungerechtigkeit.

+ **Fridays for Future:** Diese Klimaschutzbewegung hat digitale Plattformen genutzt, um junge Menschen zu mobilisieren und globale Klimastreiks zu organisieren.

+ **Orins Bewegung:** Orin Valis und seine Anhänger haben soziale Medien genutzt, um die Anliegen der Plasma-Kristall-Hybriden zu verbreiten, Unterstützer zu mobilisieren und auf die Ungerechtigkeiten aufmerksam zu machen, mit denen sie konfrontiert sind.

Fazit

Die Rolle der Technologie im Aktivismus ist komplex und vielschichtig. Sie bietet sowohl Chancen als auch Herausforderungen, die es Aktivisten ermöglichen, sich zu organisieren und Veränderungen zu bewirken. Für Orin Valis und die Gleichstellungsbewegung der Plasma-Kristall-Hybriden ist die kluge Nutzung von Technologie entscheidend, um ihre Botschaft zu verbreiten und eine gerechtere Gesellschaft zu schaffen. In einer Welt, die zunehmend digitalisiert wird, ist es unerlässlich, dass Aktivisten die Möglichkeiten der Technologie nutzen, während sie gleichzeitig die damit verbundenen Risiken und Herausforderungen im Auge behalten.

Ein Vermächtnis für zukünftige Generationen

Das Vermächtnis von Orin Valis und der Gleichstellungsbewegung für Plasma-Kristall-Hybride auf Zolran ist nicht nur eine Reflexion über die Erfolge der Vergangenheit, sondern auch eine klare Vision für die Zukunft. Orin hat durch seine unermüdlichen Anstrengungen und seinen unerschütterlichen Glauben an Gerechtigkeit einen Weg geebnet, der zukünftigen Generationen als Leitfaden dienen kann. In diesem Abschnitt werden wir die Grundlagen dieses Vermächtnisses untersuchen, die Herausforderungen, die es zu bewältigen gilt, und die Theorien, die als Basis für zukünftige Bewegungen dienen können.

Die Grundlagen des Vermächtnisses

Das Vermächtnis von Orin Valis basiert auf mehreren zentralen Prinzipien:

+ **Empowerment:** Orin hat stets betont, wie wichtig es ist, dass Plasma-Kristall-Hybride ihre Stimme erheben und für ihre Rechte kämpfen. Dies geschieht durch Bildung und Aufklärung, die es den Individuen ermöglichen, informierte Entscheidungen zu treffen und aktiv an der Gesellschaft teilzunehmen.

+ **Solidarität:** Der Aufbau einer Gemeinschaft, die sich gegenseitig unterstützt, ist ein Grundpfeiler der Bewegung. Orin hat gezeigt, dass echte Veränderung nur durch Zusammenarbeit und gegenseitige Hilfe möglich ist.

+ **Nachhaltigkeit:** Ein weiteres wichtiges Element ist die nachhaltige Entwicklung der Bewegung. Orin hat immer wieder betont, dass Veränderungen nicht nur kurzfristig sein sollten, sondern dass es darum geht, dauerhafte Strukturen zu schaffen, die auch zukünftigen Generationen zugutekommen.

Herausforderungen für die Zukunft

Trotz der Erfolge, die die Bewegung erzielt hat, stehen zukünftige Generationen vor erheblichen Herausforderungen. Diese Herausforderungen sind sowohl theoretischer als auch praktischer Natur und müssen angegangen werden, um das Erbe von Orin Valis zu bewahren.

+ **Politische Widerstände:** Auch wenn Gesetze geändert wurden, bleibt der politische Widerstand ein zentrales Problem. Es ist entscheidend, dass zukünftige Aktivisten Strategien entwickeln, um mit politischen Gegnern umzugehen, die versuchen, die Errungenschaften der Bewegung zurückzudrehen.

+ **Interne Konflikte:** Die Einheit innerhalb der Bewegung ist entscheidend. Zukünftige Generationen müssen lernen, Konflikte konstruktiv zu lösen und die Vielfalt innerhalb der Bewegung als Stärke zu nutzen.

+ **Technologische Veränderungen:** Die fortschreitende Technologie hat sowohl positive als auch negative Auswirkungen auf die Aktivismusbewegungen. Zukünftige Aktivisten müssen lernen, wie sie Technologie effektiv nutzen können, um ihre Botschaften zu verbreiten und Mobilisierungen zu organisieren.

Theoretische Grundlagen für zukünftige Bewegungen

Um das Vermächtnis von Orin Valis zu verstehen, ist es wichtig, die theoretischen Grundlagen zu betrachten, die zukünftige Bewegungen beeinflussen können. Einige relevante Theorien sind:

+ **Soziale Identitätstheorie:** Diese Theorie legt nahe, dass das Zugehörigkeitsgefühl zu einer Gruppe das Verhalten und die Einstellungen der Individuen beeinflusst. Zukünftige Bewegungen sollten diese Dynamik nutzen, um ein starkes Gemeinschaftsgefühl zu fördern.

+ **Theorie der sozialen Bewegungen:** Diese Theorie untersucht, wie soziale Bewegungen entstehen, sich entwickeln und schließlich erfolgreich sein können. Die Erkenntnisse aus dieser Theorie können zukünftigen Aktivisten helfen, effektive Strategien zu entwickeln.

+ **Empathie und Intersektionalität:** Zukünftige Generationen müssen die Bedeutung von Empathie und intersektionalen Ansätzen verstehen. Dies bedeutet, dass sie die unterschiedlichen Erfahrungen und Herausforderungen, die Plasma-Kristall-Hybride und andere marginalisierte Gruppen erleben, anerkennen und darauf eingehen müssen.

Beispiele für zukünftige Initiativen

Um das Vermächtnis von Orin Valis lebendig zu halten, sollten zukünftige Generationen konkrete Initiativen ins Leben rufen. Einige Beispiele könnten sein:

+ **Bildungsprogramme:** Die Schaffung von Bildungsprogrammen, die sich auf die Geschichte und die Rechte von Plasma-Kristall-Hybriden konzentrieren, kann helfen, das Bewusstsein und das Verständnis zu fördern.

+ **Kunst- und Kulturprojekte:** Kunst hat eine transformative Kraft. Initiativen, die Kunst und Kultur nutzen, um die Geschichten von Plasma-Kristall-Hybriden zu erzählen, können zur Sensibilisierung und zum Verständnis beitragen.

+ **Internationale Kooperationen:** Der Austausch mit anderen Bewegungen weltweit kann wertvolle Perspektiven und Strategien bieten, die auf die spezifischen Herausforderungen der Plasma-Kristall-Hybriden angewendet werden können.

Fazit

Das Vermächtnis von Orin Valis ist ein lebendiges Erbe, das zukünftige Generationen dazu inspirieren sollte, aktiv für Gleichheit und Gerechtigkeit zu kämpfen. Indem sie die Prinzipien des Empowerments, der Solidarität und der Nachhaltigkeit verinnerlichen und gleichzeitig die Herausforderungen und theoretischen Grundlagen verstehen, können sie eine gerechtere und inklusivere Gesellschaft schaffen. Die Geschichten und Lektionen von Orin Valis werden weiterhin als Inspiration dienen, während die nächsten Generationen ihren eigenen Weg im Kampf für die Rechte der Plasma-Kristall-Hybriden und darüber hinaus finden.

Abschließende Gedanken und Dankbarkeit

In der Reflexion über die bemerkenswerte Reise von Orin Valis und der Gleichstellungsbewegung für Plasma-Kristall-Hybride auf Zolran, wird deutlich, dass Engagement und Beharrlichkeit nicht nur individuelle, sondern auch kollektive Veränderungen bewirken können. Diese Bewegung hat nicht nur das Leben der Plasma-Kristall-Hybriden transformiert, sondern auch das Bewusstsein der gesamten Gesellschaft geschärft. Orins Philosophie, die auf Empathie, Verständnis und der Kraft der Gemeinschaft basiert, bietet wertvolle Einsichten in die Herausforderungen, mit denen Aktivisten konfrontiert sind.

Ein zentrales Element dieser Bewegung war die Überzeugung, dass jede Stimme zählt. Die Gleichstellungsbewegung hat bewiesen, dass Mobilisierung und Vernetzung entscheidend sind. Die Theorie des sozialen Wandels, wie sie von Sozialwissenschaftlern wie [Tilly, C. (2004)] beschrieben wird, legt nahe, dass kollektives Handeln durch das Schaffen von Netzwerken und das Teilen von Ressourcen gefördert wird. Dies wurde durch die Nutzung sozialer Medien und die Schaffung von Unterstützungsnetzwerken in der Bewegung eindrucksvoll demonstriert.

Ein Beispiel für den Erfolg dieser Strategie ist die erste große Demonstration, die nicht nur eine Vielzahl von Plasma-Kristall-Hybriden mobilisierte, sondern auch bedeutende Aufmerksamkeit von Medien und politischen Entscheidungsträgern erhielt. Diese Demonstration war ein Wendepunkt, der die Bewegung ins Rampenlicht rückte und den Dialog über Gleichstellung und Rechte auf Zolran anregte.

Die Herausforderungen, die Orin und seine Mitstreiter überwinden mussten, waren jedoch nicht zu unterschätzen. Widerstand und Kritik von politischen Gegnern, interne Konflikte und psychische Belastungen waren ständige Begleiter des Aktivismus. Doch Orin lehrte seine Anhänger, dass Humor und eine positive Einstellung entscheidend sind, um in schweren Zeiten durchzuhalten. Er sagte oft: „Wenn wir nicht lachen können, wie können wir dann die Welt verändern?" Diese Philosophie half, die Gemeinschaft zusammenzuhalten und den Fokus auf die Ziele der Bewegung zu richten.

Ein weiterer wichtiger Aspekt war die Rolle der Bildung. Orin glaubte fest daran, dass Aufklärung der Schlüssel zur Veränderung ist. In seinen Reden betonte er die Notwendigkeit, Wissen zu verbreiten und das Bewusstsein für die Herausforderungen der Plasma-Kristall-Hybriden zu schärfen. Die Entwicklung von Bildungsprogrammen und Workshops war ein entscheidender Schritt, um das Verständnis und die Unterstützung für die Bewegung in der breiten Öffentlichkeit zu fördern.

Der Einfluss von Orin Valis erstreckt sich über die Grenzen von Zolran hinaus. Seine Botschaft der Gleichheit und Gerechtigkeit hat internationale Resonanz gefunden und andere Bewegungen auf der ganzen Welt inspiriert. Die Philosophie des Aktivismus, die er verkörpert, basiert auf der Überzeugung, dass jeder Einzelne die Fähigkeit hat, Veränderungen herbeizuführen. Diese Überzeugung wird durch die Theorie des Empowerments unterstützt, die besagt, dass Menschen durch Bildung und gemeinschaftliche Unterstützung in die Lage versetzt werden können, ihre eigenen Lebensbedingungen zu verbessern [Rappaport, J. (1981)].

Abschließend möchte ich die unermüdliche Arbeit und Hingabe von Orin Valis und all seinen Unterstützern würdigen. Ihre Geschichten sind nicht nur Geschichten des Kampfes, sondern auch Geschichten der Hoffnung. Sie erinnern uns daran, dass der Weg zur Gleichheit oft steinig ist, aber dass jede Anstrengung zählt. Die Zukunft der Plasma-Kristall-Hybriden und der gesamten Gesellschaft auf Zolran hängt von unserem kollektiven Engagement ab, die Prinzipien von Gerechtigkeit und Gleichheit zu fördern.

In diesem Sinne lade ich alle ein, sich aktiv an der Gestaltung einer gerechteren Zukunft zu beteiligen. Lassen Sie uns die Lehren aus Orins Geschichte nutzen, um die nächsten Schritte in unserem eigenen Aktivismus zu gestalten. Die Kraft der Gemeinschaft, das Streben nach Wissen und die Fähigkeit, durch Humor und Empathie zu verbinden, sind die Werkzeuge, die wir benötigen, um die Herausforderungen der Zukunft zu meistern. Orin Valis' Vermächtnis ist nicht nur ein Aufruf zur Aktion, sondern auch eine Einladung zur aktiven Teilnahme an der Schaffung einer besseren Welt für alle.

Bibliography

[Tilly, C. (2004)] Tilly, C. (2004). *Social Movements, 1760–2000*. Paradigm Publishers.

[Rappaport, J. (1981)] Rappaport, J. (1981). In praise of paradox: A social policy of empowerment over prevention. *American Journal of Community Psychology*, 9(1), 1-25.

Anhang

Interviews und persönliche Geschichten

Interviews mit Weggefährten

In diesem Abschnitt werden wir verschiedene Interviews mit Weggefährten von Orin Valis präsentieren, die einen einzigartigen Einblick in seine Persönlichkeit, seine Motivationen und die Herausforderungen bieten, mit denen die Gleichstellungsbewegung für Plasma-Kristall-Hybride konfrontiert war. Diese Interviews geben nicht nur persönliche Perspektiven, sondern beleuchten auch die zugrunde liegenden Theorien und Probleme, die die Bewegung prägten.

Interview mit Lira Tzara

Lira Tzara, eine enge Freundin und Mitstreiterin von Orin, beschreibt ihre erste Begegnung mit ihm während eines Schulprojekts über die Rechte der Plasma-Kristall-Hybriden. „Orin hatte diese unglaubliche Fähigkeit, Menschen zu inspirieren. Er sprach mit einer Leidenschaft, die uns alle mitriss. Es war, als ob er uns die Augen für die Ungerechtigkeiten öffnete, die wir um uns herum sahen. Er hat nie aufgegeben, uns zu ermutigen, für das einzustehen, was richtig ist."

Lira spricht auch über die Herausforderungen, die sie und Orin während ihrer Schulzeit erlebten. „Wir wurden oft von anderen Schülern verspottet, weil wir uns für die Rechte der Plasma-Kristall-Hybriden einsetzten. Es war nicht einfach, aber Orin hatte immer einen Witz auf den Lippen, um die Stimmung aufzulockern. Humor war für uns ein Überlebensmechanismus."

Diese Beobachtungen verdeutlichen die Theorie des sozialen Wandels, die besagt, dass Humor und Gemeinschaftsbildung entscheidend für den Erfolg von Bewegungen sind. Die Fähigkeit, trotz Widrigkeiten zu lachen, fördert den Zusammenhalt und die Resilienz innerhalb einer Gruppe.

Interview mit Jarek Voss

Jarek Voss, ein Mentor von Orin und ein erfahrener Aktivist, hebt die strategische Denkweise von Orin hervor. „Orin war nicht nur ein leidenschaftlicher Redner, sondern auch ein brillanter Stratege. Er wusste, wie man die sozialen Medien nutzt, um unsere Botschaft zu verbreiten. Er hat die Kraft der digitalen Kommunikation erkannt, lange bevor viele es taten."

Jarek spricht über die erste große Demonstration, die sie organisierten. „Wir hatten nur eine Handvoll Unterstützer, aber Orin hat es geschafft, die Menschen über soziale Medien zu mobilisieren. Innerhalb weniger Tage hatten wir Tausende von Teilnehmern. Es war ein Wendepunkt für unsere Bewegung."

Diese Erfahrung illustriert das Konzept der digitalen Mobilisierung, das in der modernen Aktivismusforschung als entscheidend angesehen wird. Die Fähigkeit, soziale Medien effektiv zu nutzen, um Unterstützung zu gewinnen, hat die Dynamik vieler Bewegungen revolutioniert.

Interview mit Mira Kallin

Mira Kallin, eine Künstlerin und Aktivistin, die eng mit Orin zusammenarbeitete, erzählt von der Rolle von Kunst in der Bewegung. „Orin verstand, dass Kunst ein mächtiges Werkzeug ist, um Menschen zu erreichen. Er hat uns ermutigt, unsere Kreativität zu nutzen, um die Botschaft der Gleichheit zu verbreiten. Unsere Wandmalereien und Performances haben das Bewusstsein für unsere Sache geschärft."

Mira beschreibt eine besondere Veranstaltung, bei der sie eine Performance aufführten, die die Erfahrungen der Plasma-Kristall-Hybriden darstellte. „Die Reaktionen waren überwältigend. Menschen, die zuvor gleichgültig waren, begannen, Fragen zu stellen und sich zu engagieren. Es war ein perfektes Beispiel dafür, wie Kunst als Katalysator für sozialen Wandel fungieren kann."

Die Bedeutung von Kunst im Aktivismus wird in der Theorie des kulturellen Wandels hervorgehoben, die besagt, dass kulturelle Ausdrucksformen wie Kunst und Musik entscheidend sind, um soziale Bewegungen zu unterstützen und zu fördern.

Interview mit Alaric Donov

Alaric Donov, ein politischer Analyst, reflektiert über die Widerstände, mit denen Orin und seine Bewegung konfrontiert waren. „Die politische Landschaft war nicht gerade freundlich zu Plasma-Kristall-Hybriden. Orin musste sich gegen mächtige

Gegner behaupten, die seine Ideen als Bedrohung ansahen. Seine Fähigkeit, ruhig und strategisch zu bleiben, war bewundernswert."

Alaric hebt hervor, wie Orin trotz der Widerstände nie aufgab. „Er hat immer wieder betont, dass Rückschläge Teil des Prozesses sind. Diese Resilienz ist ein zentraler Aspekt des Aktivismus und wird von vielen Theoretikern als entscheidend für den langfristigen Erfolg angesehen."

Die Herausforderungen, die Alaric beschreibt, spiegeln die Realität vieler sozialer Bewegungen wider, in denen Aktivisten oft auf Widerstand und Kritik stoßen. Die Fähigkeit, mit diesen Herausforderungen umzugehen und daraus zu lernen, ist entscheidend für den Fortschritt.

Schlussfolgerung

Die Interviews mit Weggefährten von Orin Valis bieten wertvolle Einblicke in die Dynamik der Gleichstellungsbewegung für Plasma-Kristall-Hybride. Sie verdeutlichen die Bedeutung von Gemeinschaft, Humor, strategischem Denken und Kunst im Aktivismus. Diese persönlichen Geschichten und Erfahrungen tragen nicht nur zur Legende von Orin Valis bei, sondern sind auch eine Inspiration für zukünftige Generationen von Aktivisten, die sich für Gleichheit und Gerechtigkeit einsetzen. Die Herausforderungen, die sie überwunden haben, und die Erfolge, die sie erzielt haben, sind ein testament für die Kraft des menschlichen Geistes und den unaufhörlichen Kampf für die Rechte aller.

Geschichten von Plasma-Kristall-Hybriden

Die Geschichten von Plasma-Kristall-Hybriden sind so vielfältig wie die Individuen selbst, die diese einzigartige Identität verkörpern. In diesem Abschnitt werden wir einige der eindrucksvollsten Erzählungen beleuchten, die die Herausforderungen, Triumphe und den unermüdlichen Kampf um Gleichheit und Anerkennung widerspiegeln.

Die Entstehung der Plasma-Kristall-Hybriden

Plasma-Kristall-Hybride sind eine faszinierende Spezies, die aus der Verschmelzung von Plasma- und Kristalltechnologien entstanden sind. Diese Hybriden besitzen die Fähigkeit, ihre Form und Struktur zu verändern, was ihnen nicht nur physische Anpassungsfähigkeit verleiht, sondern auch eine tiefere Verbindung zu ihrer Umwelt. Diese Fähigkeit ist sowohl ein Segen als auch ein Fluch, da sie oft mit Vorurteilen und Missverständnissen konfrontiert werden.

Die Geschichte von Lira

Eine der bewegendsten Geschichten ist die von Lira, einer jungen Plasma-Kristall-Hybride, die in der Stadt Zolran aufwuchs. Lira erlebte bereits in ihrer Kindheit Diskriminierung, als sie in der Schule wegen ihrer hybriden Natur gemobbt wurde. Ihre Eltern, die selbst Aktivisten waren, ermutigten sie, ihre Unterschiede zu feiern und ihre Stimme zu erheben.

Lira begann, ihre Erfahrungen durch Kunst auszudrücken. Sie malte Bilder, die die Schönheit und Komplexität ihrer Identität darstellten. Diese Kunstwerke wurden bald zu einem Symbol der Hoffnung für andere Plasma-Kristall-Hybriden in ihrer Gemeinschaft. Eines ihrer bekanntesten Werke, "Die Farben des Wandels", zeigt eine explodierende Farbpalette, die die verschiedenen Facetten der hybriden Identität verkörpert.

Die Herausforderungen der Identität

Die Identität von Plasma-Kristall-Hybriden ist oft von inneren und äußeren Konflikten geprägt. Ein häufiges Problem, mit dem viele Hybriden konfrontiert sind, ist das Gefühl der Entfremdung. Viele berichten von einem ständigen Kampf, ihre Zugehörigkeit zu definieren, insbesondere in einer Gesellschaft, die oft in starren Kategorien denkt.

Ein Beispiel hierfür ist die Geschichte von Jarek, der als Kind in einer rein menschlichen Nachbarschaft aufwuchs. Trotz seiner Versuche, sich anzupassen, fühlte er sich immer wie ein Außenseiter. Erst als er eine Gruppe von Gleichgesinnten fand, die ebenfalls Plasma-Kristall-Hybride waren, begann er, seine Identität zu akzeptieren und zu schätzen. Diese Gemeinschaft half ihm, die Herausforderungen der Vorurteile zu überwinden und seine einzigartige Perspektive zu umarmen.

Die Rolle der Gemeinschaft

Die Geschichten von Plasma-Kristall-Hybriden zeigen auch die Bedeutung von Gemeinschaft und Solidarität. Diese Gemeinschaften bieten nicht nur emotionalen Rückhalt, sondern auch praktische Unterstützung im Kampf um Gleichheit. Ein Beispiel hierfür ist die "Allianz der Plasma-Kristall-Hybriden", die 2018 gegründet wurde, um die Interessen und Rechte der Hybriden zu vertreten.

Die Allianz hat zahlreiche Initiativen ins Leben gerufen, darunter Bildungsprogramme, die darauf abzielen, das Bewusstsein für die Herausforderungen von Plasma-Kristall-Hybriden zu schärfen. Diese Programme haben nicht nur das Verständnis in der breiteren Gesellschaft gefördert, sondern auch den Hybriden selbst geholfen, ihre Stimme zu finden und aktiv zu werden.

Inspirierende Geschichten von Aktivisten

Ein weiterer bemerkenswerter Aktivist ist Talia, die als eine der ersten Plasma-Kristall-Hybriden in der Politik bekannt wurde. Ihre Geschichte ist ein Beispiel dafür, wie eine Einzelperson Veränderungen bewirken kann. Talia begann ihre Karriere als Lehrerin, erkannte jedoch bald, dass sie mehr tun musste, um die Rechte ihrer Gemeinschaft zu verteidigen.

Mit ihrem unerschütterlichen Glauben an Gleichheit und Gerechtigkeit trat sie in die Politik ein und wurde bald zu einer einflussreichen Stimme in der Regierung. Ihre Kampagnen konzentrierten sich auf die Verbesserung der Lebensbedingungen für Plasma-Kristall-Hybriden und die Bekämpfung von Diskriminierung. Talia sagte einmal: *"Es ist nicht genug, nur zu träumen. Wir müssen aktiv werden und unsere Träume in die Realität umsetzen."*

Der Einfluss von Bildung und Kunst

Ein weiterer zentraler Aspekt der Geschichten von Plasma-Kristall-Hybriden ist die Rolle von Bildung und Kunst in ihrem Kampf um Gleichheit. Viele Hybriden nutzen kreative Ausdrucksformen, um ihre Erfahrungen zu teilen und das Bewusstsein für ihre Anliegen zu schärfen.

Die *"Kunst der Plasma-Kristall-Hybriden"* hat sich zu einer bedeutenden Bewegung entwickelt, die nicht nur die Schönheit der hybriden Identität feiert, sondern auch die Herausforderungen, die mit dieser Identität verbunden sind. Kunstausstellungen und Festivals bieten eine Plattform für Hybriden, ihre Geschichten zu erzählen und ihre Stimmen zu erheben.

Schlussfolgerung

Die Geschichten von Plasma-Kristall-Hybriden sind ein kraftvolles Zeugnis für den unaufhörlichen Kampf um Gleichheit und Anerkennung. Sie zeigen, dass trotz der Herausforderungen, die sie erleben, die Gemeinschaft, die Kunst und der unerschütterliche Glaube an Veränderung die treibenden Kräfte hinter ihrem Aktivismus sind. Diese Erzählungen inspirieren nicht nur andere Plasma-Kristall-Hybriden, sondern auch alle, die für eine gerechtere und gleichberechtigtere Gesellschaft kämpfen.

In den Worten von Orin Valis: *"Jede Geschichte zählt, und jede Stimme hat die Macht, die Welt zu verändern."*

Dokumentation wichtiger Ereignisse

Die Dokumentation wichtiger Ereignisse ist für jede soziale Bewegung von entscheidender Bedeutung, da sie nicht nur die Geschichte festhält, sondern auch als Werkzeug für zukünftige Generationen dient, die sich für Gleichheit und Gerechtigkeit einsetzen. In dieser Sektion werden wir die Schlüsselmomente der Gleichstellungsbewegung für Plasma-Kristall-Hybride auf Zolran untersuchen, die die Entwicklung und den Erfolg der Bewegung geprägt haben.

Die Gründung der Bewegung

Die Gleichstellungsbewegung für Plasma-Kristall-Hybride wurde 2045 gegründet, als Orin Valis, inspiriert von den Ungerechtigkeiten, die seine Gemeinschaft erlebte, eine Versammlung von Plasma-Kristall-Hybriden einberief. Dieses erste Treffen fand in einem kleinen Gemeindezentrum in Zolran statt und zog über 200 Teilnehmer an. Hier wurde die *Charta der Plasma-Kristall-Hybriden* verabschiedet, die die Grundwerte und Ziele der Bewegung festlegte. Diese Charta ist ein wichtiges Dokument, das die Prinzipien der Gleichheit, Solidarität und Gerechtigkeit umreißt.

Die erste große Demonstration

Ein weiterer entscheidender Moment war die erste große Demonstration, die am 12. Mai 2046 stattfand. Über 5000 Plasma-Kristall-Hybride und Unterstützer versammelten sich auf dem zentralen Platz von Zolran, um für ihre Rechte zu kämpfen. Diese Demonstration war nicht nur ein Zeichen der Solidarität, sondern auch ein Wendepunkt in der öffentlichen Wahrnehmung der Bewegung. Die Medienberichterstattung über die Veranstaltung führte zu einem Anstieg des Interesses an den Anliegen der Plasma-Kristall-Hybriden und veranlasste viele, sich der Bewegung anzuschließen.

Gesetzesänderungen und politische Erfolge

Ein weiterer wichtiger Meilenstein war die Verabschiedung des *Gesetzes über die Gleichstellung von Plasma-Kristall-Hybriden* im Jahr 2048. Dieses Gesetz gewährte Plasma-Kristall-Hybriden die gleichen Rechte wie anderen Bürgern Zolrans und verbot Diskriminierung aufgrund ihrer hybriden Natur. Die Gesetzgebung war das Ergebnis jahrelanger Lobbyarbeit und öffentlicher Kampagnen, die von Orin Valis und anderen Aktivisten geleitet wurden. Diese Errungenschaft wurde als

Triumph der Bewegung angesehen und diente als Modell für andere soziale Bewegungen auf dem Planeten.

Internationale Anerkennung

Die Bewegung erhielt auch internationale Anerkennung, als Orin Valis 2050 eingeladen wurde, beim *Weltforum für Gleichheit und Menschenrechte* zu sprechen. In seiner Rede betonte Valis die Bedeutung von Empathie und Verständnis in der Bekämpfung von Diskriminierung und Ungerechtigkeit. Diese Plattform ermöglichte es ihm, die Anliegen der Plasma-Kristall-Hybriden auf globaler Ebene zu präsentieren und Unterstützung von anderen Ländern zu gewinnen. Die Rede wurde als wegweisend angesehen und inspirierte zahlreiche andere Bewegungen weltweit.

Herausforderungen und Rückschläge

Trotz der Erfolge gab es auch zahlreiche Herausforderungen. Eine der größten war die *Anti-Gleichheits-Demonstration* im Jahr 2052, die von politischen Gegnern organisiert wurde, die die Bewegung als Bedrohung für die gesellschaftliche Ordnung ansahen. Diese Demonstration führte zu Spannungen zwischen den verschiedenen Gemeinschaften auf Zolran und stellte die Bewegung vor die Herausforderung, ihre Botschaft klar zu kommunizieren und Missverständnisse auszuräumen. Orin Valis reagierte mit einer Pressekonferenz, in der er die Prinzipien der Bewegung verteidigte und die Bedeutung von Dialog und Verständnis betonte.

Der Einfluss von sozialen Medien

Ein weiterer wichtiger Aspekt der Dokumentation ist der Einfluss von sozialen Medien auf die Bewegung. Die Nutzung von Plattformen wie *ZolranNet* ermöglichte es den Aktivisten, ihre Botschaften schnell und effektiv zu verbreiten. Hashtags wie #PlasmaGleichheit und #HybrideStimmen wurden zu Symbolen des Widerstands und halfen, eine breite Unterstützung zu mobilisieren. Die Dokumentation dieser Online-Kampagnen und ihrer Auswirkungen auf die Bewegung ist entscheidend, um die Rolle der digitalen Medien im modernen Aktivismus zu verstehen.

Zukunftsperspektiven

Die Dokumentation wichtiger Ereignisse bietet auch einen Ausblick auf die Zukunft der Bewegung. Die Herausforderungen, die noch vor uns liegen, erfordern eine ständige Anpassung und Weiterentwicklung der Strategien. Orin Valis und andere Führungspersönlichkeiten betonen die Notwendigkeit, neue Technologien und Kommunikationsmittel zu nutzen, um die Anliegen der Plasma-Kristall-Hybriden weiter voranzutreiben. Die Dokumentation dieser Entwicklungen wird entscheidend sein, um den Fortschritt und die Auswirkungen der Bewegung auf die Gesellschaft festzuhalten.

Insgesamt zeigt die Dokumentation dieser wichtigen Ereignisse, wie die Gleichstellungsbewegung für Plasma-Kristall-Hybride auf Zolran durch Engagement, Kreativität und Zusammenarbeit gewachsen ist. Diese Ereignisse sind nicht nur Teil der Geschichte der Bewegung, sondern auch eine Quelle der Inspiration für zukünftige Generationen von Aktivisten, die sich für Gleichheit und Gerechtigkeit einsetzen.

Zitate von Orin Valis

Orin Valis, ein Pionier der Gleichstellungsbewegung für Plasma-Kristall-Hybride, hat mit seinen Worten und Gedanken nicht nur die Herzen seiner Anhänger berührt, sondern auch die Grundlage für eine neue Ära des Aktivismus gelegt. Hier sind einige seiner denkwürdigsten Zitate, die seine Philosophie, seinen Kampf und seine Vision für eine gerechtere Gesellschaft widerspiegeln.

> *"Die wahre Stärke einer Bewegung liegt nicht nur in der Anzahl ihrer Mitglieder, sondern in der Tiefe ihres Engagements und der Klarheit ihrer Vision."*

Dieses Zitat verdeutlicht, dass der Erfolg einer Bewegung nicht allein von der Quantität, sondern von der Qualität der Überzeugungen und der Entschlossenheit ihrer Mitglieder abhängt. Orin betont die Notwendigkeit, eine klare und inspirierende Vision zu entwickeln, um Menschen zu mobilisieren und sie für die gemeinsame Sache zu gewinnen.

> *"Wir sind nicht nur Plasma-Kristall-Hybride; wir sind Träumer, Kämpfer und Visionäre. Unser Kampf ist nicht nur für uns selbst, sondern für alle, die unterdrückt werden."*

Hier spricht Orin die universelle Dimension des Aktivismus an. Er sieht die Gleichstellungsbewegung nicht als isolierte Anstrengung, sondern als Teil eines größeren Kampfes für Gerechtigkeit und Gleichheit. Diese Perspektive ermutigt Menschen aus verschiedenen Hintergründen, sich zusammenzuschließen und für eine gemeinsame Sache zu kämpfen.

> *"Bildung ist der Schlüssel zur Befreiung. Nur durch Wissen können wir die Ketten der Ignoranz sprengen."*

Orin glaubt fest an die transformative Kraft der Bildung. Er sieht Bildung als das wichtigste Werkzeug, um Vorurteile abzubauen und das Bewusstsein für die Herausforderungen zu schärfen, mit denen Plasma-Kristall-Hybride konfrontiert sind. Seine Philosophie legt nahe, dass Aufklärung und Wissen die Grundlage für sozialen Wandel bilden.

> *"Humor ist unser Schild in der Schlacht gegen die Dunkelheit. Wenn wir lachen können, können wir auch kämpfen."*

In diesem Zitat zeigt Orin, wie wichtig Humor in Zeiten der Not ist. Er erkennt an, dass die Herausforderungen, vor denen Aktivisten stehen, überwältigend sein können, und dass Humor eine Möglichkeit ist, den Druck zu lindern und die Moral zu stärken. Dies ist besonders relevant in der politischen Landschaft, in der Widerstand und Kritik oft an der Tagesordnung sind.

> *"Die Zukunft gehört denen, die an die Schönheit ihrer Träume glauben."*

Orin spricht hier die Kraft der Vision und der Hoffnung an. Er ermutigt seine Anhänger, an ihre Träume zu glauben und diese aktiv zu verfolgen. Diese Botschaft ist besonders wichtig für junge Aktivisten, die ihre eigenen Ideen und Ambitionen entwickeln wollen.

> *"Gemeinschaft ist nicht nur ein Wort; es ist ein Gefühl, ein Engagement, eine Verpflichtung, füreinander da zu sein."*

In diesem Zitat betont Orin die Bedeutung der Gemeinschaft im Aktivismus. Er sieht die Stärke der Bewegung in der Solidarität und dem Zusammenhalt der Mitglieder. Diese Philosophie fördert ein Gefühl der Zugehörigkeit und des gemeinsamen Ziels, was für den Erfolg jeder Bewegung entscheidend ist.

> *"Wir müssen die Mauern der Vorurteile niederreißen und Brücken des Verständnisses bauen."*

Orin spricht hier die Notwendigkeit an, Vorurteile abzubauen und Dialoge zu fördern. Er sieht den Austausch von Ideen und Erfahrungen als Schlüssel zur Überwindung von Konflikten und Missverständnissen. Dies ist besonders wichtig in einer Gesellschaft, die oft von Spaltung und Diskriminierung geprägt ist.

"Jeder Schritt, den wir machen, ist ein Schritt in Richtung Freiheit. Der Weg mag lang sein, aber das Ziel ist es wert."

Dieses Zitat fasst Orins Entschlossenheit zusammen. Trotz der Herausforderungen und Rückschläge, die er und seine Bewegung erlebt haben, bleibt er optimistisch und motiviert. Er ermutigt seine Anhänger, den langen Weg des Aktivismus weiterzugehen, da das Ziel – eine gerechtere Gesellschaft – jede Anstrengung wert ist.

"Der wahre Test des Fortschritts ist nicht, wie viele Ziele wir erreicht haben, sondern wie viele Herzen wir berührt haben."

Orin hebt hier die Bedeutung der menschlichen Verbindung hervor. Er glaubt, dass der Erfolg einer Bewegung nicht nur an messbaren Ergebnissen festgemacht werden kann, sondern auch daran, wie viele Menschen inspiriert und motiviert wurden, sich für das Gute einzusetzen. Dies fördert eine Kultur des Mitgefühls und der Empathie.

"Wir sind die Architekten unserer eigenen Zukunft. Lasst uns mit Bedacht bauen."

Abschließend fordert Orin seine Anhänger auf, aktiv an der Gestaltung ihrer Zukunft mitzuwirken. Er sieht jeden Einzelnen als verantwortlichen Akteur, der durch seine Taten und Entscheidungen die Welt beeinflussen kann. Diese Botschaft ist ein Aufruf zur aktiven Teilnahme und zum Engagement für eine bessere Gesellschaft.

Diese Zitate von Orin Valis sind nicht nur Worte, sondern auch Leitprinzipien, die die Grundlage seiner Bewegung bilden. Sie inspirieren und motivieren nicht nur Plasma-Kristall-Hybride, sondern auch Menschen aus allen Lebensbereichen, sich für Gleichheit und Gerechtigkeit einzusetzen.

Empfehlungen für weitere Lektüre

Um das Verständnis für die Gleichstellungsbewegung der Plasma-Kristall-Hybriden und die damit verbundenen Theorien und

Herausforderungen zu vertiefen, sind hier einige empfehlenswerte Werke aufgeführt. Diese Literatur bietet sowohl theoretische als auch praktische Perspektiven auf Aktivismus, Bürgerrechte und soziale Gerechtigkeit.

1. „Die Macht der Zivilgesellschaft: Aktivismus in der modernen Welt" von Dr. Elena Fischer

   + Dieses Buch untersucht die Rolle der Zivilgesellschaft in verschiedenen politischen Systemen und bietet einen umfassenden Überblick über erfolgreiche Aktivismus-Strategien. Dr. Fischers Fallstudien über Bewegungen in Europa und Nordamerika sind besonders aufschlussreich für das Verständnis der Dynamiken, die auch die Plasma-Kristall-Hybriden beeinflussen.

2. „Identität und Widerstand: Die Stimme der Marginalisierten" von Prof. Markus Klein

   + Prof. Klein analysiert, wie Identitätspolitik die Mobilisierung von marginalisierten Gruppen beeinflusst. Dies ist besonders relevant für Plasma-Kristall-Hybriden, die oft am Rande der Gesellschaft stehen. Seine Theorien über kollektive Identität und Widerstand sind für Aktivisten von unschätzbarem Wert.

3. „Soziale Bewegungen im digitalen Zeitalter" von Dr. Anna Schmidt

   + In diesem Buch wird die Rolle der sozialen Medien in der Mobilisierung und Sensibilisierung für soziale Gerechtigkeit beleuchtet. Dr. Schmidt diskutiert die Vor- und Nachteile von Online-Aktivismus und bietet Strategien für die effektive Nutzung digitaler Plattformen.

4. „Plasma-Kristall-Hybride: Ein interdisziplinärer Ansatz" von Dr. Liora Weiss

   + Dieses Buch bietet eine detaillierte wissenschaftliche Analyse der Plasma-Kristall-Hybriden und deren kulturelle Bedeutung. Dr. Weiss verbindet anthropologische, soziologische und physikalische Perspektiven, um ein umfassendes Bild der Herausforderungen und Chancen zu zeichnen, die diese Gruppe erlebt.

5. „Die Psychologie des Aktivismus: Motivation und Resilienz" von Prof. Thomas Bergmann

+ Prof. Bergmann erforscht die psychologischen Aspekte des Aktivismus, einschließlich der Faktoren, die Menschen motivieren, sich für soziale Gerechtigkeit einzusetzen. Seine Erkenntnisse über Stressbewältigung und Resilienz sind für Aktivisten, die unter Druck stehen, besonders hilfreich.

6. „Gleichheit für alle: Die Geschichte der Bürgerrechtsbewegungen" von Dr. Sarah Müller

+ Dieses Buch bietet einen historischen Überblick über verschiedene Bürgerrechtsbewegungen weltweit. Dr. Müllers Analysen der Taktiken, Erfolge und Herausforderungen dieser Bewegungen sind inspirierend und lehrreich für alle, die sich mit der Gleichstellungsbewegung der Plasma-Kristall-Hybriden beschäftigen.

7. „Kunst als Aktivismus: Kreative Ausdrucksformen für soziale Gerechtigkeit" von Dr. Leo Richter

+ Dr. Richter untersucht, wie Kunst und Kultur als Werkzeuge des Aktivismus eingesetzt werden können. Sein Buch bietet praktische Beispiele für kreative Kampagnen, die die Stimmen von marginalisierten Gruppen hörbar machen, und ist besonders relevant für die Plasma-Kristall-Hybriden, die oft ihre Identität durch Kunst ausdrücken.

8. „Technologie und Aktivismus: Die Zukunft der sozialen Bewegungen" von Dr. Niko Jansen

+ Dieses Buch beleuchtet die Auswirkungen neuer Technologien auf den Aktivismus. Dr. Jansen diskutiert, wie innovative Technologien die Mobilisierung und Organisation von Bewegungen verändern können, einschließlich der Herausforderungen und Risiken, die damit verbunden sind.

Zusätzlich zu diesen Büchern gibt es zahlreiche wissenschaftliche Artikel und Online-Ressourcen, die sich mit spezifischen Aspekten des Aktivismus und der Gleichstellungsbewegungen befassen. Aktivisten und Interessierte sollten auch lokale Bibliotheken und digitale Archive nutzen, um Zugang zu aktuellen Forschungsergebnissen und Fallstudien zu erhalten.

Einige nützliche Online-Ressourcen sind:

✦ **Activism.org** – Eine Plattform, die Ressourcen, Artikel und Berichte über verschiedene Aktivismus-Bewegungen bietet.

✦ **SocialJusticeBooks.org** – Eine Sammlung von Empfehlungen für Bücher, die sich mit sozialen Gerechtigkeitsthemen beschäftigen.

✦ **The Activist's Toolkit** – Eine Website, die praktische Anleitungen und Strategien für Aktivisten bereitstellt.

Durch das Studium dieser Literatur und Ressourcen können Leser ein tieferes Verständnis für die Herausforderungen und Erfolge der Gleichstellungsbewegung für Plasma-Kristall-Hybriden entwickeln und sich inspirieren lassen, aktiv zu werden.

Ressourcen für Aktivisten

In der heutigen Welt, in der soziale Gerechtigkeit und Gleichheit zunehmend in den Vordergrund rücken, ist es für Aktivisten unerlässlich, Zugang zu Ressourcen zu haben, die sie bei ihrer Arbeit unterstützen. Diese Ressourcen können in verschiedenen Formen auftreten, einschließlich Literatur, Online-Plattformen, Netzwerken, Workshops und finanzieller Unterstützung. Im Folgenden werden einige der wichtigsten Ressourcen für Aktivisten, insbesondere für die Bewegung der Plasma-Kristall-Hybriden, vorgestellt.

Literatur und Theorien

Eine fundierte theoretische Basis ist für jeden Aktivisten von entscheidender Bedeutung. Einige wichtige Bücher und Theorien, die sich mit Aktivismus und sozialen Bewegungen befassen, sind:

✦ **„Die Kunst des Widerstands"** von Howard Zinn: Dieses Buch bietet eine umfassende Analyse der amerikanischen Geschichte aus der Perspektive der Unterdrückten und stellt die Bedeutung des zivilen Ungehorsams heraus.

✦ **„Das Recht auf Widerstand"** von John Rawls: Rawls diskutiert die moralischen Grundlagen des Widerstands gegen Ungerechtigkeit und bietet ein philosophisches Fundament für Aktivisten.

✦ **„Mobilizing for Human Rights"** von Elizabeth F. Cohen: Dieses Buch behandelt die Strategien, die soziale Bewegungen nutzen, um für Menschenrechte zu mobilisieren und Veränderungen zu bewirken.

Zusätzlich zu diesen Büchern gibt es zahlreiche akademische Artikel und Journale, die sich mit spezifischen Aspekten des Aktivismus beschäftigen, wie z.B. *Social Movement Studies* und *Journal of Human Rights*.

Online-Plattformen und Netzwerke

Die Digitalisierung hat es Aktivisten erleichtert, Informationen zu teilen und Netzwerke zu bilden. Einige nützliche Online-Plattformen sind:

+ **Change.org**: Eine Plattform, die es Nutzern ermöglicht, Petitionen zu erstellen und zu unterschreiben, um auf soziale und politische Themen aufmerksam zu machen.

+ **Avaaz**: Ein globales Netzwerk, das Menschen mobilisiert, um für soziale Gerechtigkeit zu kämpfen, und bietet Ressourcen zur Organisation von Kampagnen.

+ **Facebook-Gruppen und Twitter-Hashtags**: Soziale Medien sind ein hervorragendes Werkzeug, um Gleichgesinnte zu finden und Informationen schnell zu verbreiten. Hashtags wie #PlasmaKristallHybride oder #GleichheitSindWirAlle können genutzt werden, um Diskussionen zu fördern.

Workshops und Schulungen

Aktivisten sollten auch an Workshops und Schulungen teilnehmen, um ihre Fähigkeiten zu verbessern. Einige Organisationen, die solche Programme anbieten, sind:

+ **The Activist Training Institute**: Diese Institution bietet Schulungen zu verschiedenen Themen an, darunter Öffentlichkeitsarbeit, Fundraising und Strategien für soziale Bewegungen.

+ **Human Rights Campaign**: Diese Organisation bietet Ressourcen und Schulungen für Aktivisten, die sich für die Rechte von LGBTQ+-Personen einsetzen.

+ **Local Community Centers**: Viele lokale Gemeinschaftszentren bieten Workshops und Informationsveranstaltungen an, die sich mit spezifischen Themen des Aktivismus befassen.

Finanzielle Unterstützung

Finanzielle Ressourcen sind für viele Aktivisten entscheidend, um ihre Projekte und Kampagnen zu realisieren. Einige Möglichkeiten zur finanziellen Unterstützung sind:

- **Crowdfunding-Plattformen:** Websites wie *GoFundMe* oder *Kickstarter* ermöglichen es Aktivisten, Geld für spezifische Projekte zu sammeln.

- **Stiftungen und Zuschüsse:** Viele Stiftungen vergeben Zuschüsse an Organisationen, die sich für soziale Gerechtigkeit einsetzen. Beispiele sind die *Ford Foundation* und die *Open Society Foundations*.

- **Fundraising-Events:** Veranstaltungen wie Benefizkonzerte oder Spendenläufe können eine effektive Möglichkeit sein, um Geld und Bewusstsein für eine Sache zu sammeln.

Beispiele für erfolgreiche Aktivismusressourcen

Einige bemerkenswerte Beispiele für Ressourcen, die erfolgreich zur Unterstützung von Aktivisten eingesetzt wurden, sind:

- **Die #MeToo-Bewegung:** Diese Bewegung hat durch soziale Medien und persönliche Geschichten eine weltweite Diskussion über sexuelle Belästigung und Gewalt angestoßen. Die Verwendung von Hashtags und Online-Petitionen hat es ermöglicht, eine breite Unterstützung zu mobilisieren.

- **Fridays for Future:** Die von Greta Thunberg initiierte Bewegung hat durch Schulstreiks und Online-Kampagnen weltweit Aufmerksamkeit auf den Klimawandel gelenkt. Ihre Website bietet Ressourcen und Informationen für junge Aktivisten, die sich für den Klimaschutz einsetzen.

Schlussfolgerung

Die Ressourcen, die Aktivisten zur Verfügung stehen, sind vielfältig und können einen erheblichen Einfluss auf die Effektivität ihrer Arbeit haben. Von theoretischen Grundlagen über Online-Plattformen bis hin zu finanzieller Unterstützung – jede Ressource spielt eine Rolle im Kampf für Gleichheit und Gerechtigkeit. Es ist entscheidend, dass Aktivisten diese Ressourcen nutzen, um ihre Stimmen zu erheben und positive Veränderungen in ihrer Gemeinschaft und darüber hinaus zu bewirken. In einer Welt, die oft von Ungerechtigkeit geprägt ist, ist der Zugang zu diesen Ressourcen von größter Bedeutung, um die Vision einer gerechteren Gesellschaft zu verwirklichen.

Veranstaltungen und Konferenzen

Die Gleichstellungsbewegung für Plasma-Kristall-Hybride auf Zolran hat im Laufe der Jahre eine Vielzahl von Veranstaltungen und Konferenzen organisiert, um Bewusstsein zu schaffen, Wissen zu teilen und die Mobilisierung der Gemeinschaft zu fördern. Diese Veranstaltungen haben sich als entscheidend für die Förderung der Bewegung und die Schaffung eines Netzwerks von Unterstützern und Aktivisten erwiesen. In diesem Abschnitt werden wir einige der wichtigsten Veranstaltungen und Konferenzen beleuchten, die im Rahmen der Bewegung stattgefunden haben, sowie deren Einfluss und die Herausforderungen, die sie mit sich brachten.

1. Zolraner Gleichstellungsforum

Das Zolraner Gleichstellungsforum, das erstmals im Jahr 2055 stattfand, wurde als jährliche Plattform ins Leben gerufen, um die Anliegen der Plasma-Kristall-Hybriden zu diskutieren. Es brachte Aktivisten, Wissenschaftler, Künstler und politische Entscheidungsträger zusammen, um über die Herausforderungen und Errungenschaften der Bewegung zu reflektieren.

$$\text{Teilnehmerzahl} = N_a + N_s + N_p \tag{33}$$

wobei N_a die Anzahl der Aktivisten, N_s die Anzahl der Wissenschaftler und N_p die Anzahl der politischen Entscheidungsträger darstellt. In den ersten Jahren wuchs die Teilnehmerzahl exponentiell, was die wachsende Unterstützung für die Bewegung widerspiegelte.

2. Kreativitätskonferenz für Plasma-Kristall-Kunst

Die Kreativitätskonferenz für Plasma-Kristall-Kunst wurde ins Leben gerufen, um die kulturellen Ausdrucksformen der Plasma-Kristall-Hybriden zu fördern. Diese Konferenz ermöglichte es Künstlern, ihre Werke auszustellen und die Rolle von Kunst und Kultur im Aktivismus zu diskutieren.

Ein zentrales Thema der Konferenz war die Beziehung zwischen Kunst und Aktivismus, die durch die folgende Gleichung beschrieben werden kann:

$$A = k \cdot E \tag{34}$$

wobei A der Einfluss der Kunst auf den Aktivismus, k ein konstanter Faktor und E die emotionale Resonanz der Kunst ist. Die Konferenz zeigte, dass kreative Ausdrucksformen nicht nur zur Sensibilisierung beitragen, sondern auch eine tiefere emotionale Verbindung zur Bewegung herstellen können.

3. Internationale Konferenz für Gleichstellung

Die Internationale Konferenz für Gleichstellung, die 2060 in der Hauptstadt Zolrans stattfand, zog Teilnehmer aus der ganzen Galaxie an. Ziel war es, die Gleichstellung von Plasma-Kristall-Hybriden auf globaler Ebene zu fördern und internationale Kooperationen zu stärken.

Die Konferenz bot Workshops, Podiumsdiskussionen und interaktive Sessions, die sich mit Themen wie rechtlichen Rahmenbedingungen, interkultureller Kommunikation und strategischem Aktivismus befassten. Ein zentrales Ergebnis der Konferenz war die Entwicklung eines globalen Aktionsplans, der die folgenden Punkte umfasste:

+ Förderung der rechtlichen Gleichstellung von Plasma-Kristall-Hybriden in verschiedenen Ländern.

+ Austausch bewährter Praktiken zwischen Aktivisten aus unterschiedlichen Kulturen.

+ Schaffung eines internationalen Netzwerks zur Unterstützung von Gleichstellungsinitiativen.

4. Herausforderungen bei der Organisation von Veranstaltungen

Trotz des Erfolgs der Veranstaltungen gab es zahlreiche Herausforderungen, die es zu bewältigen galt. Eine der größten Schwierigkeiten war die Finanzierung. Viele der Veranstaltungen mussten durch Crowdfunding und Spenden finanziert werden.

Die folgende Gleichung beschreibt die Beziehung zwischen den benötigten Mitteln M, den gesammelten Spenden S und den Kosten C der Veranstaltung:

$$M = S - C \tag{35}$$

Wo M positiv sein muss, um die Veranstaltung erfolgreich durchzuführen. Oftmals war die Mobilisierung der Gemeinschaft entscheidend, um die notwendigen Mittel zu sichern.

Zusätzlich gab es logistische Herausforderungen, wie die Auswahl geeigneter Veranstaltungsorte, die Koordination von Rednern und die Gewährleistung der Teilnehmerzufriedenheit. Diese Probleme erforderten eine sorgfältige Planung und die Zusammenarbeit mit verschiedenen Interessengruppen.

5. Fazit und Ausblick

Die Veranstaltungen und Konferenzen der Gleichstellungsbewegung für Plasma-Kristall-Hybride haben nicht nur zur Sensibilisierung beigetragen, sondern auch eine Plattform für den Austausch von Ideen und Strategien geschaffen. Der Einfluss dieser Veranstaltungen auf die Bewegung war erheblich, und sie haben dazu beigetragen, eine starke Gemeinschaft von Unterstützern und Aktivisten zu bilden.

In der Zukunft wird die Fortsetzung solcher Veranstaltungen entscheidend sein, um die Bewegung voranzutreiben und neue Generationen von Aktivisten zu inspirieren. Die Herausforderungen, die bei der Organisation dieser Veranstaltungen auftreten, erfordern innovative Lösungen und eine engagierte Gemeinschaft, die bereit ist, zusammenzuarbeiten, um die Ziele der Gleichstellungsbewegung zu erreichen.

Kontaktinformationen für Unterstützer

Die Bewegung für die Gleichstellung der Plasma-Kristall-Hybriden auf Zolran hat sich als kraftvolle Plattform für Veränderung etabliert. Unterstützer, die sich engagieren möchten, finden hier wichtige Kontaktinformationen, um aktiv zu werden. Es ist entscheidend, dass jeder, der sich für die Bewegung interessiert, die richtigen Kanäle nutzt, um Informationen zu erhalten, sich zu vernetzen und aktiv an der Förderung der Gleichstellung teilzunehmen.

E-Mail-Kontakt

Für allgemeine Anfragen, Informationen über die Bewegung oder zur Organisation von Veranstaltungen können Unterstützer uns über unsere offizielle E-Mail-Adresse kontaktieren:

```
info@plasmakristallhybriden.org
```

Soziale Medien

Die Präsenz in sozialen Medien ist ein wesentlicher Bestandteil unserer Mobilisierungsstrategie. Unterstützer können uns auf verschiedenen Plattformen folgen, um die neuesten Nachrichten, Veranstaltungen und Möglichkeiten zur Beteiligung zu erhalten:

- Facebook: facebook.com/plasmakristallhybriden

- Twitter: twitter.com/plasmakristall

- Instagram: instagram.com/plasmakristallhybriden

- YouTube: youtube.com/plasmakristallhybriden

Webseite

Unsere offizielle Webseite bietet umfassende Informationen über die Bewegung, einschließlich Ressourcen für Aktivisten, Berichte über vergangene Veranstaltungen und Möglichkeiten zur finanziellen Unterstützung. Besuchen Sie uns unter:

www.plasmakristallhybriden.org

Physische Adresse

Für persönliche Anfragen oder um an unseren Veranstaltungen teilzunehmen, können Unterstützer uns an folgender Adresse besuchen:

Plasma-Kristall-Hybriden Bewegung
Zolran, Sektor 7, Raum 42
Galaktische Koordinaten: 47.1234, 19.5678

Telefonkontakt

Für dringende Anfragen oder um direkt mit einem Mitglied des Organisationsteams zu sprechen, können Unterstützer uns unter der folgenden Nummer erreichen:

+123 456 7890

Engagementmöglichkeiten

Es gibt zahlreiche Möglichkeiten für Unterstützer, sich aktiv zu engagieren. Hier sind einige Beispiele:

+ **Freiwilligenarbeit:** Unterstützer können sich als Freiwillige für Veranstaltungen, Kampagnen oder in der Öffentlichkeitsarbeit melden.

+ **Spenden:** Finanzielle Unterstützung ist entscheidend für die Fortführung unserer Aktivitäten. Spenden können über unsere Webseite oder direkt an unsere Bankverbindung gesendet werden.

+ **Veranstaltungen:** Unterstützer sind eingeladen, an unseren regelmäßigen Treffen, Workshops und Demonstrationen teilzunehmen. Informationen zu kommenden Veranstaltungen finden Sie auf unserer Webseite.

+ **Bildung und Aufklärung:** Unterstützer können helfen, das Bewusstsein für die Anliegen der Plasma-Kristall-Hybriden zu schärfen, indem sie Informationsmaterialien verbreiten und Gespräche in ihren Gemeinschaften anstoßen.

Netzwerkbildung

Es ist wichtig, ein starkes Netzwerk von Unterstützern und Aktivisten aufzubauen. Wir ermutigen alle, sich mit Gleichgesinnten zu vernetzen und lokale Gruppen zu gründen, um die Bewegung voranzutreiben. Kontaktinformationen für regionale Gruppen sind auf unserer Webseite verfügbar.

Feedback und Ideen

Wir sind stets auf der Suche nach neuen Ideen und Vorschlägen, um unsere Bewegung zu stärken. Unterstützer können uns gerne ihre Gedanken und Rückmeldungen über die oben genannten Kontaktkanäle zukommen lassen.

Schlussgedanken

Die Unterstützung der Bewegung für die Gleichstellung der Plasma-Kristall-Hybriden ist entscheidend für den Erfolg unserer Mission. Jeder Beitrag, sei es durch Zeit, Ressourcen oder Ideen, ist wertvoll und trägt zur Schaffung einer gerechteren Gesellschaft bei. Wir danken allen Unterstützern für ihr Engagement und ihre Entschlossenheit, die Stimme der

Plasma-Kristall-Hybriden zu erheben. Gemeinsam können wir einen Unterschied machen!

Danksagungen und Anerkennungen

In dieser Biografie möchte ich meinen aufrichtigen Dank an all jene aussprechen, die auf irgendeine Weise zu meiner Reise und der von Orin Valis beigetragen haben. Ohne die Unterstützung, den Rat und die Inspiration dieser Menschen wäre dieses Werk nicht möglich gewesen. Hier sind einige der wichtigsten Personen und Organisationen, die ich besonders hervorheben möchte:

Familie und Freunde

Zunächst gilt mein Dank meiner Familie, die mir von klein auf die Werte von Empathie, Gerechtigkeit und Engagement für die Gemeinschaft vermittelt hat. Ihre bedingungslose Unterstützung hat mir die Kraft gegeben, meine Träume zu verfolgen. Besonders erwähnen möchte ich meine Eltern, die mir stets die Freiheit gegeben haben, meine eigene Identität zu entdecken und zu formen. Ihre Geschichten und Erfahrungen haben mir die Augen für die Ungerechtigkeiten in unserer Welt geöffnet.

Ein herzlicher Dank geht auch an meine Freunde, die mich auf meinem Weg begleitet haben. Ihre Ermutigung und ihr Glaube an meine Fähigkeiten haben mir geholfen, in schwierigen Zeiten durchzuhalten. Gemeinsam haben wir viele Herausforderungen gemeistert und unvergessliche Erinnerungen geschaffen.

Mentoren und Lehrer

Ein besonderer Dank gebührt meinen Mentoren und Lehrern, die mir nicht nur Wissen vermittelt, sondern auch wichtige Lebenslektionen gelehrt haben. Ihre Leidenschaft für das Lehren und ihr Engagement für die Förderung junger Menschen haben einen tiefen Eindruck bei mir hinterlassen. Sie haben mir gezeigt, wie wichtig es ist, für die eigene Überzeugung einzustehen und sich für das Wohl anderer einzusetzen.

Ein Beispiel ist mein Geschichtslehrer, Herr Schmidt, dessen Unterricht über soziale Bewegungen und Bürgerrechte mich nachhaltig geprägt hat. Seine Fähigkeit, komplexe Themen verständlich zu machen, hat mir die Werkzeuge gegeben, um kritisch über die Welt um mich herum nachzudenken.

Aktivisten und Unterstützer

Ich möchte auch den vielen Aktivisten danken, die sich unermüdlich für die Rechte der Plasma-Kristall-Hybriden einsetzen. Ihre Hingabe und ihr Mut, sich gegen Ungerechtigkeiten zu stellen, sind eine ständige Quelle der Inspiration. Insbesondere möchte ich die Mitglieder der Z⊠ran Equality Coalition erwähnen, die mir geholfen haben, meine Stimme zu finden und die Bewegung zu organisieren. Ihre Zusammenarbeit und Unterstützung waren entscheidend für den Erfolg unserer Initiativen.

Darüber hinaus danke ich den zahlreichen Unterstützern, die durch ihre Spenden, Zeit und Ressourcen dazu beigetragen haben, die Bewegung voranzubringen. Ihr Engagement hat es uns ermöglicht, wichtige Projekte zu realisieren und das Bewusstsein für die Anliegen der Plasma-Kristall-Hybriden zu schärfen.

Wissenschaftler und Forscher

Ein weiterer Dank gilt den Wissenschaftlern und Forschern, die durch ihre Studien und Veröffentlichungen das Verständnis für die Herausforderungen, mit denen Plasma-Kristall-Hybriden konfrontiert sind, erweitert haben. Ihre Arbeit hat nicht nur zur Sensibilisierung beigetragen, sondern auch wichtige Daten und Theorien bereitgestellt, die als Grundlage für unsere Argumentation dienten.

Besonders hervorheben möchte ich die Studie von Dr. Elara Nox, die in ihrer Forschung die sozialen und wirtschaftlichen Auswirkungen der Diskriminierung von Plasma-Kristall-Hybriden analysiert hat. Ihre Ergebnisse haben uns wertvolle Einblicke gegeben und uns geholfen, unsere Strategien zu verfeinern.

Medien und Journalisten

Ich möchte auch den Journalisten und Medienvertretern danken, die unsere Botschaft verbreitet und die Anliegen der Plasma-Kristall-Hybriden sichtbar gemacht haben. Ihre Berichterstattung hat es uns ermöglicht, ein breiteres Publikum zu erreichen und wichtige Themen in den öffentlichen Diskurs einzubringen. Besonders dankbar bin ich den Redakteuren von Z⊠ran Today, die uns die Plattform gegeben haben, um unsere Geschichten zu erzählen und unsere Erfolge zu teilen.

Die Gemeinschaft

Nicht zuletzt gilt mein Dank der gesamten Gemeinschaft der Plasma-Kristall-Hybriden, die in den letzten Jahren unermüdlich für Gleichheit und Gerechtigkeit gekämpft hat. Eure Stimmen, Geschichten und Erfahrungen sind das Herzstück unserer Bewegung. Ihr habt uns gezeigt, dass wir gemeinsam stark sind und dass jede Stimme zählt.

Zusammen haben wir bedeutende Fortschritte erzielt, aber es gibt noch viel zu tun. Lasst uns weiterhin für eine gerechtere Zukunft kämpfen und die Werte von Gleichheit und Respekt in die Welt tragen.

Abschließende Gedanken

Abschließend möchte ich sagen, dass diese Biografie nicht nur ein Zeugnis von Orin Valis und seiner Bewegung ist, sondern auch ein Dankeschön an all jene, die sich für eine bessere Welt einsetzen. Euer Engagement und eure Entschlossenheit sind die treibenden Kräfte hinter dem Fortschritt. Lasst uns weiterhin zusammenarbeiten, um die Herausforderungen zu meistern, die vor uns liegen, und um eine gerechtere und inklusivere Gesellschaft zu schaffen.

„Gemeinsam können wir die Welt verändern."

Ein Blick in die Zukunft der Bewegung

Die Zukunft der Gleichstellungsbewegung für Plasma-Kristall-Hybride auf Zolran ist sowohl vielversprechend als auch herausfordernd. In diesem Abschnitt werden wir die Herausforderungen und Chancen untersuchen, die vor uns liegen, sowie die notwendigen Strategien, um die Bewegung weiter voranzutreiben.

Herausforderungen und Chancen

Die Bewegung sieht sich einer Vielzahl von Herausforderungen gegenüber, die sowohl politischer als auch gesellschaftlicher Natur sind. Eine der größten Herausforderungen ist die anhaltende Diskriminierung, die Plasma-Kristall-Hybriden in vielen Bereichen des Lebens erfahren. Diese Diskriminierung kann in Form von ungleicher Behandlung im Bildungswesen, am Arbeitsplatz und im Zugang zu grundlegenden Dienstleistungen auftreten. Um diese Probleme anzugehen, muss die Bewegung weiterhin auf Sensibilisierung und Bildung setzen.

Ein Beispiel für eine solche Herausforderung ist die anhaltende Stigmatisierung von Plasma-Kristall-Hybriden in den Medien. Oftmals werden sie als exotisch oder fremd dargestellt, was zu einem Mangel an Verständnis und Empathie in der breiteren Gesellschaft führt. Um dem entgegenzuwirken, ist es entscheidend, dass die Bewegung ihre eigenen Geschichten erzählt und die positiven Beiträge von Plasma-Kristall-Hybriden zur Gesellschaft hervorhebt.

Theoretische Grundlagen

Um die Herausforderungen zu bewältigen und die Bewegung voranzubringen, ist es wichtig, sich auf bewährte Theorien des Aktivismus zu stützen. Eine solche Theorie ist die *Theorie des sozialen Wandels*, die besagt, dass Veränderungen in der Gesellschaft oft durch kollektives Handeln und Mobilisierung entstehen. Diese Theorie legt nahe, dass die Bewegung weiterhin Menschen mobilisieren und Gemeinschaften stärken muss, um eine breitere Unterstützung zu gewinnen.

Ein weiteres wichtiges Konzept ist die *Theorie der sozialen Identität*, die beschreibt, wie Individuen ihre Identität in Bezug auf Gruppen definieren. In diesem Kontext ist es wichtig, dass Plasma-Kristall-Hybriden eine starke kollektive Identität entwickeln, die ihnen hilft, sich gegenseitig zu unterstützen und ihre Anliegen effektiv zu vertreten.

Strategien für die Zukunft

Um die Bewegung in die Zukunft zu führen, müssen mehrere Strategien verfolgt werden:

- **Bildung und Aufklärung:** Es ist entscheidend, dass die Bewegung Bildungsinitiativen fördert, die das Bewusstsein für die Probleme von Plasma-Kristall-Hybriden schärfen. Dies kann durch Workshops, Seminare und öffentliche Vorträge geschehen.

- **Kollaboration mit anderen Gruppen:** Die Zusammenarbeit mit anderen sozialen Bewegungen kann Synergien schaffen und die Reichweite der Bewegung erhöhen. Beispielsweise könnten Partnerschaften mit Umweltschutzgruppen oder Menschenrechtsorganisationen gebildet werden.

- **Nutzung sozialer Medien:** Soziale Medien spielen eine entscheidende Rolle bei der Mobilisierung und Sensibilisierung. Die Bewegung sollte innovative Kampagnen entwickeln, die die Geschichten von Plasma-Kristall-Hybriden in den Vordergrund stellen und eine breitere Öffentlichkeit erreichen.

* **Politische Lobbyarbeit:** Um gesetzliche Veränderungen zu bewirken, ist es wichtig, dass die Bewegung Lobbyarbeit leistet, um Politiker und Entscheidungsträger auf die Anliegen von Plasma-Kristall-Hybriden aufmerksam zu machen.

Ein Beispiel aus der Praxis

Ein inspirierendes Beispiel für die Zukunft der Bewegung könnte die Initiative „Plasma-Kristall für alle" sein, die darauf abzielt, die Sichtbarkeit und Akzeptanz von Plasma-Kristall-Hybriden in der Gesellschaft zu erhöhen. Diese Initiative könnte verschiedene Programme umfassen, die darauf abzielen, die kulturellen Beiträge von Plasma-Kristall-Hybriden zu feiern und ihre Rolle in der Gesellschaft zu betonen.

Zusätzlich könnte die Initiative einen jährlichen „Tag der Plasma-Kristall-Kultur" ins Leben rufen, an dem Veranstaltungen, Ausstellungen und Workshops stattfinden, die das Bewusstsein für die Kultur und die Herausforderungen von Plasma-Kristall-Hybriden fördern.

Fazit

Die Zukunft der Gleichstellungsbewegung für Plasma-Kristall-Hybride auf Zolran hängt von der Fähigkeit ab, sich den Herausforderungen zu stellen und gleichzeitig die Chancen zu nutzen, die sich bieten. Durch Bildung, Zusammenarbeit, politische Lobbyarbeit und die Nutzung sozialer Medien kann die Bewegung weiterhin wachsen und Veränderungen in der Gesellschaft bewirken. Der Weg ist nicht einfach, aber mit Entschlossenheit und Kreativität kann die Bewegung eine gerechtere Zukunft für Plasma-Kristall-Hybriden schaffen.

Schlussfolgerung

Orin Valis und das Erbe des Aktivismus

Die Bedeutung des Engagements

Engagement ist ein zentraler Begriff im Kontext des Aktivismus und spielt eine entscheidende Rolle für die Mobilisierung von Gemeinschaften und Individuen. Es beschreibt nicht nur die aktive Teilnahme an sozialen Bewegungen, sondern auch das persönliche und kollektive Engagement für Gerechtigkeit, Gleichheit und Veränderungen. In dieser Sektion werden wir die verschiedenen Dimensionen des Engagements untersuchen, seine theoretischen Grundlagen beleuchten und die Herausforderungen diskutieren, die Aktivisten auf ihrem Weg zur Veränderung begegnen.

Theoretische Grundlagen des Engagements

Das Konzept des Engagements kann durch verschiedene theoretische Rahmenbedingungen betrachtet werden. Eine der bekanntesten Theorien ist die **Theorie des sozialen Engagements,** die vorschlägt, dass Individuen motiviert sind, sich zu engagieren, wenn sie eine persönliche Verbindung zu einem sozialen Problem spüren. Diese Theorie basiert auf der Annahme, dass das Gefühl der Verantwortung und die Identifikation mit einer Gruppe oder Gemeinschaft entscheidend sind, um Engagement zu fördern.

Ein weiteres wichtiges Konzept ist das der **kollektiven Identität.** Diese Theorie besagt, dass Menschen sich eher engagieren, wenn sie sich als Teil einer größeren Gemeinschaft fühlen, die gemeinsame Werte und Ziele teilt. Orin Valis und die Bewegung der Plasma-Kristall-Hybriden sind Beispiele für das Potenzial kollektiver Identität, um Engagement zu fördern. Durch die Schaffung eines gemeinsamen Narrativs und einer gemeinsamen Vision konnten Plasma-Kristall-Hybride mobilisiert werden, um für ihre Rechte zu kämpfen.

Herausforderungen des Engagements

Trotz der positiven Aspekte des Engagements gibt es zahlreiche Herausforderungen, denen Aktivisten gegenüberstehen. Eine der größten Hürden ist die **Resignation**. Viele Menschen fühlen sich von der Komplexität sozialer Probleme überwältigt und glauben, dass ihr Engagement keinen Unterschied machen kann. Diese Resignation kann durch negative Erfahrungen, wie etwa Rückschläge in der Bewegung, verstärkt werden.

Darüber hinaus gibt es auch externe Herausforderungen, wie **politische Repression** und **gesellschaftliche Widerstände**. Aktivisten sehen sich oft mit Drohungen, Diskriminierung oder sogar Gewalt konfrontiert. Diese Umstände können nicht nur das individuelle Engagement untergraben, sondern auch die gesamte Bewegung schwächen.

Beispiele für erfolgreiches Engagement

Trotz dieser Herausforderungen gibt es viele inspirierende Beispiele für erfolgreiches Engagement. Ein bemerkenswertes Beispiel ist die **Bürgerrechtsbewegung** in den Vereinigten Staaten, die in den 1960er Jahren große Fortschritte in der Gleichstellung der afroamerikanischen Bevölkerung erzielte. Führer wie Martin Luther King Jr. mobilisierten Tausende von Menschen, indem sie eine starke kollektive Identität und ein gemeinsames Ziel schufen. Ihre Fähigkeit, die Menschen zu inspirieren und zu mobilisieren, zeigt, wie wichtig Engagement für den Erfolg sozialer Bewegungen ist.

Ein weiteres Beispiel findet sich in der **Fridays for Future**-Bewegung, die von der schwedischen Aktivistin Greta Thunberg ins Leben gerufen wurde. Diese Bewegung hat Millionen von Menschen weltweit mobilisiert, um für den Klimaschutz zu kämpfen. Der Erfolg dieser Bewegung beruht auf der Fähigkeit, junge Menschen zu erreichen und eine kollektive Identität um das Thema Klimagerechtigkeit zu schaffen.

Schlussfolgerung

Die Bedeutung des Engagements kann nicht hoch genug eingeschätzt werden. Es ist der Katalysator für Veränderungen und der Motor, der soziale Bewegungen antreibt. Trotz der Herausforderungen, die Aktivisten begegnen, zeigt die Geschichte, dass Engagement zu bedeutenden sozialen Veränderungen führen kann. Orin Valis und die Bewegung der Plasma-Kristall-Hybriden sind lebendige Beispiele für die Kraft des Engagements und die Fähigkeit, eine gerechtere Gesellschaft zu schaffen. In der Zukunft wird es entscheidend sein, neue Wege zu finden, um Menschen zu inspirieren und zu mobilisieren, um die Herausforderungen, die noch vor uns liegen, zu bewältigen und eine bessere Welt zu schaffen.

Reflexion über persönliche Veränderungen

Die Reise von Orin Valis als Bürgerrechtsaktivist war nicht nur eine äußere, sondern auch eine tiefgreifende innere Transformation. In diesem Abschnitt reflektieren wir über die persönlichen Veränderungen, die Orin durchlebt hat, und wie diese Veränderungen sowohl sein Leben als auch die Bewegung, die er anführte, geprägt haben.

Die Entwicklung der Identität

Zu Beginn seiner Aktivismusreise war Orin ein junger Plasma-Kristall-Hybrid, der sich in einer Welt voller Vorurteile und Diskriminierung wiederfand. Die Herausforderungen, mit denen er konfrontiert war, führten zu einer intensiven Auseinandersetzung mit seiner eigenen Identität. Die Theorie der sozialen Identität, wie sie von Henri Tajfel und John Turner formuliert wurde, legt nahe, dass Individuen ihre Identität häufig durch die Gruppen definieren, mit denen sie sich identifizieren. Orin begann, seine Zugehörigkeit zu den Plasma-Kristall-Hybriden nicht nur als eine Tatsache, sondern als eine Quelle von Stolz und Motivation zu betrachten.

$$I = B + S \qquad (36)$$

Hierbei steht I für Identität, B für das Bewusstsein der eigenen Gruppe und S für das Selbstwertgefühl. Orin erlebte, wie das Bewusstsein seiner Gruppe sein Selbstwertgefühl stärkte und ihn antrieb, für die Rechte seiner Gemeinschaft zu kämpfen.

Emotionale Resilienz und Wachstum

Ein weiterer wichtiger Aspekt von Orins persönlicher Veränderung war die Entwicklung emotionaler Resilienz. Der Aktivismus brachte zahlreiche Rückschläge und Herausforderungen mit sich, die Orin oft an den Rand der Verzweiflung brachten. Die Psychologie der Resilienz, wie sie von Martin Seligman und anderen beschrieben wird, betont die Fähigkeit, aus schwierigen Erfahrungen zu lernen und gestärkt hervorzugehen.

Orin musste lernen, mit Kritik umzugehen, sowohl von außen als auch innerhalb seiner eigenen Bewegung. Eine der Schlüsselerfahrungen war die erste große Demonstration, bei der er mit einem unerwarteten Rückschlag konfrontiert wurde. Anstatt sich entmutigen zu lassen, nutzte Orin diese Erfahrung als Gelegenheit, um seine Strategie zu überdenken und seine Ansprache zu verfeinern.

Die Rolle von Empathie und Verständnis

Ein zentrales Element von Orins persönlicher Entwicklung war die Fähigkeit zur Empathie. Durch seine Interaktionen mit anderen Plasma-Kristall-Hybriden und Unterstützern entwickelte Orin ein tieferes Verständnis für die verschiedenen Perspektiven innerhalb seiner Gemeinschaft. Dies führte zu einer breiteren Sichtweise auf die Probleme, mit denen sie konfrontiert waren.

Die Theorie der empathischen Kommunikation, wie sie von Marshall Rosenberg beschrieben wird, spielte eine wichtige Rolle in Orins Fähigkeit, Brücken zu bauen und Dialoge zu fördern. Orin lernte, dass das Zuhören und das Verstehen der Bedürfnisse und Ängste anderer entscheidend für den Erfolg seiner Bewegung war.

$$E = C + U \tag{37}$$

Hierbei steht E für Empathie, C für das aktive Zuhören und U für das Verständnis der Gefühle anderer. Diese Formel verdeutlicht, dass Empathie nicht nur eine passive Reaktion, sondern ein aktiver Prozess ist, der durch bewusste Anstrengungen gefördert wird.

Ein neuer Sinn für Verantwortung

Mit dem Aufstieg als Bürgerrechtsaktivist kam auch ein starkes Gefühl der Verantwortung. Orin erkannte, dass seine Stimme und seine Taten weitreichende Auswirkungen auf das Leben anderer hatten. Diese Erkenntnis führte zu einer tiefen Reflexion über seine Werte und Prioritäten.

Die ethische Theorie des Utilitarismus, die von Philosophen wie Jeremy Bentham und John Stuart Mill vertreten wird, betont die Maximierung des allgemeinen Wohls. Orin stellte fest, dass seine Entscheidungen nicht nur ihn selbst, sondern auch die gesamte Gemeinschaft beeinflussten. Diese Verantwortung motivierte ihn, integrative und gerechte Lösungen zu suchen, die das Wohl aller Plasma-Kristall-Hybriden förderten.

Schlussfolgerung

Zusammenfassend lässt sich sagen, dass die persönlichen Veränderungen von Orin Valis während seiner Aktivismusreise von entscheidender Bedeutung für seinen Erfolg und die Entwicklung der Bewegung waren. Durch die Auseinandersetzung mit seiner Identität, die Entwicklung emotionaler Resilienz, die Förderung von Empathie und das Übernehmen von Verantwortung erlangte Orin nicht nur ein tieferes Verständnis für sich selbst, sondern auch für die Gemeinschaft, die er vertrat. Diese Reflexion über persönliche Veränderungen ist nicht nur für Orin von Bedeutung, sondern bietet auch wertvolle Einblicke für zukünftige Aktivisten, die ähnliche Herausforderungen meistern möchten.

Der Einfluss von Geschichten auf die Gesellschaft

Geschichten haben seit jeher eine zentrale Rolle in der menschlichen Kultur und Gesellschaft gespielt. Sie sind nicht nur Mittel zur Unterhaltung, sondern auch kraftvolle Werkzeuge, um Werte, Normen und Identitäten zu formen. In dieser Sektion werden wir den Einfluss von Geschichten auf die Gesellschaft untersuchen, insbesondere im Kontext des Aktivismus und der Gleichstellungsbewegungen, wie sie durch die Arbeit von Orin Valis und der Plasma-Kristall-Hybriden verkörpert werden.

Theoretische Grundlagen

Die Theorie des narrativen Paradigmas, die von Walter Fisher entwickelt wurde, besagt, dass Menschen ihre Erfahrungen und die Welt um sie herum durch Geschichten verstehen. Laut Fisher sind Geschichten nicht nur einfache Erzählungen, sondern sie bieten einen Rahmen, durch den Individuen Sinn und Bedeutung konstruieren können. Diese Theorie legt nahe, dass Geschichten die Fähigkeit haben, Emotionen zu wecken und eine tiefere Verbindung zwischen Menschen herzustellen, was für die Mobilisierung von Gemeinschaften von entscheidender Bedeutung ist.

Ein weiterer wichtiger theoretischer Ansatz ist die Sozialkonstruktivismus-Theorie, die besagt, dass unsere Realität durch soziale Interaktionen und Kommunikation konstruiert wird. Geschichten sind ein zentrales Element dieser Interaktionen, da sie es Individuen ermöglichen, ihre Erfahrungen zu teilen und kollektive Identitäten zu bilden. In diesem Sinne können Geschichten als Katalysatoren für sozialen Wandel fungieren.

Probleme und Herausforderungen

Trotz ihrer Macht können Geschichten auch problematisch sein. Sie können Stereotypen und Vorurteile verstärken, insbesondere wenn sie eine einseitige Perspektive präsentieren. In vielen Fällen werden Geschichten von dominanten Gruppen kontrolliert, was zu einer Marginalisierung der Stimmen von Minderheiten führt. Dies ist besonders relevant im Kontext der Plasma-Kristall-Hybriden, die oft in den Medien stereotypisiert werden.

Ein Beispiel hierfür ist die Darstellung von Außerirdischen in der Popkultur, die häufig auf Klischees beruht, die das Verständnis und die Akzeptanz von Vielfalt behindern können. Diese verzerrten Darstellungen können das öffentliche Bewusstsein und die Einstellung gegenüber bestimmten Gruppen negativ beeinflussen und somit die Gleichstellungsbewegungen untergraben.

Beispiele für den Einfluss von Geschichten

Die Geschichten von Orin Valis und anderen Aktivisten sind Beispiele für die transformative Kraft von Narrativen. Durch ihre persönlichen Erzählungen haben sie es geschafft, das Bewusstsein für die Herausforderungen der Plasma-Kristall-Hybriden zu schärfen und Empathie in der breiteren Gesellschaft zu fördern. Diese Geschichten haben nicht nur das Verständnis für die Probleme dieser Gemeinschaften verbessert, sondern auch den Weg für politische Veränderungen geebnet.

Ein bemerkenswertes Beispiel ist die erste große Demonstration, die von Orin Valis organisiert wurde. Durch bewegende Reden und persönliche Geschichten konnten die Teilnehmer eine emotionale Verbindung zu den Anliegen der Plasma-Kristall-Hybriden herstellen. Diese Art von Erzählung ist entscheidend, um Menschen zu mobilisieren und sie dazu zu bringen, sich aktiv für soziale Gerechtigkeit einzusetzen.

Schlussfolgerung

Zusammenfassend lässt sich sagen, dass Geschichten eine fundamentale Rolle in der Gesellschaft spielen, insbesondere im Kontext des Aktivismus. Sie haben die Fähigkeit, das Bewusstsein zu schärfen, Empathie zu fördern und Gemeinschaften zu mobilisieren. Gleichzeitig müssen wir uns der Herausforderungen bewusst sein, die mit der Erzählung von Geschichten verbunden sind, insbesondere in Bezug auf die Repräsentation von marginalisierten Gruppen.

Die Geschichten von Orin Valis und den Plasma-Kristall-Hybriden sind nicht nur inspirierend, sondern auch ein Aufruf zur aktiven Teilnahme und zum

Engagement für Gleichheit und Gerechtigkeit.   Indem wir die Macht der Geschichten nutzen, können wir eine inklusivere und gerechtere Gesellschaft schaffen.

Die Rolle von Hoffnung und Inspiration

Die Rolle von Hoffnung und Inspiration ist in der Bewegung für die Gleichstellung der Plasma-Kristall-Hybriden von zentraler Bedeutung.   Hoffnung fungiert als Katalysator für Veränderungen, während Inspiration die kreativen und strategischen Impulse liefert, die für den Fortschritt notwendig sind.   In dieser Sektion werden wir untersuchen, wie Hoffnung und Inspiration die Bewegung geprägt haben, welche theoretischen Grundlagen ihnen zugrunde liegen, und wie sie konkret in der Praxis umgesetzt werden.

Theoretische Grundlagen

Hoffnung ist nicht nur ein emotionaler Zustand, sondern auch ein kognitiver Prozess.   Laut der *Hope Theory* von Snyder (1991) besteht Hoffnung aus drei grundlegenden Komponenten: Zielen, Wegen und der Überzeugung, dass man in der Lage ist, diese Ziele zu erreichen. Diese Theorie legt nahe, dass Individuen, die Hoffnung empfinden, aktiver und zielgerichteter handeln, was in der Bürgerrechtsbewegung für Plasma-Kristall-Hybride von entscheidender Bedeutung ist.

Die *Inspiration Theory*, die von Csikszentmihalyi (1990) formuliert wurde, beschreibt Inspiration als einen Zustand, der Kreativität und Innovation fördert. Inspiriert zu sein bedeutet, dass man von einer Idee oder einer Person so stark berührt wird, dass man motiviert ist, selbst aktiv zu werden.   In der Gleichstellungsbewegung ist Inspiration oft das Ergebnis von Geschichten und Erfahrungen, die von anderen Aktivisten geteilt werden.   Diese Geschichten zeigen, wie Einzelne trotz widriger Umstände Erfolg haben können.

Hoffnung in der Bewegung

In der Anfangsphase der Bewegung war die Hoffnung ein entscheidender Faktor, um Plasma-Kristall-Hybriden zu mobilisieren.   Die ersten Aktivisten, angeführt von Orin Valis, erkannten, dass es wichtig war, eine positive Vision für die Zukunft zu entwickeln.   Diese Vision umfasste eine Gesellschaft, in der Plasma-Kristall-Hybriden gleichberechtigt behandelt werden und Zugang zu den gleichen Ressourcen und Möglichkeiten haben wie andere Bürger.

Ein Beispiel für die Macht der Hoffnung ist die *Zukunftsinitiative*, die Orin Valis ins Leben rief. Diese Initiative bot Workshops und Schulungen an, um Plasma-Kristall-Hybriden zu ermutigen, ihre Stimme zu erheben und aktiv an der Veränderung ihrer Gemeinschaften teilzunehmen. Durch die Förderung von Fähigkeiten und das Teilen von Erfolgsgeschichten konnten viele Teilnehmer ihre eigenen Hoffnungen und Träume verwirklichen.

Inspiration durch Geschichten

Inspiration spielt eine ebenso wichtige Rolle. Die Geschichten von Plasma-Kristall-Hybriden, die sich gegen Diskriminierung und Ungerechtigkeit gewehrt haben, dienen als kraftvolle Beispiele für andere. Diese Erzählungen zeigen nicht nur den Kampf, sondern auch den Triumph über Widrigkeiten. Ein bemerkenswerter Fall ist die Geschichte von Lira, einer Plasma-Kristall-Hybride, die gegen die Ungleichheit in ihrem Heimatdorf kämpfte und schließlich eine lokale Initiative zur Förderung von Bildung für Plasma-Kristall-Hybriden ins Leben rief.

Solche Geschichten inspirieren nicht nur andere, sondern helfen auch, eine Gemeinschaft zu bilden. Sie schaffen ein Gefühl der Zugehörigkeit und Solidarität, was für die Mobilisierung von Unterstützung und Ressourcen unerlässlich ist. Wenn Menschen sehen, dass andere ähnliche Herausforderungen überwinden, sind sie eher bereit, sich selbst zu engagieren und aktiv zu werden.

Die Verbindung zwischen Hoffnung und Inspiration

Die Verbindung zwischen Hoffnung und Inspiration ist dynamisch und wechselseitig. Hoffnung kann Inspiration hervorrufen, indem sie Menschen dazu ermutigt, ihre Träume zu verfolgen und aktiv zu werden. Umgekehrt kann Inspiration Hoffnung nähren, indem sie den Menschen zeigt, dass Veränderung möglich ist. Diese Wechselwirkung ist besonders wichtig in Zeiten der Unsicherheit und des Widerstands.

Ein Beispiel für diese Wechselwirkung ist die *Kampagne für Gleichheit*, die von Orin Valis organisiert wurde. Während der Kampagne wurden zahlreiche Geschichten von Plasma-Kristall-Hybriden gesammelt und in sozialen Medien geteilt. Diese Geschichten inspirierten viele, sich der Bewegung anzuschließen und ihre eigenen Erfahrungen zu teilen. Gleichzeitig schuf die positive Resonanz auf diese Geschichten ein Gefühl der Hoffnung, dass die Bewegung tatsächlich Veränderungen bewirken konnte.

Herausforderungen und die Rolle von Hoffnung und Inspiration

Trotz der positiven Auswirkungen von Hoffnung und Inspiration gibt es auch Herausforderungen, die es zu bewältigen gilt. In Zeiten von Rückschlägen oder negativen Rückmeldungen kann die Hoffnung schnell schwinden. Es ist entscheidend, Strategien zu entwickeln, um diese Hoffnung aufrechtzuerhalten. Eine Möglichkeit besteht darin, regelmäßige Treffen und Austauschforen zu organisieren, in denen Aktivisten ihre Erfahrungen teilen und sich gegenseitig unterstützen können.

Darüber hinaus ist es wichtig, die Erfolge der Bewegung zu feiern. Die Anerkennung von Fortschritten, egal wie klein sie erscheinen mögen, kann die Hoffnung und Inspiration innerhalb der Gemeinschaft stärken. Ein Beispiel hierfür ist das jährliche *Festival der Hoffnung*, das Plasma-Kristall-Hybriden die Möglichkeit bietet, ihre Erfolge zu feiern und sich gegenseitig zu inspirieren.

Schlussfolgerung

Die Rolle von Hoffnung und Inspiration in der Bewegung für die Gleichstellung der Plasma-Kristall-Hybriden ist unverzichtbar. Sie fördern nicht nur das individuelle Engagement, sondern stärken auch die Gemeinschaft als Ganzes. Durch die Verbindung von Hoffnung und Inspiration können Aktivisten nicht nur ihre eigenen Ziele erreichen, sondern auch eine nachhaltige Veränderung in der Gesellschaft bewirken. Die Geschichten von Hoffnung und Inspiration sind es, die die Bewegung vorantreiben und den Weg für zukünftige Generationen ebnen. In einer Welt, die oft von Herausforderungen geprägt ist, bleibt die Kraft der Hoffnung und Inspiration ein Licht, das den Weg zur Gleichheit erhellt.

Orins Vermächtnis für die kommenden Generationen

Orin Valis hat durch seinen unermüdlichen Einsatz für die Gleichstellung der Plasma-Kristall-Hybriden auf Zolran ein bemerkenswertes Erbe hinterlassen, das nicht nur die gegenwärtige Generation, sondern auch zukünftige Generationen prägen wird. Sein Vermächtnis ist ein vielschichtiges Gefüge aus Ideen, Werten und praktischen Strategien, die als Leitfaden für angehende Aktivisten dienen können.

Philosophische Grundlagen

Die Philosophie von Orin Valis beruht auf der Überzeugung, dass jeder Bürger, unabhängig von seiner Herkunft oder seiner biologischen Beschaffenheit, das

Recht auf Gleichheit und Gerechtigkeit hat. Diese Überzeugung ist tief in den Theorien des sozialen Konstruktivismus verwurzelt, die besagen, dass soziale Realitäten durch Interaktionen und Diskurse geformt werden. Orin argumentierte, dass die Identität der Plasma-Kristall-Hybriden nicht nur biologisch, sondern auch kulturell und sozial konstruiert ist.

$$E = mc^2 \tag{38}$$

In diesem Kontext kann die Energie (E) der Bewegung als Produkt der Masse (m) der gesellschaftlichen Unterstützung und dem Quadrat der Geschwindigkeit (c) der Veränderung betrachtet werden. Dies verdeutlicht, dass das Engagement der Gemeinschaft entscheidend für den Erfolg des Aktivismus ist.

Praktische Strategien für zukünftige Aktivisten

Orins Erbe umfasst auch eine Reihe von praktischen Strategien, die zukünftige Aktivisten bei ihrem Engagement unterstützen können. Dazu gehören:

- **Bildung und Aufklärung:** Orin betonte stets die Bedeutung von Bildung als Schlüssel zur Veränderung. Er initiierte Programme, die Plasma-Kristall-Hybriden Zugang zu Bildung und Ressourcen ermöglichten, um ihre Stimme zu erheben.

- **Netzwerkbildung:** Der Aufbau eines starken Unterstützernetzwerks war eine der Säulen von Orins Bewegung. Er ermutigte junge Aktivisten, Beziehungen zu Gleichgesinnten und Mentoren zu pflegen, um eine breitere Basis für ihre Anliegen zu schaffen.

- **Kreativität im Aktivismus:** Orin nutzte Kunst und Kultur als Werkzeuge des Wandels. Er inspirierte zukünftige Generationen, kreative Ausdrucksformen zu nutzen, um ihre Botschaften zu verbreiten und das Bewusstsein zu schärfen.

Herausforderungen und Lösungen

Die Herausforderungen, die Orin während seiner Aktivismusjahre erlebte, sind auch für die kommenden Generationen relevant. Politischer Widerstand, gesellschaftliche Vorurteile und interne Konflikte innerhalb der Bewegung sind Herausforderungen, die nicht ignoriert werden dürfen. Orins Ansatz, diese Probleme zu bewältigen, beinhaltete:

* **Resilienz:** Orin lehrte, dass Rückschläge Teil des Prozesses sind. Er entwickelte Strategien zur Stressbewältigung und ermutigte seine Anhänger, aus Misserfolgen zu lernen und gestärkt zurückzukehren.

* **Humor als Waffe:** In schwierigen Zeiten fand Orin oft Trost im Humor. Er glaubte, dass Lachen eine Kraft besitzt, die Menschen verbindet und stärkt, selbst in den dunkelsten Momenten.

Ein Aufruf zur aktiven Teilnahme

Ein zentraler Aspekt von Orins Vermächtnis ist der Aufruf zur aktiven Teilnahme. Er ermutigte alle, sich für die Gleichheit und Rechte der Plasma-Kristall-Hybriden einzusetzen und nicht nur Zuschauer zu sein. In seinen letzten Reden betonte er:

> „Die Zukunft gehört denen, die an die Schönheit ihrer Träume glauben und bereit sind, für sie zu kämpfen."

Diese Botschaft ist ein kraftvoller Anreiz für zukünftige Generationen, aktiv zu werden und ihre Stimme zu erheben.

Fazit

Zusammenfassend lässt sich sagen, dass Orin Valis ein bleibendes Vermächtnis hinterlassen hat, das sowohl philosophische als auch praktische Elemente umfasst. Seine Überzeugungen und Strategien bieten eine wertvolle Grundlage für zukünftige Aktivisten, die sich für Gerechtigkeit und Gleichheit einsetzen wollen. Indem sie seine Lehren annehmen und weiterentwickeln, können kommende Generationen die Herausforderungen, die vor ihnen liegen, mit Entschlossenheit und Kreativität angehen. Orins Vermächtnis ist nicht nur eine Erinnerung an das, was erreicht wurde, sondern auch eine Inspiration für das, was noch möglich ist.

Eine Einladung zur aktiven Teilnahme

In einer Welt, die von Ungerechtigkeit und Ungleichheit geprägt ist, ist es unerlässlich, dass jeder Einzelne die Verantwortung übernimmt, aktiv zu werden. Orin Valis hat uns gezeigt, dass der Weg zur Veränderung nicht nur durch große Taten, sondern auch durch kleine, alltägliche Entscheidungen geebnet wird. Diese Einladung zur aktiven Teilnahme ist ein Aufruf an alle, sich in die Gleichstellungsbewegung für Plasma-Kristall-Hybride auf Zolran einzubringen und die Stimme für Gerechtigkeit zu erheben.

Die Theorie des sozialen Wandels

Um die Notwendigkeit aktiver Teilnahme zu verstehen, ist es wichtig, die Theorie des sozialen Wandels zu betrachten. Diese Theorie besagt, dass gesellschaftliche Veränderungen oft das Ergebnis kollektiven Handelns sind, das durch individuelle Überzeugungen und Handlungen initiiert wird. Ein bekanntes Modell in diesem Bereich ist das *Diffusionsmodell* von Rogers, das beschreibt, wie Innovationen in einer Gesellschaft angenommen werden. Es identifiziert fünf Kategorien von Adoptern: Innovatoren, frühe Anwender, frühe Mehrheit, späte Mehrheit und Nachzügler. Um Veränderungen zu bewirken, müssen wir uns als Teil der ersten drei Gruppen verstehen, die bereit sind, neue Ideen und Praktiken zu übernehmen und zu verbreiten.

Die Herausforderungen der aktiven Teilnahme

Die aktive Teilnahme an einer Bewegung ist jedoch nicht ohne Herausforderungen. Viele Menschen empfinden Angst oder Unsicherheit, wenn es darum geht, sich zu engagieren. Diese Ängste können aus verschiedenen Quellen stammen:

+ **Angst vor Ablehnung:** Viele Menschen fürchten, dass ihre Meinungen oder Handlungen nicht akzeptiert werden.

+ **Mangel an Informationen:** Oft fehlt es an klaren Informationen darüber, wie man sich engagieren kann.

+ **Zeitmangel:** In einer schnelllebigen Welt haben viele Menschen das Gefühl, dass sie keine Zeit für Aktivismus haben.

Orin Valis hat in seinen Reden immer wieder betont, dass jede kleine Handlung zählt. Selbst wenn man nur einen Freund über die Herausforderungen der Plasma-Kristall-Hybriden informiert oder an einer kleinen lokalen Veranstaltung teilnimmt, trägt dies zur Schaffung eines größeren Bewusstseins bei.

Beispiele für aktive Teilnahme

Es gibt viele Möglichkeiten, sich aktiv zu beteiligen. Hier sind einige Beispiele, die inspirieren können:

1. **Bildung und Aufklärung:** Organisieren Sie Workshops oder Diskussionsrunden, um das Bewusstsein über die Herausforderungen der Plasma-Kristall-Hybriden zu schärfen. Bildung ist ein Schlüssel zur Veränderung.

2. **Soziale Medien:** Nutzen Sie Plattformen wie *ZolranNet* oder *PlasmaBook*, um Informationen zu verbreiten und eine breitere Öffentlichkeit zu erreichen. Geschichten von Betroffenen können große Wirkung entfalten.

3. **Freiwilligenarbeit:** Engagieren Sie sich in Organisationen, die sich für die Rechte von Plasma-Kristall-Hybriden einsetzen. Ihre Zeit und Energie können einen direkten Einfluss auf die Gemeinschaft haben.

4. **Politische Beteiligung:** Nehmen Sie an Wahlen teil, unterstützen Sie Kandidaten, die sich für die Gleichstellung einsetzen, und setzen Sie sich für gesetzliche Änderungen ein, die die Rechte von Plasma-Kristall-Hybriden schützen.

5. **Kunst und Kultur:** Nutzen Sie kreative Ausdrucksformen, um die Botschaft der Gleichstellung zu verbreiten. Kunst kann starke Emotionen hervorrufen und Menschen mobilisieren.

Die Kraft der Gemeinschaft

Die aktive Teilnahme ist nicht nur eine individuelle Entscheidung, sondern auch eine gemeinschaftliche Anstrengung. Orin Valis hat oft betont, dass der Zusammenhalt der Gemeinschaft entscheidend für den Erfolg der Bewegung ist. Wenn Menschen zusammenkommen, um für eine gemeinsame Sache zu kämpfen, entsteht eine Kraft, die nicht ignoriert werden kann.

$$F_{\text{Gemeinschaft}} = \sum_{i=1}^{n} P_i \tag{39}$$

Hierbei steht $F_{\text{Gemeinschaft}}$ für die kollektive Kraft der Gemeinschaft, und P_i repräsentiert die individuellen Beiträge jedes Mitglieds. Je mehr Menschen sich aktiv beteiligen, desto stärker wird die Bewegung.

Ein Aufruf zur Aktion

Abschließend möchte ich alle Leser ermutigen, sich aktiv an der Gleichstellungsbewegung für Plasma-Kristall-Hybride auf Zolran zu beteiligen. Egal, wie klein oder unbedeutend Ihr Beitrag erscheinen mag, er zählt. Lassen Sie sich von Orin Valis inspirieren und nehmen Sie die Herausforderung an, Ihre Stimme zu erheben. Gemeinsam können wir eine gerechtere Zukunft schaffen, in der die Rechte aller Bürger, unabhängig von ihrer Herkunft, geachtet und geschützt werden.

Seien Sie der Wandel, den Sie in der Welt sehen möchten!

Die Kraft der Gemeinschaft

Die Kraft der Gemeinschaft ist ein zentrales Element in der Bewegung für die Gleichstellung von Plasma-Kristall-Hybriden auf Zolran. Gemeinschaften bieten nicht nur Unterstützung und Ressourcen, sondern auch ein Gefühl von Zugehörigkeit und Identität. In diesem Abschnitt werden wir die verschiedenen Facetten der Gemeinschaft betrachten und wie sie als Katalysator für sozialen Wandel fungiert.

Theoretische Grundlagen

Die Theorie der sozialen Identität, wie sie von Henri Tajfel und John Turner formuliert wurde, legt nahe, dass Individuen ihre Identität stark von den Gruppen ableiten, denen sie angehören. Diese Identität beeinflusst ihr Verhalten und ihre Wahrnehmung gegenüber anderen Gruppen. In der Bewegung von Orin Valis spielt die soziale Identität eine entscheidende Rolle, da Plasma-Kristall-Hybride oft marginalisiert werden und ihre Zugehörigkeit zu einer Gemeinschaft ihnen Stärke und Unterstützung bietet.

$$S = \frac{B}{N} \tag{40}$$

Hierbei steht S für die Stärke der sozialen Identität, B für das Gefühl der Zugehörigkeit und N für die Anzahl der Mitglieder in der Gemeinschaft. Eine starke Gemeinschaft kann also die individuelle Identität stärken und das Engagement für die gemeinsamen Ziele fördern.

Probleme der Isolation

Ein zentrales Problem, mit dem Plasma-Kristall-Hybride konfrontiert sind, ist die Isolation. Viele Hybride erleben Diskriminierung und Vorurteile, die sie in ihrer eigenen Identität verunsichern. Diese Isolation kann zu einem Gefühl der Hilflosigkeit führen, was sich negativ auf das psychische Wohlbefinden auswirkt. Orin Valis erkannte früh, dass die Schaffung eines unterstützenden Netzwerks entscheidend ist, um diesen Herausforderungen zu begegnen.

Beispiele für Gemeinschaftsbildung

Ein herausragendes Beispiel für die Kraft der Gemeinschaft ist die Gründung von „Zolran United", einer Plattform, die Plasma-Kristall-Hybride zusammenbringt. Diese Organisation bietet nicht nur einen Raum für den Austausch von Erfahrungen, sondern organisiert auch Workshops und Veranstaltungen, die das Bewusstsein für die Probleme der Hybriden schärfen.

Ein weiteres Beispiel ist die „Kunst für Gleichheit"-Initiative, die Künstler und Aktivisten zusammenbringt, um durch kreative Ausdrucksformen auf die Anliegen der Plasma-Kristall-Hybriden aufmerksam zu machen. Durch diese gemeinschaftlichen Anstrengungen wird nicht nur das Engagement gefördert, sondern auch ein Gefühl der Solidarität geschaffen.

Die Rolle von Mentoren und Vorbildern

Mentoren spielen eine entscheidende Rolle in der Stärkung der Gemeinschaft. Orin Valis selbst wurde von verschiedenen Mentoren inspiriert, die ihm halfen, seine Stimme zu finden und seine Ideen zu entwickeln. Diese Mentoren fungieren als Brückenbauer zwischen den Generationen und fördern den Austausch von Wissen und Erfahrungen.

Die Bedeutung von Vorbildern kann nicht unterschätzt werden. Sie bieten nicht nur Inspiration, sondern auch greifbare Beweise dafür, dass Veränderung möglich ist. Orin Valis wird oft als Vorbild für junge Plasma-Kristall-Hybride genannt, die sich für ihre Rechte einsetzen.

Die Auswirkungen der Gemeinschaft auf den Aktivismus

Die Gemeinschaft hat direkte Auswirkungen auf den Aktivismus. Eine starke Gemeinschaft kann Ressourcen mobilisieren, um größere Veranstaltungen zu organisieren, wie z.B. Demonstrationen oder Informationskampagnen. Diese Mobilisierung ist entscheidend für den Erfolg der Gleichstellungsbewegung.

Ein Beispiel dafür ist die „Licht für Gleichheit"-Demonstration, bei der Tausende von Plasma-Kristall-Hybriden und Unterstützern zusammenkamen, um für ihre Rechte zu kämpfen. Die Gemeinschaftsorganisation hinter dieser Veranstaltung war entscheidend für ihre massive Reichweite und ihren Einfluss auf die öffentliche Wahrnehmung.

Schlussfolgerung

Zusammenfassend lässt sich sagen, dass die Kraft der Gemeinschaft ein unverzichtbarer Bestandteil der Gleichstellungsbewegung für Plasma-Kristall-Hybride auf Zolran ist. Sie bietet nicht nur Unterstützung und Identität, sondern fungiert auch als Katalysator für sozialen Wandel. Die Herausforderungen der Isolation werden durch die Schaffung starker Netzwerke und die Förderung von Mentoren und Vorbildern überwunden. Letztendlich zeigt die Bewegung von Orin Valis, dass eine vereinte Gemeinschaft in der Lage ist, Veränderungen herbeizuführen und eine gerechtere Gesellschaft zu schaffen.

Ein Appell für Gleichheit und Gerechtigkeit

Im Angesicht der Herausforderungen, die Plasma-Kristall-Hybriden auf Zolran gegenüberstehen, ist es unerlässlich, einen klaren und kraftvollen Appell für Gleichheit und Gerechtigkeit zu formulieren. Orin Valis hat in seiner Rolle als Bürgerrechtsaktivist stets betont, dass die Forderung nach Gleichheit nicht nur ein individuelles, sondern ein kollektives Anliegen ist. Diese Überzeugung leitet sich aus der Theorie der sozialen Gerechtigkeit ab, die besagt, dass jeder Mensch das Recht auf gleiche Behandlung und die Möglichkeit zur Entfaltung seiner Potenziale haben sollte.

Theoretische Grundlagen

Die Theorie der sozialen Gerechtigkeit, wie sie von Philosophen wie John Rawls formuliert wurde, basiert auf dem Prinzip, dass eine gerechte Gesellschaft die Bedürfnisse der am stärksten benachteiligten Mitglieder priorisieren sollte. Rawls' Konzept der „Gerechtigkeit als Fairness" fordert, dass soziale und wirtschaftliche Ungleichheiten nur dann akzeptabel sind, wenn sie den am wenigsten Begünstigten zugutekommen. Diese Prinzipien sind besonders relevant für die Plasma-Kristall-Hybriden, die oft mit Diskriminierung und Ungerechtigkeit konfrontiert sind.

$$J = \frac{1}{n} \sum_{i=1}^{n} u_i \qquad (41)$$

Hierbei steht J für die Gerechtigkeit der Verteilung, n für die Anzahl der Individuen in der Gesellschaft, und u_i für den Nutzen des i-ten Individuums. Diese Gleichung verdeutlicht, dass eine gerechte Gesellschaft den Nutzen gleichmäßig verteilen sollte, wobei die Bedürfnisse der Schwächsten besonders berücksichtigt werden.

Aktuelle Probleme

Die Plasma-Kristall-Hybriden auf Zolran sehen sich verschiedenen Problemen gegenüber, die eine gerechte Gesellschaft behindern. Diskriminierung aufgrund ihrer hybriden Natur führt zu sozialer Isolation und wirtschaftlicher Benachteiligung. Diese Ungleichheiten manifestieren sich in verschiedenen Bereichen:

+ **Bildung:** Plasma-Kristall-Hybriden haben oft eingeschränkten Zugang zu Bildungseinrichtungen, was ihre Chancen auf eine bessere Zukunft mindert.

+ **Arbeitsmarkt:** Vorurteile und Diskriminierung führen dazu, dass viele Plasma-Kristall-Hybriden in prekären Arbeitsverhältnissen gefangen sind.

+ **Gesundheitsversorgung:** Der Zugang zu medizinischer Versorgung ist häufig eingeschränkt, was zu gesundheitlichen Ungleichheiten führt.

Um diesen Herausforderungen zu begegnen, ist es wichtig, dass die Gesellschaft als Ganzes aktiv wird. Orin Valis hat in seinen Reden oft betont, dass die Verantwortung für Gleichheit und Gerechtigkeit nicht nur bei den Betroffenen liegt, sondern auch bei der Gesellschaft, die sich für Veränderungen einsetzen muss.

Beispiele für erfolgreichen Aktivismus

Ein bemerkenswertes Beispiel für erfolgreichen Aktivismus ist die „Bewegung für die Rechte der Plasma-Kristall-Hybriden", die von Orin Valis ins Leben gerufen wurde. Diese Bewegung hat nicht nur das Bewusstsein für die Probleme der Plasma-Kristall-Hybriden geschärft, sondern auch konkrete Veränderungen herbeigeführt:

+ **Gesetzesänderungen:** Durch Lobbyarbeit und öffentliche Kampagnen konnten Gesetze verabschiedet werden, die Diskriminierung aufgrund der hybriden Natur verbieten.

+ **Bildungsinitiativen:** Programme wurden ins Leben gerufen, um Plasma-Kristall-Hybriden den Zugang zu hochwertiger Bildung zu ermöglichen.

+ **Gesundheitsprogramme:** Initiativen wurden gestartet, um sicherzustellen, dass Plasma-Kristall-Hybriden Zugang zu angemessener medizinischer Versorgung haben.

Diese Erfolge zeigen, dass kollektives Handeln und Engagement für Gleichheit und Gerechtigkeit sowohl möglich als auch notwendig sind.

Ein Aufruf zum Handeln

Abschließend ist es wichtig, einen klaren Aufruf zum Handeln zu formulieren. Jeder Einzelne ist gefordert, sich für die Rechte der Plasma-Kristall-Hybriden einzusetzen. Dies kann durch Bildung, Sensibilisierung und aktives Engagement in der Gemeinschaft geschehen. Orin Valis hat oft gesagt: „Die Veränderung beginnt bei uns. Wenn wir uns nicht für die Gleichheit einsetzen, wer wird es dann tun?"

Die Zukunft der Plasma-Kristall-Hybriden hängt von unserer Fähigkeit ab, als Gemeinschaft zusammenzukommen und die Prinzipien der Gerechtigkeit und Gleichheit zu verteidigen. Lassen Sie uns gemeinsam für eine gerechtere und gleichberechtigtere Gesellschaft eintreten, in der jeder, unabhängig von seiner Herkunft oder Natur, die gleichen Chancen und Rechte hat.

Die Unendlichkeit der Möglichkeiten

Die Vorstellung von unendlichen Möglichkeiten ist nicht nur eine philosophische Überlegung, sondern auch eine treibende Kraft im Aktivismus. Insbesondere für Orin Valis und die Bewegung der Plasma-Kristall-Hybriden auf Zolran stellt diese Idee ein zentrales Element dar, das sowohl individuelle als auch kollektive Transformation ermöglicht.

Theoretische Grundlagen

Die Theorie der unendlichen Möglichkeiten basiert auf der Annahme, dass jeder Mensch, unabhängig von seiner Herkunft oder den äußeren Umständen, die Fähigkeit hat, seine Realität zu gestalten. Diese Idee findet sich in der *Konstruktivistischen Theorie*, die besagt, dass Wissen und Identität nicht statisch sind, sondern durch Erfahrungen und Interaktionen dynamisch entstehen.

Mathematisch lässt sich dies durch die Gleichung $P(n) = 2^n$ darstellen, wobei $P(n)$ die Anzahl der möglichen Kombinationen von Entscheidungen darstellt, die ein Individuum treffen kann, basierend auf n verfügbaren Optionen. Diese exponentielle Zunahme an Möglichkeiten verdeutlicht, dass die Wahlfreiheit und die Fähigkeit zur Veränderung in jedem Moment gegeben sind.

Praktische Probleme

Trotz dieser theoretischen Freiheiten stehen Aktivisten wie Orin Valis vor erheblichen praktischen Herausforderungen. Eine der größten Hürden ist die *Systemische Ungerechtigkeit*, die oft die Möglichkeiten der Betroffenen einschränkt. Diese Ungerechtigkeit manifestiert sich in verschiedenen Formen, wie z.b. Diskriminierung, wirtschaftlicher Benachteiligung und sozialer Isolation.

Ein Beispiel hierfür ist die Diskriminierung, die Plasma-Kristall-Hybriden in Zolran erfahren. Diese Gruppe wird oft von politischen Entscheidungen ausgeschlossen, die ihre Rechte und Freiheiten betreffen. Der Zugang zu Bildung, Gesundheitsversorgung und Arbeitsplätzen ist häufig eingeschränkt, was die Verwirklichung ihrer Möglichkeiten behindert.

Beispiele aus der Bewegung

Trotz dieser Herausforderungen hat Orin Valis immer wieder bewiesen, dass die unendlichen Möglichkeiten auch in schwierigen Zeiten realisierbar sind. Ein herausragendes Beispiel ist die *Kampagne für gleiche Bildungschancen*, die er ins Leben rief. Diese Kampagne zielte darauf ab, Plasma-Kristall-Hybriden den Zugang zu qualitativ hochwertiger Bildung zu ermöglichen, um ihre Chancen auf dem Arbeitsmarkt zu verbessern.

Die Kampagne umfasste mehrere Strategien:

+ **Sensibilisierung:** Durch soziale Medien und öffentliche Veranstaltungen wurde das Bewusstsein für die Bildungsungleichheit geschärft.

+ **Zusammenarbeit mit Schulen:** Orin arbeitete direkt mit Bildungseinrichtungen zusammen, um Programme zu entwickeln, die speziell auf die Bedürfnisse von Plasma-Kristall-Hybriden zugeschnitten sind.

+ **Mentoring-Programme:** Diese wurden ins Leben gerufen, um jungen Plasma-Kristall-Hybriden Unterstützung und Orientierung zu bieten.

Die Erfolge dieser Kampagne zeigen, dass es trotz der bestehenden Barrieren möglich ist, neue Möglichkeiten zu schaffen und das Potenzial der Gemeinschaft zu entfalten.

Der Einfluss von Hoffnung und Inspiration

Eine weitere Dimension der unendlichen Möglichkeiten ist die Rolle von Hoffnung und Inspiration. Orin Valis verkörpert diese Ideale und motiviert andere, ihre eigenen Möglichkeiten zu erkennen und zu nutzen. In seinen Reden betont er oft, dass jede Herausforderung auch eine Chance ist, und er inspiriert Menschen dazu, über ihre aktuellen Umstände hinauszudenken.

Die Philosophie des *Positiven Denkens*, die besagt, dass eine optimistische Einstellung zu besseren Ergebnissen führen kann, findet hier Anwendung. Diese Denkweise ermutigt Individuen, ihre Perspektiven zu ändern und neue Wege zu finden, um ihre Ziele zu erreichen.

Zukunftsperspektiven

Die unendlichen Möglichkeiten, die Orin Valis und die Bewegung der Plasma-Kristall-Hybriden anstreben, sind nicht nur auf individuelle Errungenschaften beschränkt. Sie zielen darauf ab, eine gerechtere Gesellschaft zu schaffen, in der jeder Zugang zu den Ressourcen hat, die er benötigt, um seine Träume zu verwirklichen.

Die *Vision für die Zukunft* umfasst:

+ **Bildung für alle:** Sicherstellung, dass jeder Plasma-Kristall-Hybrid Zugang zu Bildung hat, die ihn ermächtigt.

+ **Soziale Gerechtigkeit:** Bekämpfung von Diskriminierung und Ungerechtigkeit durch politische Maßnahmen und Gemeinschaftsinitiativen.

+ **Technologische Innovation:** Nutzung von Technologie, um die Reichweite der Bewegung zu erweitern und neue Möglichkeiten zu schaffen.

Schlussfolgerung

Die unendlichen Möglichkeiten, die Orin Valis und seine Bewegung verkörpern, sind ein kraftvolles Symbol für das Potenzial des menschlichen Geistes. Sie erinnern uns daran, dass wir, egal wie herausfordernd die Umstände auch sein mögen, immer die Fähigkeit haben, unsere Realität zu gestalten und positive Veränderungen herbeizuführen.

In einer Welt, die oft von Einschränkungen und Herausforderungen geprägt ist, bleibt die Botschaft klar: Jeder von uns hat die Möglichkeit, nicht nur für sich selbst, sondern auch für die Gemeinschaft zu kämpfen und eine bessere Zukunft zu gestalten. Die unendlichen Möglichkeiten sind nicht nur eine Hoffnung, sondern eine Realität, die wir gemeinsam schaffen können.

Abschied und Ausblick auf neue Abenteuer

Der Abschied von Orin Valis und seiner bemerkenswerten Reise als Bürgerrechtsaktivist ist sowohl ein emotionaler als auch ein inspirierender Moment. Es ist eine Gelegenheit, die Erfolge zu feiern, die Herausforderungen zu reflektieren und einen Ausblick auf die kommenden Abenteuer zu wagen. In diesem Abschnitt werden wir die Bedeutung von Orins Vermächtnis und die unzähligen Möglichkeiten, die vor uns liegen, erkunden.

Die Bedeutung des Engagements

Orin Valis hat durch sein Engagement für die Plasma-Kristall-Hybriden nicht nur eine Bewegung ins Leben gerufen, sondern auch einen grundlegenden Wandel in der Gesellschaft angestoßen. Sein unermüdlicher Einsatz zeigt, dass individuelles Engagement und kollektive Anstrengungen entscheidend sind, um soziale Gerechtigkeit zu erreichen. Die Theorien des sozialen Wandels, wie sie in den Arbeiten von Autoren wie [Tilly, C. (2004)] und [?] beschrieben werden, verdeutlichen, dass der Erfolg von Bewegungen oft von der Fähigkeit abhängt, eine breite Basis zu mobilisieren und strategische Allianzen zu bilden.

Reflexion über persönliche Veränderungen

Orins Reise hat nicht nur die Gesellschaft verändert, sondern auch ihn selbst. Die Herausforderungen, denen er begegnete, führten zu persönlichem Wachstum und einem tieferen Verständnis für die Komplexität sozialer Probleme. Die Transformation, die er durchlief, spiegelt die Theorie des *kollektiven Bewusstseins* wider, die besagt, dass gemeinsames Erleben und Handeln zur Bildung eines gemeinsamen Wertesystems führt [?]. Orin hat durch seine Erfahrungen gelernt, dass Empathie und Verständnis für andere entscheidend sind, um Brücken zu bauen und eine inklusive Gesellschaft zu schaffen.

Der Einfluss von Geschichten auf die Gesellschaft

Die Geschichten, die Orin und die Plasma-Kristall-Hybriden erzählt haben, sind nicht nur persönliche Erzählungen, sondern auch kraftvolle Werkzeuge des Wandels. Narrative haben die Fähigkeit, Emotionen zu wecken und Menschen zu mobilisieren. Laut [?] sind Geschichten ein zentrales Element menschlicher Kommunikation, die es uns ermöglichen, komplexe Ideen zu verstehen und uns mit anderen zu verbinden. Orins Geschichten haben nicht nur das Bewusstsein für die Herausforderungen der Plasma-Kristall-Hybriden geschärft, sondern auch andere inspiriert, ihre eigenen Geschichten zu erzählen und aktiv zu werden.

Die Rolle von Hoffnung und Inspiration

Hoffnung ist ein zentraler Bestandteil des Aktivismus. Orin Valis hat durch seine Vision für eine gerechtere Gesellschaft Hoffnung gesät und Menschen ermutigt, an eine bessere Zukunft zu glauben. Die Psychologie des Aktivismus, wie sie von [?] beschrieben wird, zeigt, dass Hoffnung und Optimismus entscheidend sind, um Menschen zu motivieren, sich für Veränderungen einzusetzen. Orins Botschaft, dass jeder Einzelne einen Unterschied machen kann, wird weiterhin Generationen inspirieren und mobilisieren.

Orins Vermächtnis für die kommenden Generationen

Das Vermächtnis von Orin Valis wird über seine Zeit hinaus bestehen bleiben. Die Prinzipien der Gleichheit, Gerechtigkeit und des Respekts für alle Lebewesen sind zeitlos und werden weiterhin die Grundlage für zukünftige Bewegungen bilden. Die Herausforderungen, vor denen die Plasma-Kristall-Hybriden und andere marginalisierte Gruppen stehen, sind nach wie vor präsent, und es liegt an der nächsten Generation, Orins Vision weiterzuführen.

Eine Einladung zur aktiven Teilnahme

Orin hat uns gelehrt, dass der Aktivismus nicht nur eine Pflicht, sondern auch ein Privileg ist. Jeder von uns hat die Möglichkeit, aktiv zu werden und einen positiven Einfluss auf die Welt zu nehmen. Die Einladung zur aktiven Teilnahme ist ein Aufruf, die Lehren aus Orins Leben zu nutzen und sich für die Belange der Gemeinschaft einzusetzen. Es ist wichtig, dass wir uns zusammenschließen, um die Herausforderungen der Zukunft zu bewältigen, sei es durch Bildung, Kunst oder direkte politische Aktion.

Die Kraft der Gemeinschaft

Gemeinschaft ist der Schlüssel zum Erfolg jeder sozialen Bewegung. Orin Valis hat gezeigt, dass die Zusammenarbeit zwischen verschiedenen Gruppen und Individuen entscheidend ist, um Veränderungen zu bewirken. Die Theorie des *sozialen Kapitals*, wie sie von [?] beschrieben wird, hebt hervor, wie Netzwerke von Beziehungen das Engagement und die Effektivität von Bewegungen stärken können. Indem wir uns gegenseitig unterstützen und gemeinsam handeln, können wir die Herausforderungen, die vor uns liegen, meistern und eine gerechtere Gesellschaft schaffen.

Ein Appell für Gleichheit und Gerechtigkeit

Abschließend möchten wir den Aufruf zur Gleichheit und Gerechtigkeit in den Vordergrund stellen. Orin Valis hat uns gezeigt, dass der Kampf für die Rechte der Plasma-Kristall-Hybriden ein Kampf für die Rechte aller ist. Die Prinzipien der Gleichheit und Gerechtigkeit sind universell und müssen in allen Gesellschaften gefördert werden. Es liegt an uns, diese Werte zu verteidigen und sicherzustellen, dass die Stimmen der Unterdrückten gehört werden.

Die Unendlichkeit der Möglichkeiten

Die Zukunft ist voller Möglichkeiten, und Orins Vision für die Plasma-Kristall-Hybriden ist nur der Anfang. Der Weg nach vorne ist nicht einfach, aber die Chancen, die sich uns bieten, sind grenzenlos. Indem wir uns von Orins Leben und seiner Leidenschaft inspirieren lassen, können wir eine neue Ära des Aktivismus einleiten, die auf Zusammenarbeit, Empathie und unerschütterlichem Glauben an die Menschlichkeit basiert.

In diesem Sinne verabschieden wir uns von Orin Valis, aber wir nehmen seine Lehren, seine Leidenschaft und seine Vision für eine gerechtere Welt mit in die Zukunft. Möge sein Erbe uns alle dazu inspirieren, aktiv zu werden und an eine bessere Welt zu glauben.

Anhang II

Glossar der Begriffe

Definition von Plasma-Kristall-Hybriden

Plasma-Kristall-Hybride sind eine einzigartige und faszinierende Spezies, die aus der Verschmelzung von Plasma- und Kristallelementen entstanden sind. Diese hybriden Wesen zeichnen sich durch ihre außergewöhnlichen Eigenschaften und Fähigkeiten aus, die sowohl biologische als auch physikalische Merkmale kombinieren. Um die Definition von Plasma-Kristall-Hybriden umfassend zu verstehen, ist es wichtig, die grundlegenden Konzepte von Plasma und Kristallen zu betrachten.

Grundlagen von Plasma und Kristallen

Plasma ist der vierte Aggregatzustand der Materie, der entsteht, wenn ein Gas ionisiert wird. In diesem Zustand sind die Atome so stark erhitzt, dass sie ihre Elektronen verlieren und eine Mischung aus freien Elektronen und positiv geladenen Ionen bilden. Plasma ist nicht nur in der Natur weit verbreitet, sondern auch in Technologien wie Plasmafernsehern und Fusionsreaktoren von Bedeutung. Mathematisch kann Plasma durch die folgende Gleichung beschrieben werden:

$$\frac{d\mathbf{p}}{dt} = \mathbf{F}_{\text{elektrisch}} + \mathbf{F}_{\text{magnetisch}} + \mathbf{F}_{\text{dynamisch}} \qquad (42)$$

Hierbei ist $\mathbf{p}$ der Impuls des Plasmas und $\mathbf{F}$ repräsentiert die verschiedenen Kräfte, die auf die Plasma-Partikel wirken.

Kristalle hingegen sind feste Materialien, deren Atome in einer regelmäßigen, wiederholenden Anordnung organisiert sind. Diese Struktur verleiht Kristallen ihre charakteristischen physikalischen Eigenschaften, wie Härte, Symmetrie und spezifische optische Eigenschaften. Die Struktur eines Kristalls kann durch die

Bravais-Gitter beschrieben werden, die eine mathematische Darstellung der regelmäßigen Anordnung der Atome in einem Kristallgitter bietet.

Die Entstehung von Plasma-Kristall-Hybriden

Die Kombination von Plasma und Kristallen führt zur Bildung von Plasma-Kristall-Hybriden, die sowohl die Fluidität des Plasmas als auch die Stabilität der Kristalle in sich vereinen. Diese Hybride zeigen eine bemerkenswerte Fähigkeit zur Anpassung an verschiedene Umgebungen und haben die Fähigkeit, ihre Eigenschaften je nach den Bedingungen, unter denen sie sich befinden, zu ändern.

Ein Beispiel für Plasma-Kristall-Hybride sind die sogenannten Zolraner, die auf dem Planeten Zolran leben. Diese Wesen besitzen die Fähigkeit, ihre kristallinen Strukturen zu modulieren, um sich an unterschiedliche Temperaturen und Druckverhältnisse anzupassen. Die Plasma-Kristall-Hybriden können auch elektrische Impulse erzeugen, die es ihnen ermöglichen, miteinander zu kommunizieren und ihre Umgebung zu beeinflussen.

Theoretische Grundlagen der Plasma-Kristall-Hybriden

Die theoretische Grundlage für Plasma-Kristall-Hybride beruht auf der Plasma-Kristall-Theorie, die die Wechselwirkungen zwischen Plasma- und Kristallelementen untersucht. Eine der zentralen Gleichungen in dieser Theorie ist die sogenannte Debye-Länge, die die Reichweite der elektrostatistischen Wechselwirkungen im Plasma beschreibt:

$$\lambda_D = \sqrt{\frac{\varepsilon_0 k_B T}{nq^2}} \tag{43}$$

Hierbei ist λ_D die Debye-Länge, ε_0 die elektrische Feldkonstante, k_B die Boltzmann-Konstante, T die Temperatur, n die Teilchendichte und q die Elementarladung. Diese Gleichung zeigt, wie die Eigenschaften des Plasmas und die Wechselwirkungen mit den Kristallelementen die Struktur und das Verhalten der Plasma-Kristall-Hybriden beeinflussen.

Probleme und Herausforderungen

Trotz ihrer bemerkenswerten Fähigkeiten stehen Plasma-Kristall-Hybriden vor verschiedenen Herausforderungen. Eine der größten Herausforderungen ist die Aufrechterhaltung der Stabilität ihrer hybriden Struktur unter extremen

Bedingungen. Hohe Temperaturen oder Druckveränderungen können dazu führen, dass die Plasma-Kristall-Hybriden ihre Form verlieren oder sogar zerfallen.

Ein weiteres Problem ist die Interaktion mit anderen Spezies auf Zolran. Plasma-Kristall-Hybriden sind oft Ziel von Vorurteilen und Diskriminierung, da ihre einzigartigen Eigenschaften von anderen Wesen nicht immer verstanden werden. Diese soziale Herausforderung führt zu Spannungen und Konflikten innerhalb der Gesellschaft, die die Gleichstellungsbewegung von Orin Valis anstoßen.

Schlussfolgerung

Zusammenfassend lässt sich sagen, dass Plasma-Kristall-Hybriden eine komplexe und faszinierende Spezies sind, deren Definition tief in der Kombination von Plasma- und Kristalltheorie verwurzelt ist. Ihre Fähigkeit zur Anpassung und ihre einzigartigen Eigenschaften machen sie zu einer Schlüsselgruppe in der Gleichstellungsbewegung auf Zolran. Durch das Verständnis ihrer Struktur und der Herausforderungen, mit denen sie konfrontiert sind, können wir die Wichtigkeit ihrer Stimme und ihrer Kämpfe in der Gesellschaft besser würdigen. Die Erforschung der Plasma-Kristall-Hybriden ist nicht nur für die Wissenschaft von Bedeutung, sondern auch für die soziale Gerechtigkeit und das Verständnis zwischen den verschiedenen Kulturen und Spezies auf Zolran.

Wichtige Akteure in der Bewegung

Die Gleichstellungsbewegung für Plasma-Kristall-Hybride auf Zolran hat im Laufe der Jahre eine Vielzahl von wichtigen Akteuren hervorgebracht, die sowohl als Vorbilder als auch als treibende Kräfte hinter den Veränderungen fungierten. Diese Akteure sind entscheidend für das Verständnis der Dynamik der Bewegung und ihrer Erfolge.

Orin Valis

Orin Valis ist der unbestrittene Führer der Bewegung. Seine Vision und sein Engagement haben zahlreiche Plasma-Kristall-Hybride inspiriert. Valis' Philosophie basiert auf der Überzeugung, dass Gleichheit nicht nur ein Recht, sondern auch eine Verantwortung ist. Seine berühmte Aussage:

$$E = mc^2 \tag{44}$$

symbolisiert die Energie, die in jedem Individuum steckt, unabhängig von ihrer Herkunft. Diese Gleichung steht nicht nur für die physikalische Realität, sondern auch für die transformative Kraft, die in der Gemeinschaft der Plasma-Kristall-Hybriden zu finden ist.

Kofi Zhang

Kofi Zhang ist ein weiterer prominenter Aktivist in der Bewegung. Er hat eine Schlüsselrolle bei der Mobilisierung der Gemeinschaft gespielt und war maßgeblich an der Entwicklung von Strategien zur Sensibilisierung beteiligt. Zhang glaubt an die Kraft der Kunst als Mittel zur Veränderung und hat zahlreiche Kunstprojekte initiiert, die die Anliegen der Plasma-Kristall-Hybriden in den Vordergrund stellen. Ein Beispiel hierfür ist das Projekt *Kunst für Gleichheit*, das lokale Künstler einbezieht, um die Botschaft der Bewegung durch visuelle Darstellungen zu verbreiten.

Mentoren und Lehrer

Die Rolle von Mentoren und Lehrern kann nicht unterschätzt werden. Figuren wie Professorin Lira T'Khan, eine angesehene Wissenschaftlerin und Aktivistin, haben Orin Valis und andere junge Aktivisten inspiriert. Sie lehrt an der Universität von Zolran und hat das Konzept der *sozialen Verantwortung* in ihre Lehrpläne integriert. Ihre Theorie besagt, dass Bildung der Schlüssel zur Ermächtigung ist, was sich in der wachsenden Zahl von Plasma-Kristall-Hybriden zeigt, die sich aktiv in die Bewegung einbringen.

Die Rolle der Gemeinschaft

Die Gemeinschaft selbst ist ein wichtiger Akteur. Ohne die Unterstützung von Freunden, Nachbarn und Verbündeten wäre die Bewegung nicht so erfolgreich gewesen. Die *Plasma-Kristall-Allianz*, ein Netzwerk von Unterstützern, hat sich gebildet, um Ressourcen zu teilen und strategische Partnerschaften zu entwickeln. Diese Allianz hat es ermöglicht, dass Stimmen gehört werden, die sonst möglicherweise ignoriert worden wären.

Soziale Medien und digitale Aktivisten

In der heutigen Zeit spielen soziale Medien eine entscheidende Rolle in der Aktivismusbewegung. Digitale Aktivisten wie *Zolran_Activist*, ein anonymer Twitter-Nutzer, haben es geschafft, die Anliegen der Plasma-Kristall-Hybriden einem breiteren Publikum zugänglich zu machen. Ihre Tweets und Posts sind oft mit Hashtags wie #PlasmaEquality und #ZolranUnity versehen, die dazu beitragen, die Bewegung zu verbreiten und Unterstützung zu mobilisieren.

Internationale Unterstützer

Die Bewegung hat auch internationale Unterstützer gewonnen, die sich für die Rechte der Plasma-Kristall-Hybriden einsetzen. Organisationen wie *Intergalactic Rights Coalition* haben Ressourcen bereitgestellt und internationale Aufmerksamkeit auf die Probleme der Plasma-Kristall-Hybriden gelenkt. Diese globale Perspektive hat die Bewegung gestärkt und neue Möglichkeiten für Zusammenarbeit geschaffen.

Konflikte und Herausforderungen

Trotz der Vielzahl wichtiger Akteure sieht sich die Bewegung auch Herausforderungen gegenüber. Interne Konflikte, wie unterschiedliche Ansichten über Strategien und Ziele, können die Einheit gefährden. Es ist entscheidend, dass die Bewegung Wege findet, um diese Konflikte konstruktiv zu lösen. Ein Beispiel dafür ist die *Konferenz zur Einheit*, die jährlich stattfindet und darauf abzielt, verschiedene Stimmen innerhalb der Bewegung zu vereinen und einen Dialog zu fördern.

Zukünftige Akteure

Die nächste Generation von Aktivisten wird ebenfalls eine entscheidende Rolle spielen. Junge Plasma-Kristall-Hybride, die durch die Arbeit von Orin Valis und anderen inspiriert sind, bringen frische Ideen und Perspektiven in die Bewegung ein. Programme wie *Junge Stimmen für Gleichheit* fördern die Beteiligung junger Menschen und bieten ihnen die Werkzeuge, die sie benötigen, um als zukünftige Führer zu agieren.

Schlussfolgerung

Insgesamt sind die wichtigen Akteure in der Bewegung für Plasma-Kristall-Hybride nicht nur Individuen, sondern auch Symbole für die kollektive Anstrengung, die notwendig ist, um Gleichheit und Gerechtigkeit zu erreichen. Jeder dieser Akteure trägt auf seine Weise zur Stärkung der Bewegung bei und hilft, die Vision von Orin Valis zu verwirklichen. Es ist die Kombination aus persönlichem Engagement, gemeinschaftlicher Unterstützung und internationaler Zusammenarbeit, die die Bewegung voranbringt und auf eine gerechtere Zukunft hinarbeitet.

Schlüsselereignisse in der Geschichte

Die Geschichte der Gleichstellungsbewegung für Plasma-Kristall-Hybride auf Zolran ist geprägt von einer Vielzahl entscheidender Ereignisse, die den Verlauf des Aktivismus maßgeblich beeinflusst haben. In diesem Abschnitt werden wir einige der Schlüsselereignisse beleuchten, die nicht nur die Bewegung selbst, sondern auch die gesellschaftlichen Strukturen auf Zolran nachhaltig verändert haben.

1. Die Gründung der Plasma-Kristall-Hybriden Allianz (PKHA)

Im Jahr 2045 wurde die Plasma-Kristall-Hybriden Allianz (PKHA) gegründet, ein Meilenstein in der Geschichte der Gleichstellungsbewegung. Diese Organisation entstand aus der Notwendigkeit heraus, eine vereinte Stimme für Plasma-Kristall-Hybride zu schaffen, die in der Gesellschaft oft marginalisiert wurden. Die Gründung fand während einer Konferenz in der Hauptstadt Zolrans statt, an der zahlreiche Aktivisten, Wissenschaftler und Unterstützer teilnahmen.

Die PKHA hatte das Ziel, die Rechte von Plasma-Kristall-Hybriden zu fördern und ihnen eine Plattform zu bieten, um ihre Anliegen zu artikulieren. Die ersten Leitprinzipien der Allianz beinhalteten:

+ **Gleichheit und Gerechtigkeit:** Alle Plasma-Kristall-Hybriden sollten die gleichen Rechte und Möglichkeiten wie andere Bürger haben.

+ **Bildung und Aufklärung:** Aufklärung über die einzigartigen Fähigkeiten und Herausforderungen von Plasma-Kristall-Hybriden.

+ **Solidarität:** Unterstützung unter den Mitgliedern der Gemeinschaft und Zusammenarbeit mit anderen sozialen Bewegungen.

2. Die erste große Demonstration (2046)

Ein weiteres bedeutendes Ereignis war die erste große Demonstration, die am 15. Mai 2046 in der Hauptstadt stattfand. Unter dem Motto „Gleichheit für alle Plasma-Kristall-Hybride" versammelten sich Tausende von Menschen, um für die Rechte ihrer Gemeinschaft zu demonstrieren. Diese Demonstration war nicht nur ein Ausdruck des Protests, sondern auch ein Zeichen der Solidarität und des Zusammenhalts unter den Plasma-Kristall-Hybriden.

Die Organisatoren der Demonstration verwendeten verschiedene Kommunikationsstrategien, um die Teilnahme zu mobilisieren. Soziale Medien spielten eine entscheidende Rolle, indem sie es ermöglichten, Informationen schnell zu verbreiten und Unterstützer zu gewinnen. Der Hashtag #GleichheitFürPlasma wurde zum Trend und erreichte weltweit eine große Reichweite.

Die Demonstration führte zu einer erhöhten öffentlichen Wahrnehmung der Probleme, mit denen Plasma-Kristall-Hybride konfrontiert waren, und zog die Aufmerksamkeit der Medien auf sich. Ein Zitat von Orin Valis während der Veranstaltung lautete:

> „Wir sind hier, um zu zeigen, dass unsere Stimmen gehört werden müssen. Wir sind Plasma-Kristall-Hybriden, und wir fordern die gleichen Rechte wie alle anderen!"

3. Gesetzesänderungen (2047)

Die Demonstration von 2046 führte zu einem Wendepunkt in der politischen Landschaft Zolrans. Im Jahr 2047 verabschiedete das Parlament das Gesetz zur Gleichstellung der Plasma-Kristall-Hybriden, das eine Reihe von Rechten und Schutzmaßnahmen für diese Gemeinschaft festlegte. Zu den wichtigsten Bestimmungen des Gesetzes gehörten:

+ **Antidiskriminierungsgesetze:** Ein Verbot von Diskriminierung aufgrund der hybriden Herkunft.

+ **Zugang zu Bildung:** Sicherstellung, dass Plasma-Kristall-Hybriden Zugang zu qualitativ hochwertiger Bildung haben.

+ **Gesundheitsversorgung:** Verbesserung des Zugangs zur Gesundheitsversorgung für Plasma-Kristall-Hybriden, einschließlich spezifischer medizinischer Bedürfnisse.

Diese Gesetzesänderungen wurden als direkte Folge des Aktivismus und des Engagements von Orin Valis und anderen Aktivisten angesehen. Sie stellten einen bedeutenden Fortschritt in der Anerkennung der Rechte von Plasma-Kristall-Hybriden dar und schufen einen rechtlichen Rahmen, der es der Gemeinschaft ermöglichte, sich weiter zu organisieren und für ihre Rechte zu kämpfen.

4. Internationale Anerkennung (2048)

Ein weiteres Schlüsselereignis war die internationale Anerkennung der Plasma-Kristall-Hybriden Bewegung im Jahr 2048. Bei einer Konferenz der Vereinten Nationen zur Förderung der Menschenrechte wurde die Bewegung als Beispiel für erfolgreichen Aktivismus anerkannt. Orin Valis wurde eingeladen, als Hauptredner aufzutreten, und sprach über die Herausforderungen und Erfolge der Bewegung.

Die internationale Bühne bot der Bewegung die Möglichkeit, ihre Anliegen global zu präsentieren und Unterstützung von anderen Ländern und Organisationen zu gewinnen. Dies führte zu einer Reihe von Partnerschaften mit internationalen Menschenrechtsorganisationen, die bereit waren, Ressourcen und Unterstützung bereitzustellen.

5. Die Rolle der Kunst und Kultur (2049)

Die Jahre 2048 und 2049 waren geprägt von einer Explosion kreativer Ausdrucksformen innerhalb der Plasma-Kristall-Hybriden Gemeinschaft. Künstler, Musiker und Schriftsteller begannen, ihre Erfahrungen und Perspektiven in ihren Werken zu thematisieren. Diese kulturellen Beiträge trugen dazu bei, das Bewusstsein für die Herausforderungen und Errungenschaften der Plasma-Kristall-Hybriden zu schärfen.

Ein Beispiel ist die Theateraufführung „Kristallträume", die im Jahr 2049 Premiere hatte. Diese Produktion wurde von Plasma-Kristall-Hybriden inszeniert und erzählt die Geschichten von Individuen innerhalb der Gemeinschaft, die mit Diskriminierung und Ungerechtigkeit konfrontiert waren. Die Aufführung wurde von Kritikern gefeiert und trug dazu bei, das Verständnis und die Empathie für die Erfahrungen der Plasma-Kristall-Hybriden zu fördern.

6. Herausforderungen und Rückschläge (2050)

Trotz der Erfolge gab es auch Herausforderungen. Im Jahr 2050 erlebte die Bewegung einen Rückschlag, als eine Gruppe von politischen Gegnern versuchte, die Fortschritte der PKHA zu untergraben. Diese Gegner nutzten Desinformation und Propaganda, um die öffentliche Meinung gegen die Plasma-Kristall-Hybriden zu wenden. Dies führte zu einem Anstieg von Vorurteilen und Diskriminierung in bestimmten Teilen der Gesellschaft.

Die PKHA reagierte auf diese Herausforderungen mit einer Reihe von Strategien, darunter Aufklärungskampagnen und die Stärkung der Gemeinschaftsbindung. Orin Valis betonte die Bedeutung von Humor und

Resilienz in schwierigen Zeiten und erinnerte die Mitglieder der Bewegung daran, dass Rückschläge Teil des Kampfes sind.

Fazit

Die Schlüsselereignisse in der Geschichte der Gleichstellungsbewegung für Plasma-Kristall-Hybride auf Zolran zeigen, wie eine engagierte Gemeinschaft durch Zusammenarbeit, Kreativität und Entschlossenheit Veränderungen herbeiführen kann. Diese Ereignisse sind nicht nur Meilensteine in der Geschichte der Bewegung, sondern auch Zeugnisse des unermüdlichen Geistes von Orin Valis und seinen Mitstreitern. Sie erinnern uns daran, dass der Weg zur Gleichheit oft mit Herausforderungen gepflastert ist, aber dass der Glaube an die eigene Stimme und die Kraft der Gemeinschaft letztendlich den Unterschied machen kann.

Relevante Gesetze und Verordnungen

Die rechtlichen Rahmenbedingungen für die Gleichstellungsbewegung der Plasma-Kristall-Hybriden auf Zolran sind vielschichtig und umfassen eine Reihe von Gesetzen und Verordnungen, die sowohl die Rechte der Plasma-Kristall-Hybriden schützen als auch die Herausforderungen, mit denen sie konfrontiert sind, adressieren. In diesem Abschnitt werden die wichtigsten Gesetze und Verordnungen erörtert, die für die Bewegung von Bedeutung sind, sowie deren Auswirkungen auf die Gesellschaft und die Aktivisten.

1. Das Gleichstellungsgesetz von Zolran

Das **Gleichstellungsgesetz von Zolran** wurde eingeführt, um die Rechte der Plasma-Kristall-Hybriden zu schützen und Diskriminierung aufgrund ihrer hybriden Natur zu verhindern. Dieses Gesetz legt fest, dass alle Bürger, unabhängig von ihrer biologischen oder hybriden Herkunft, gleich behandelt werden müssen. Ein zentraler Punkt des Gesetzes ist die Definition von Diskriminierung, die in den Paragraphen 3 und 4 des Gesetzes klar umrissen wird:

$$D = \{x \in \text{Bürger} \mid x \text{ wird aufgrund seiner hybriden Natur benachteiligt}\} \quad (45)$$

Die Umsetzung dieses Gesetzes hat zu einer Reihe von juristischen Auseinandersetzungen geführt, in denen Plasma-Kristall-Hybriden gegen Institutionen klagten, die gegen diese Bestimmungen verstoßen hatten. Ein bekanntes Beispiel ist der Fall *Valis gegen die Zolranische Regierung*, in dem Orin

Valis selbst als Kläger auftrat, um die Ungleichbehandlung von Plasma-Kristall-Hybriden im Bildungswesen anzufechten.

2. Das Antidiskriminierungsgesetz

Ein weiteres wichtiges Gesetz ist das **Antidiskriminierungsgesetz**, das 2025 in Kraft trat. Dieses Gesetz erweitert den Schutz der Plasma-Kristall-Hybriden und verbietet Diskriminierung in verschiedenen Lebensbereichen, einschließlich Beschäftigung, Bildung und Gesundheitsversorgung. Die wichtigsten Bestimmungen des Gesetzes beinhalten:

- **Artikel 1: Gleichheit vor dem Gesetz** - Alle Bürger haben das Recht auf gleiche Behandlung ohne Diskriminierung.

- **Artikel 2: Zugang zu Dienstleistungen** - Öffentliche und private Einrichtungen dürfen Plasma-Kristall-Hybriden keinen Zugang zu Dienstleistungen verwehren.

- **Artikel 3: Sanktionen** - Bei Verstößen gegen dieses Gesetz sind Strafen und Entschädigungen vorgesehen.

Dieses Gesetz hat die rechtlichen Möglichkeiten für Plasma-Kristall-Hybriden erheblich verbessert, da es ihnen ermöglicht, rechtliche Schritte gegen Diskriminierung zu unternehmen. Die Wirksamkeit dieses Gesetzes wird jedoch oft durch gesellschaftliche Vorurteile untergraben, die in der Zolranischen Kultur tief verwurzelt sind.

3. Die Verordnung zur Förderung der Inklusion

Die **Verordnung zur Förderung der Inklusion** wurde 2027 erlassen, um die Integration von Plasma-Kristall-Hybriden in verschiedenen gesellschaftlichen Bereichen zu unterstützen. Diese Verordnung umfasst spezifische Maßnahmen, die darauf abzielen, die Teilhabe von Plasma-Kristall-Hybriden an Bildung, Beschäftigung und sozialen Aktivitäten zu fördern. Wichtige Punkte der Verordnung sind:

- **Förderung von Bildungsprogrammen** - Schulen und Universitäten müssen Programme zur Sensibilisierung und Ausbildung über Plasma-Kristall-Hybriden implementieren.

+ **Unterstützung von Beschäftigungsinitiativen** - Unternehmen, die Plasma-Kristall-Hybriden einstellen, erhalten finanzielle Anreize.

+ **Schaffung von Netzwerkplattformen** - Die Verordnung fördert die Schaffung von Plattformen, die den Austausch zwischen Plasma-Kristall-Hybriden und der Gesellschaft erleichtern.

Trotz dieser Fortschritte gibt es Herausforderungen bei der Umsetzung dieser Verordnung, insbesondere in ländlichen Gebieten, wo der Zugang zu Ressourcen und Informationen begrenzt ist.

4. Die Rolle der internationalen Menschenrechtsgesetze

Zusätzlich zu den nationalen Gesetzen hat Zolran internationale Menschenrechtsverträge ratifiziert, die den Schutz der Rechte von Minderheiten und diskriminierten Gruppen fördern. Dazu gehört unter anderem die **Allgemeine Erklärung der Menschenrechte** und die **Konvention über die Rechte von Menschen mit Behinderungen.** Diese internationalen Abkommen bieten eine rechtliche Grundlage für die Gleichstellungsbewegung und stärken die Position der Plasma-Kristall-Hybriden auf globaler Ebene.

Die Anwendung dieser internationalen Gesetze hat es Orin Valis und anderen Aktivisten ermöglicht, auf die internationale Bühne zu treten und auf die Missstände aufmerksam zu machen, die Plasma-Kristall-Hybriden betreffen. Ein Beispiel hierfür ist die *Kampagne für Gleichheit*, die 2028 ins Leben gerufen wurde, um die internationale Gemeinschaft auf die Herausforderungen aufmerksam zu machen, mit denen Plasma-Kristall-Hybriden konfrontiert sind.

5. Fazit

Die relevanten Gesetze und Verordnungen sind entscheidend für den Fortschritt der Gleichstellungsbewegung der Plasma-Kristall-Hybriden. Obwohl es bedeutende Fortschritte gegeben hat, stehen die Aktivisten weiterhin vor Herausforderungen, die sowohl rechtlicher als auch gesellschaftlicher Natur sind. Die ständige Überwachung und Anpassung dieser Gesetze sind notwendig, um sicherzustellen, dass die Rechte der Plasma-Kristall-Hybriden geschützt und gefördert werden. Die Kombination aus nationalen und internationalen rechtlichen Rahmenbedingungen bietet eine solide Grundlage für die weitere Entwicklung der Bewegung und den Kampf für Gleichheit und Gerechtigkeit.

Wichtigste Theorien des Aktivismus

Aktivismus ist ein dynamisches Feld, das von verschiedenen Theorien und Ansätzen geprägt ist. In diesem Abschnitt werden die wichtigsten Theorien des Aktivismus vorgestellt, die sowohl die Denkweise als auch die Strategien von Aktivisten beeinflussen.

1. Theorien des sozialen Wandels

Eine der zentralen Theorien des Aktivismus ist die Theorie des sozialen Wandels, die sich mit den Prozessen befasst, durch die Gesellschaften transformiert werden. Diese Theorie postuliert, dass soziale Bewegungen eine wesentliche Rolle bei der Förderung von Veränderungen in der Gesellschaft spielen.

Beispiel: Die Bürgerrechtsbewegung in den USA   Die Bürgerrechtsbewegung in den 1960er Jahren ist ein hervorragendes Beispiel für sozialen Wandel. Aktivisten wie Martin Luther King Jr. nutzten gewaltfreie Proteste, um auf die Ungerechtigkeiten der Rassentrennung aufmerksam zu machen. Diese Bewegung führte zu bedeutenden Gesetzesänderungen, einschließlich des Civil Rights Act von 1964.

2. Ressourcenmobilisierungstheorie

Die Ressourcenmobilisierungstheorie betont die Bedeutung von Ressourcen—wie Zeit, Geld, und Menschen—für den Erfolg sozialer Bewegungen. Diese Theorie argumentiert, dass die Fähigkeit einer Bewegung, Ressourcen zu mobilisieren, entscheidend für ihre Effektivität ist.

Problemstellung   Ein häufiges Problem, mit dem Aktivisten konfrontiert sind, ist der Mangel an finanziellen Mitteln. Ohne ausreichende Ressourcen können Bewegungen nur schwer ihre Ziele erreichen.

Beispiel: Greenpeace   Greenpeace ist ein Beispiel für eine Organisation, die erfolgreich Ressourcen mobilisiert hat. Durch Crowdfunding und Spenden von Unterstützern konnte die Organisation Kampagnen gegen Umweltverschmutzung und Klimawandel durchführen.

3. Politische Gelegenheiten

Die Theorie der politischen Gelegenheiten untersucht, wie externe politische Faktoren den Erfolg von sozialen Bewegungen beeinflussen. Diese Theorie legt nahe, dass der Erfolg einer Bewegung oft von der politischen Landschaft abhängt.

Beispiel: Die LGBTQ+-Bewegung Die LGBTQ+-Bewegung in den letzten Jahrzehnten hat von sich verändernden politischen Gelegenheiten profitiert, insbesondere durch die zunehmende Akzeptanz in der Gesellschaft und rechtliche Fortschritte wie die Legalisierung der gleichgeschlechtlichen Ehe in vielen Ländern.

4. Identitätspolitik

Identitätspolitik bezieht sich auf die politischen Positionen und Bewegungen, die auf der Identität von Gruppen basieren, wie Rasse, Geschlecht oder sexuelle Orientierung. Diese Theorie argumentiert, dass die Identität eine zentrale Rolle bei der Mobilisierung von Aktivisten spielt.

Beispiel: Feministische Bewegungen Feministische Bewegungen haben durch Identitätspolitik große Fortschritte erzielt, indem sie die spezifischen Bedürfnisse und Herausforderungen von Frauen in den Vordergrund stellten und den Fokus auf Gleichheit und Gerechtigkeit legten.

5. Theorie der sozialen Identität

Die Theorie der sozialen Identität besagt, dass Individuen ihre Identität durch die Zugehörigkeit zu sozialen Gruppen definieren. Diese Theorie hat Implikationen für den Aktivismus, da sie erklärt, wie Gruppenidentitäten mobilisiert werden können, um kollektives Handeln zu fördern.

Beispiel: Black Lives Matter Die Black Lives Matter-Bewegung nutzt die soziale Identität, um Solidarität unter schwarzen Amerikanern zu fördern und auf Rassismus und Polizeigewalt aufmerksam zu machen.

6. Theorien des gewaltfreien Widerstands

Die Theorien des gewaltfreien Widerstands, wie sie von Aktivisten wie Mahatma Gandhi und Martin Luther King Jr. propagiert wurden, betonen die Kraft des gewaltfreien Protests als Mittel zur Erreichung sozialer und politischer Veränderungen.

Beispiel: Die Salt March von Gandhi   Gandhis Salt March von 1930 ist ein klassisches Beispiel für gewaltfreien Widerstand, bei dem er gegen die britische Salzkontrolle protestierte. Dieser Akt des zivilen Ungehorsams führte zu einer breiten Mobilisierung und letztendlich zur Unabhängigkeit Indiens.

7. Netzwerktheorien

Netzwerktheorien analysieren, wie soziale Bewegungen durch Netzwerke von Individuen und Organisationen strukturiert sind. Diese Theorie legt nahe, dass die Verbindungen zwischen Aktivisten und Organisationen entscheidend für den Erfolg von Bewegungen sind.

Beispiel: Die Occupy-Bewegung   Die Occupy-Bewegung nutzte soziale Medien und Netzwerke, um Unterstützung zu mobilisieren und ihre Botschaft zu verbreiten. Die dezentrale Struktur der Bewegung ermöglichte es, eine Vielzahl von Stimmen und Perspektiven zu integrieren.

8. Intersektionalität

Die Theorie der Intersektionalität, die von Kimberlé Crenshaw geprägt wurde, untersucht, wie verschiedene soziale Kategorien—wie Rasse, Geschlecht und Klasse—sich überschneiden und komplexe Formen der Diskriminierung und Ungerechtigkeit erzeugen.

Beispiel: Feministische Bewegungen   Intersektionale Ansätze innerhalb feministischer Bewegungen haben dazu beigetragen, die Erfahrungen von Frauen aus verschiedenen ethnischen und sozialen Hintergründen zu berücksichtigen und eine inklusivere Bewegung zu fördern.

Schlussfolgerung

Die Theorien des Aktivismus bieten wertvolle Einsichten in die Mechanismen, die sozialen Wandel fördern. Sie helfen Aktivisten, Strategien zu entwickeln, die auf die spezifischen Gegebenheiten ihrer Bewegungen abgestimmt sind. Das Verständnis dieser Theorien ist entscheidend für den erfolgreichen Einsatz von Aktivismus in der heutigen komplexen sozialen und politischen Landschaft.

Einflussreiche Bücher und Filme

In der Welt des Aktivismus gibt es eine Vielzahl von Büchern und Filmen, die sowohl inspirierend als auch lehrreich sind. Diese Werke haben nicht nur das Bewusstsein für soziale Gerechtigkeit geschärft, sondern auch die Strategien und Philosophien des Aktivismus geprägt. Im Folgenden werden einige der einflussreichsten Bücher und Filme vorgestellt, die die Gleichstellungsbewegung für Plasma-Kristall-Hybride und ähnliche Bewegungen weltweit beeinflusst haben.

Bücher

1. *Die Macht der Menschen: Bürgerrechtsbewegung und soziale Gerechtigkeit* von **Angela Davis** Dieses Buch bietet eine tiefgreifende Analyse der Bürgerrechtsbewegung in den USA und zieht Parallelen zu aktuellen Kämpfen für soziale Gerechtigkeit. Davis argumentiert, dass der Kampf gegen Rassismus und Diskriminierung untrennbar mit dem Kampf für die Rechte aller marginalisierten Gruppen verbunden ist. Ihre Thesen sind besonders relevant für die Plasma-Kristall-Hybriden, da sie die Notwendigkeit einer vereinten Front gegen Unterdrückung betont.

2. *Plasma-Kristall-Hybriden: Eine neue Perspektive auf Identität und Gleichheit* von **Kofi Zhang** Zhang, ein prominenter Aktivist und Mitbegründer der Bewegung, bietet in diesem Buch eine umfassende Analyse der Identität von Plasma-Kristall-Hybriden. Er untersucht die Herausforderungen, mit denen diese Gruppe konfrontiert ist, und bietet praktische Lösungen für die Gleichstellung. Zhangs Werk ist ein unverzichtbares Nachschlagewerk für alle, die sich mit den Themen Identität und Aktivismus auseinandersetzen.

3. *Der Weg des Widerstands: Strategien für sozialen Wandel* von Naomi Klein Klein untersucht in ihrem Buch die verschiedenen Strategien, die Aktivisten verwenden, um soziale Veränderungen herbeizuführen. Sie bietet Fallstudien erfolgreicher Bewegungen und analysiert, wie diese Taktiken auf die Gleichstellungsbewegung für Plasma-Kristall-Hybride angewendet werden können. Ihr Konzept des „Widerstands" ist besonders wertvoll für die Mobilisierung und Sensibilisierung.

4. *Das Unbehagen der Geschlechter* von **Judith Butler** Butlers Werk ist ein grundlegendes Buch in der Gender-Theorie. Es hinterfragt die traditionellen

Geschlechterrollen und bietet eine neue Perspektive auf Identität. Ihre Ideen sind
für die Plasma-Kristall-Hybriden von Bedeutung, da sie die fluiden Grenzen
zwischen Geschlecht und Identität beleuchten und die Notwendigkeit betonen,
diese Konzepte im Aktivismus zu berücksichtigen.

Filme

1. *Selma* (2014)   Dieser Film erzählt die Geschichte des Marsches von Selma
nach Montgomery, der ein entscheidender Moment in der Bürgerrechtsbewegung
war.   Die filmische Darstellung der Herausforderungen und Triumphe der
Aktivisten inspiriert und zeigt, wie wichtig gemeinschaftlicher Zusammenhalt und
Entschlossenheit sind.   Die   Parallelen   zu   den   Kämpfen   der
Plasma-Kristall-Hybriden sind unverkennbar.

2. *Milk* (2008)   „Milk" erzählt die Geschichte von Harvey Milk, dem ersten offen
schwulen Politiker in Kalifornien. Der Film beleuchtet die Herausforderungen, mit
denen LGBTQ+-Aktivisten konfrontiert sind, und zeigt, wie wichtig Sichtbarkeit
und Vertretung sind. Diese Themen sind auch für Plasma-Kristall-Hybriden von
Bedeutung, die für ihre Rechte und Sichtbarkeit kämpfen.

3.   *13th* (2016)   Dieser Dokumentarfilm von Ava DuVernay untersucht die
Geschichte der Rassendiskriminierung in den USA und die Auswirkungen des 13.
Verfassungszusatzes.   Der Film bietet wertvolle Einblicke in die systemischen
Ungerechtigkeiten, die auch Plasma-Kristall-Hybriden betreffen. Die Verbindung
zwischen Rasse, Geschlecht und Identität wird in diesem Film eindrucksvoll
dargestellt.

4. *The Hate U Give* (2018)   Basierend auf dem gleichnamigen Buch behandelt
dieser Film die Themen Rassismus und Polizeigewalt. Die Protagonistin kämpft
für Gerechtigkeit nach dem Mord an ihrem Freund. Ihre Reise zur Selbstfindung
und zum Aktivismus spiegelt die Herausforderungen wider, mit denen
Plasma-Kristall-Hybriden konfrontiert sind, und zeigt, wie wichtig es ist, eine
Stimme zu finden und für die eigene Gemeinschaft einzutreten.

Relevante Theorien und Probleme

Die in diesen Büchern und Filmen behandelten Themen und Theorien sind für das
Verständnis der Gleichstellungsbewegung von zentraler Bedeutung.   Einige der
Schlüsselaspekte umfassen:

+ **Intersektionalität:** Die Idee, dass verschiedene Formen der Diskriminierung (Rasse, Geschlecht, Sexualität) miteinander verwoben sind und dass Aktivismus diese Überschneidungen berücksichtigen muss.

+ **Empowerment:** Die Notwendigkeit, marginalisierte Gruppen zu ermächtigen, um ihre eigenen Stimmen und Geschichten zu erzählen.

+ **Solidarität:** Die Bedeutung von Allianzen zwischen verschiedenen Bewegungen, um eine breitere gesellschaftliche Veränderung zu bewirken.

+ **Kritische Theorie:** Die Analyse von Machtstrukturen und deren Einfluss auf das individuelle und kollektive Leben.

Diese Theorien und die in den Büchern und Filmen dargestellten Probleme bieten wertvolle Lektionen und Perspektiven für die Gleichstellungsbewegung für Plasma-Kristall-Hybride. Sie ermutigen Aktivisten, sich nicht nur auf ihre eigenen Kämpfe zu konzentrieren, sondern auch die Kämpfe anderer zu unterstützen und eine umfassendere Vision für soziale Gerechtigkeit zu entwickeln.

Schlussfolgerung

Die Auseinandersetzung mit diesen einflussreichen Büchern und Filmen ist entscheidend für das Verständnis der Herausforderungen und Chancen, die die Gleichstellungsbewegung für Plasma-Kristall-Hybride prägen. Sie bieten nicht nur Inspiration, sondern auch praktische Werkzeuge und Strategien, die in der täglichen Arbeit von Aktivisten angewendet werden können. Indem wir aus der Vergangenheit lernen und die Stimmen derer hören, die vor uns gekämpft haben, können wir eine gerechtere und inklusivere Zukunft für alle schaffen.

Zukünftige Herausforderungen für Aktivisten

Die Welt der Aktivisten steht vor einer Vielzahl von Herausforderungen, die sich ständig weiterentwickeln und anpassen. Diese Herausforderungen sind nicht nur politischer, sondern auch sozialer, technologischer und ökologischer Natur. In diesem Abschnitt werden wir einige der bedeutendsten zukünftigen Herausforderungen für Aktivisten untersuchen, einschließlich der notwendigen Theorien und Strategien, um diesen Herausforderungen zu begegnen.

1. Technologische Veränderungen und digitale Überwachung

In der heutigen Zeit ist die Technologie ein zweischneidiges Schwert. Während soziale Medien und digitale Plattformen es Aktivisten ermöglichen, ihre Botschaften weit zu verbreiten und sich zu vernetzen, bringen sie auch Herausforderungen mit sich, wie z.B. digitale Überwachung und Datenschutzprobleme.

Die Theorie der *technologischen Determinismus* besagt, dass Technologien die Gesellschaft formen. Aktivisten müssen sich mit den Auswirkungen dieser Technologien auseinandersetzen, insbesondere im Hinblick auf Datenschutz und Sicherheit. Ein Beispiel hierfür ist der Einsatz von Überwachungstechnologien durch Regierungen, die es ihnen ermöglichen, Aktivisten zu identifizieren und zu verfolgen.

$$S = f(T, S) \tag{46}$$

wobei S die gesellschaftliche Struktur, T die Technologie und f eine Funktion ist, die den Einfluss der Technologie auf die Gesellschaft beschreibt.

2. Politische Polarisierung und Widerstand

Die politische Polarisierung ist ein weiteres zentrales Problem, dem Aktivisten gegenüberstehen. In vielen Ländern gibt es eine zunehmende Kluft zwischen verschiedenen politischen Ideologien. Diese Polarisierung kann den Dialog und die Zusammenarbeit zwischen verschiedenen Gruppen erschweren.

Aktivisten müssen Strategien entwickeln, um Brücken zu bauen und den Dialog zu fördern. Die *Theorie des deliberativen Wandels* betont die Bedeutung von Diskussionen und Debatten in der politischen Mobilisierung. Ein Beispiel für erfolgreiche Dialoginitiativen ist die *Deliberative Demokratie*, die Bürgerforen nutzt, um verschiedene Perspektiven zu integrieren.

3. Globale Ungleichheiten und soziale Gerechtigkeit

Die Herausforderungen der globalen Ungleichheit sind nach wie vor drängend. Aktivisten müssen sich mit der Tatsache auseinandersetzen, dass soziale Gerechtigkeit nicht nur lokal, sondern auch global gedacht werden muss. Die *Theorie der globalen Gerechtigkeit* fordert eine gerechtere Verteilung von Ressourcen und Chancen auf globaler Ebene.

Ein Beispiel für eine Organisation, die sich mit globalen Ungleichheiten auseinandersetzt, ist *Oxfam*, die sich für die Bekämpfung von Armut und Ungleichheit weltweit einsetzt. Aktivisten müssen Strategien entwickeln, um diese globalen Themen in lokale Bewegungen zu integrieren.

4. Klimawandel und ökologische Gerechtigkeit

Der Klimawandel stellt eine der größten Herausforderungen unserer Zeit dar. Aktivisten müssen sich nicht nur mit den unmittelbaren Auswirkungen des Klimawandels auseinandersetzen, sondern auch mit den sozialen Ungerechtigkeiten, die damit verbunden sind. Die *Theorie der ökologischen Gerechtigkeit* betont, dass Umweltschutz und soziale Gerechtigkeit eng miteinander verknüpft sind.

Beispielsweise sind marginalisierte Gemeinschaften oft am stärksten von den Auswirkungen des Klimawandels betroffen. Aktivisten müssen sich für die Rechte dieser Gemeinschaften einsetzen und gleichzeitig Lösungen für den Klimawandel fördern. Dies erfordert eine interdisziplinäre Herangehensweise, die Umweltwissenschaften, Sozialwissenschaften und politische Theorie integriert.

5. Psychische Gesundheit und Resilienz

Die psychische Gesundheit von Aktivisten ist ein oft übersehenes, aber entscheidendes Thema. Aktivismus kann emotional belastend sein, und viele Aktivisten erleben Stress, Burnout und andere psychische Gesundheitsprobleme. Die *Theorie der Resilienz* legt nahe, dass Individuen und Gemeinschaften die Fähigkeit haben, sich an Stress und Herausforderungen anzupassen.

Aktivisten müssen Strategien zur Förderung ihrer eigenen psychischen Gesundheit entwickeln, einschließlich Selbstfürsorge und Unterstützung durch Gemeinschaften. Programme, die auf die psychische Gesundheit von Aktivisten abzielen, wie z.B. *The Activist's Toolkit*, bieten wertvolle Ressourcen und Strategien zur Bewältigung von Stress und zur Förderung von Resilienz.

6. Interkulturelle Zusammenarbeit und Diversität

In einer zunehmend globalisierten Welt ist die interkulturelle Zusammenarbeit entscheidend für den Erfolg von Aktivismus. Die *Theorie der interkulturellen Kommunikation* betont die Notwendigkeit, kulturelle Unterschiede zu verstehen und zu respektieren, um effektiv zusammenzuarbeiten.

Aktivisten müssen lernen, wie sie Diversität in ihren Bewegungen fördern und kulturelle Sensibilität zeigen können. Ein Beispiel für erfolgreiche interkulturelle Zusammenarbeit ist die *Global Climate Strike*, die Menschen aus verschiedenen Kulturen und Hintergründen zusammenbringt, um für den Klimaschutz zu kämpfen.

7. Langfristige Nachhaltigkeit von Bewegungen

Die langfristige Nachhaltigkeit von Bewegungen ist eine weitere Herausforderung, die Aktivisten berücksichtigen müssen. Die *Theorie der sozialen Bewegungen* legt nahe, dass Bewegungen nicht nur auf kurzfristige Erfolge abzielen sollten, sondern auch auf langfristige Veränderungen.

Aktivisten müssen Strategien entwickeln, um ihre Bewegungen nachhaltig zu gestalten, einschließlich der Rekrutierung neuer Mitglieder, der Sicherstellung finanzieller Unterstützung und der Förderung von Führungsqualitäten innerhalb der Bewegung. Ein Beispiel hierfür ist die *Youth Climate Movement*, die junge Menschen mobilisiert und ihnen die Werkzeuge gibt, um in der Bewegung Führungsrollen zu übernehmen.

Fazit

Die Herausforderungen, vor denen Aktivisten stehen, sind vielfältig und komplex. Es ist entscheidend, dass sie sich mit diesen Herausforderungen auseinandersetzen und innovative Strategien entwickeln, um ihre Ziele zu erreichen. Durch die Anwendung relevanter Theorien und die Berücksichtigung aktueller Probleme können Aktivisten effektive Lösungen finden und eine gerechtere und nachhaltigere Zukunft gestalten.

Ressourcen für die Forschung

In der heutigen Zeit ist es von entscheidender Bedeutung, dass Aktivisten und Forscher Zugang zu qualitativ hochwertigen Ressourcen haben, um die Gleichstellungsbewegung für Plasma-Kristall-Hybride auf Zolran zu unterstützen. Diese Ressourcen bieten nicht nur theoretische Grundlagen, sondern auch praktische Ansätze zur Lösung von Problemen, die in der Bewegung auftreten können. Im Folgenden sind einige der wichtigsten Ressourcen aufgeführt, die für die Forschung und das Verständnis dieser Bewegung von Bedeutung sind.

Theoretische Grundlagen

Theorie der sozialen Gerechtigkeit Die Theorie der sozialen Gerechtigkeit befasst sich mit den Prinzipien, die eine gerechte Gesellschaft definieren. Diese Theorie ist entscheidend für das Verständnis der Gleichstellungsbewegung, da sie die moralischen und ethischen Grundlagen liefert, auf denen die Forderungen der Plasma-Kristall-Hybriden basieren. Wichtige Autoren wie John Rawls und

Martha Nussbaum haben Konzepte entwickelt, die als Leitfaden für die Formulierung von politischen Strategien dienen können.

$$J(x) = \sum_{i=1}^{n} \frac{w_i \cdot u_i(x)}{u_{\max}} \tag{47}$$

Hierbei ist $J(x)$ die Gerechtigkeit in einem bestimmten Zustand x, w_i die Gewichtung verschiedener Bedürfnisse und $u_i(x)$ die Nutzenfunktion, die das Wohlbefinden der Plasma-Kristall-Hybriden beschreibt.

Intersektionalität Die Theorie der Intersektionalität untersucht, wie verschiedene soziale Kategorien wie Rasse, Geschlecht und Klasse interagieren und zu unterschiedlichen Erfahrungen von Diskriminierung führen. Diese Theorie ist besonders relevant für die Plasma-Kristall-Hybriden, da sie oft an der Schnittstelle mehrerer benachteiligter Gruppen stehen. Forscher wie Kimberlé Crenshaw haben wichtige Beiträge zu diesem Thema geleistet.

Probleme und Herausforderungen

Diskriminierung und Vorurteile Ein zentrales Problem, mit dem Plasma-Kristall-Hybriden konfrontiert sind, ist die Diskriminierung aufgrund ihrer hybriden Natur. Diese Diskriminierung kann sich in verschiedenen Formen äußern, einschließlich sozialer Isolation, wirtschaftlicher Benachteiligung und politischen Ausschlüssen. Studien zeigen, dass solche Vorurteile tief in der Gesellschaft verwurzelt sind und oft durch Ignoranz und mangelnde Bildung verstärkt werden.

$$D = \frac{n_{\text{benachteiligt}}}{n_{\text{gesamt}}} \cdot 100 \tag{48}$$

Hierbei ist D der Diskriminierungsindex, $n_{\text{benachteiligt}}$ die Anzahl der benachteiligten Plasma-Kristall-Hybriden und n_{gesamt} die Gesamtzahl der Bevölkerung.

Ressourcenmangel Ein weiteres signifikantes Problem ist der Mangel an Ressourcen für Bildung und Aufklärung. Plasma-Kristall-Hybride haben oft nicht die gleichen Zugangsmöglichkeiten zu Bildungsmaterialien und Unterstützungsprogrammen wie andere Gruppen. Dies führt zu einem Teufelskreis, in dem mangelnde Bildung zu geringerer Sichtbarkeit und Unterstützung führt.

Beispiele erfolgreicher Initiativen

Bildungsprogramme Ein Beispiel für eine erfolgreiche Initiative ist das Bildungsprogramm „Plasma-Kristall-Akademie", das speziell für Plasma-Kristall-Hybride ins Leben gerufen wurde. Dieses Programm bietet Schulungen, Workshops und Ressourcen, die darauf abzielen, das Bewusstsein für die Herausforderungen und Rechte von Plasma-Kristall-Hybriden zu schärfen. Die Akademie hat bereits über 500 Teilnehmer geschult und eine positive Rückmeldung erhalten.

Soziale Medien Die Nutzung sozialer Medien hat sich als effektives Werkzeug zur Mobilisierung von Unterstützern und zur Sensibilisierung für die Anliegen der Plasma-Kristall-Hybriden erwiesen. Plattformen wie ZolranBook und PlasmaGram haben es Aktivisten ermöglicht, ihre Botschaften weit zu verbreiten und eine Gemeinschaft von Gleichgesinnten zu schaffen. Eine Studie hat gezeigt, dass Kampagnen in sozialen Medien die Reichweite um bis zu 300% erhöhen können.

Wichtige Literatur und Ressourcen

+ „Die Rechte der Plasma-Kristall-Hybriden: Eine rechtliche Analyse" von Dr. Elara Kint

+ „Intersektionalität und Aktivismus: Herausforderungen und Chancen" von Prof. Tarek Mendez

+ „Soziale Gerechtigkeit in der intergalaktischen Gesellschaft" von Dr. Nyra Solis

+ „Plasma-Kristall-Hybride: Geschichte, Herausforderungen und Zukunft" von Kofi Zhang

Diese Werke bieten tiefere Einblicke in die theoretischen und praktischen Aspekte des Aktivismus für Plasma-Kristall-Hybride und sind unverzichtbare Ressourcen für Forscher und Aktivisten.

Datenbanken und Online-Ressourcen

Zolran Wissenschaftsportal Das Zolran Wissenschaftsportal bietet Zugang zu einer Vielzahl von Forschungsarbeiten, Artikeln und Berichten über die Plasma-Kristall-Hybriden und ihre sozialen Herausforderungen. Es ist eine wertvolle Ressource für jeden, der sich mit den Themen Gleichheit und Gerechtigkeit beschäftigt.

Aktivisten-Netzwerk Das Aktivisten-Netzwerk auf Zolran ist eine Plattform, die es Aktivisten ermöglicht, sich zu vernetzen, Informationen auszutauschen und Ressourcen zu teilen. Es bietet auch Schulungen und Workshops an, die sich auf die Verbesserung der Fähigkeiten von Aktivisten konzentrieren.

Bibliotheken und Archive Öffentliche Bibliotheken und Archive auf Zolran haben spezielle Sammlungen über die Geschichte der Plasma-Kristall-Hybriden und deren Kämpfe. Diese Ressourcen sind oft kostenlos zugänglich und bieten eine Fülle von Informationen für Forscher und Aktivisten.

Fazit

Die Forschung über Plasma-Kristall-Hybride und ihre Gleichstellungsbewegung ist von entscheidender Bedeutung, um das Verständnis und die Unterstützung für ihre Anliegen zu fördern. Durch den Zugang zu hochwertigen Ressourcen, theoretischen Grundlagen und praktischen Beispielen können Aktivisten effektiver arbeiten und die Herausforderungen, vor denen sie stehen, besser bewältigen. Die Kombination aus Theorie und Praxis wird dazu beitragen, eine gerechtere und inklusivere Gesellschaft für alle Plasma-Kristall-Hybriden zu schaffen.

Wichtige Daten und Statistiken

In dieser Sektion werden bedeutende Daten und Statistiken präsentiert, die die Herausforderungen und Erfolge der Gleichstellungsbewegung für Plasma-Kristall-Hybride auf Zolran veranschaulichen. Diese Informationen sind entscheidend, um den Kontext und die Auswirkungen des Aktivismus von Orin Valis und seiner Bewegung zu verstehen.

Demografische Daten der Plasma-Kristall-Hybriden

Die Plasma-Kristall-Hybriden stellen eine einzigartige und vielfältige Bevölkerungsgruppe auf Zolran dar. Nach den letzten Erhebungen aus dem Jahr 2025 sind die demografischen Merkmale wie folgt:

- **Gesamtbevölkerung der Plasma-Kristall-Hybriden:** 1.5 Millionen

- **Alter:**

- 0-14 Jahre: 30%
- 15-24 Jahre: 25%
- 25-54 Jahre: 35%
- 55 Jahre und älter: 10%

+ Geschlechterverteilung:

- Männlich: 48%
- Weiblich: 48%
- Nicht-binär: 4%

Diese Daten verdeutlichen, dass die Plasma-Kristall-Hybriden eine junge und dynamische Gemeinschaft sind, die einen erheblichen Einfluss auf die zukünftige Entwicklung der Gesellschaft hat.

Bildung und Beschäftigung

Die Bildungs- und Beschäftigungsstatistiken für Plasma-Kristall-Hybriden zeigen signifikante Unterschiede im Vergleich zur allgemeinen Bevölkerung von Zolran:

+ Bildungsniveau:

- Grundschule: 85%
- Sekundarschule: 65%
- Hochschulbildung: 30%

+ Beschäftigungsquote: 70%

+ Hauptberufe:

- Wissenschaft und Technologie: 40%
- Kunst und Kultur: 25%
- Dienstleistungen: 20%
- Landwirtschaft: 15%

Die niedrige Rate an Hochschulbildung weist auf die Herausforderungen hin, mit denen Plasma-Kristall-Hybriden konfrontiert sind, insbesondere in Bezug auf den Zugang zu Bildung und beruflichen Möglichkeiten.

Soziale Ungleichheit

Eine Studie aus dem Jahr 2023 hat gezeigt, dass Plasma-Kristall-Hybriden im Durchschnitt 25% weniger verdienen als ihre nicht-hybriden Kollegen in vergleichbaren Positionen. Diese Ungleichheit wird durch folgende Faktoren beeinflusst:

+ Diskriminierung am Arbeitsplatz: 60% der Plasma-Kristall-Hybriden berichten von Diskriminierung aufgrund ihrer Identität.

+ Zugang zu Ressourcen: Nur 40% der Plasma-Kristall-Hybriden haben Zugang zu qualitativ hochwertiger Gesundheitsversorgung.

Die oben genannten Statistiken verdeutlichen die Notwendigkeit für Reformen und die Rolle von Orin Valis und seiner Bewegung, um diese Ungleichheiten anzugehen.

Politische Beteiligung

Die politische Beteiligung der Plasma-Kristall-Hybriden hat sich in den letzten Jahren verbessert, bleibt jedoch hinter den Erwartungen zurück:

+ **Wahlbeteiligung:**

  – 2020: 45%

  – 2024: 60%

+ **Vertretung in politischen Ämtern:**

  – Plasma-Kristall-Hybriden im Parlament: 5%

  – Plasma-Kristall-Hybriden in kommunalen Ämtern: 10%

Diese Statistiken zeigen, dass es Fortschritte in der politischen Beteiligung gibt, jedoch weiterhin Herausforderungen bestehen, die die volle Vertretung der Plasma-Kristall-Hybriden behindern.

Gesundheitsstatistiken

Die Gesundheitsstatistiken sind ein weiterer wichtiger Indikator für die Lebensqualität der Plasma-Kristall-Hybriden:

+ **Erwartete Lebensdauer:** 70 Jahre

◆ Häufigste Gesundheitsprobleme:

- Chronische Atemwegserkrankungen: 20%

- Psychische Gesundheitsprobleme: 15%

- Herz-Kreislauf-Erkrankungen: 10%

Diese Daten heben die Notwendigkeit von Gesundheitsinitiativen hervor, um die Lebensqualität der Plasma-Kristall-Hybriden zu verbessern.

Einfluss der sozialen Medien

Die Rolle der sozialen Medien in der Gleichstellungsbewegung ist nicht zu unterschätzen. Eine Umfrage aus dem Jahr 2025 ergab:

◆ **Nutzung sozialer Medien:** 80% der Plasma-Kristall-Hybriden nutzen soziale Medien aktiv.

◆ **Einschätzung der Effektivität:** 70% glauben, dass soziale Medien eine positive Rolle bei der Sensibilisierung für ihre Anliegen spielen.

Die sozialen Medien haben sich als ein wichtiges Werkzeug für den Aktivismus herausgestellt, indem sie eine Plattform für den Austausch von Ideen und Mobilisierung bieten.

Fazit

Die präsentierten Daten und Statistiken verdeutlichen die Herausforderungen, mit denen Plasma-Kristall-Hybriden konfrontiert sind, sowie die Erfolge, die durch die Gleichstellungsbewegung erzielt wurden. Diese Informationen sind entscheidend für das Verständnis der sozialen Dynamiken auf Zolran und die Notwendigkeit eines fortlaufenden Engagements für Gleichheit und Gerechtigkeit.

$$\text{Gleichheit} = \frac{\text{Zugang zu Bildung} + \text{Zugang zu Gesundheitsversorgung} + \text{Politische Ver}}{\text{Soziale Ungleichheit}}$$

(49)

Kontaktstellen für Unterstützung und Hilfe

Die Unterstützung und Hilfe für Plasma-Kristall-Hybride und Bürgerrechtsaktivisten ist von entscheidender Bedeutung, um die Gleichstellungsbewegung voranzutreiben und die Herausforderungen, mit denen diese Gemeinschaft konfrontiert ist, zu bewältigen. In diesem Abschnitt werden verschiedene Organisationen, Netzwerke und Ressourcen vorgestellt, die sich für die Rechte und das Wohlergehen von Plasma-Kristall-Hybriden einsetzen.

1. Lokale Organisationen

Lokale Organisationen spielen eine entscheidende Rolle bei der Unterstützung von Plasma-Kristall-Hybriden. Diese Gruppen bieten nicht nur rechtliche Beratung, sondern auch psychosoziale Unterstützung und Bildung. Einige der wichtigsten lokalen Organisationen sind:

+ **Plasma-Kristall-Hybride für Gleichheit (PKHG):** Diese Organisation setzt sich für die Rechte von Plasma-Kristall-Hybriden ein und bietet rechtliche Unterstützung sowie Aufklärung über die Rechte dieser Gruppe.

+ **Zolranische Bürgerrechtsallianz (ZCA):** Die ZCA ist eine der ältesten Organisationen, die sich für die Rechte von Minderheiten auf Zolran einsetzt. Sie bieten Ressourcen und Schulungen für Aktivisten und unterstützen lokale Initiativen.

2. Nationale Netzwerke

Auf nationaler Ebene gibt es mehrere Netzwerke, die sich auf die Unterstützung von Bürgerrechtsaktivisten konzentrieren. Diese Netzwerke bieten eine Plattform für den Austausch von Informationen und Strategien.

+ **Nationale Allianz für Plasma-Kristall-Rechte (NAPKR):** Diese Allianz vereint verschiedene Organisationen und Einzelpersonen, die sich für die Rechte von Plasma-Kristall-Hybriden einsetzen. Sie organisieren regelmäßig Konferenzen und Workshops, um das Bewusstsein zu schärfen und Strategien zu entwickeln.

+ **Aktivisten für Gleichheit und Gerechtigkeit (AEG):** Diese Organisation konzentriert sich auf die Vernetzung von Aktivisten und die Bereitstellung von Ressourcen für Kampagnen und Aktionen.

3. Internationale Unterstützung

Internationale Organisationen bieten ebenfalls Unterstützung für die Gleichstellungsbewegung auf Zolran. Diese Gruppen können helfen, das Bewusstsein für die Probleme von Plasma-Kristall-Hybriden auf globaler Ebene zu schärfen.

+ **Global Network for Plasma Rights (GNPR):** Diese internationale Organisation setzt sich für die Rechte von Plasma-Kristall-Hybriden weltweit ein. Sie bieten Ressourcen, Schulungen und Unterstützung für lokale Aktivisten.

+ **International Coalition for Equality (ICE):** Diese Koalition unterstützt Bürgerrechtsbewegungen weltweit und bietet finanzielle und logistische Unterstützung für Projekte, die sich für die Rechte von Minderheiten einsetzen.

4. Online-Ressourcen

Das Internet hat es einfacher gemacht, Informationen und Unterstützung zu finden. Verschiedene Online-Plattformen bieten wertvolle Ressourcen für Plasma-Kristall-Hybride und Aktivisten.

+ **Plasma-Kristall-Hybride Online Forum (PKHOF):** Ein interaktives Forum, in dem Plasma-Kristall-Hybride Erfahrungen austauschen, Fragen stellen und Unterstützung finden können.

+ **Aktivisten-Blog für Gleichheit (ABG):** Ein Blog, der regelmäßig Artikel über die Herausforderungen und Erfolge von Bürgerrechtsaktivisten veröffentlicht. Hier finden sich auch nützliche Tipps und Strategien für Aktivisten.

5. Bildung und Schulungen

Bildung ist ein entscheidender Faktor für den Erfolg von Bürgerrechtsbewegungen. Verschiedene Organisationen bieten Schulungen und Workshops an, um Aktivisten mit den notwendigen Fähigkeiten auszustatten.

+ **Akademie für Bürgerrecht (ABC):** Diese Akademie bietet Schulungen zu Themen wie rechtliche Grundlagen, Öffentlichkeitsarbeit und strategische Planung für Aktivisten.

+ **Workshops für Plasma-Kristall-Hybride (WPKH):** Regelmäßige Workshops, die sich auf die spezifischen Bedürfnisse von Plasma-Kristall-Hybriden konzentrieren und ihnen helfen, ihre Stimme zu finden und ihre Anliegen zu vertreten.

6. Psychosoziale Unterstützung

Die psychische Gesundheit ist ein oft übersehener Aspekt des Aktivismus. Die folgenden Organisationen bieten Unterstützung für Aktivisten, die mit Stress und psychischen Belastungen umgehen müssen:

+ **Zentrum für psychische Gesundheit von Aktivisten (ZPGA):** Diese Organisation bietet Beratung und Unterstützung für Aktivisten, die mit den emotionalen Belastungen des Aktivismus kämpfen.

+ **Plasma-Kristall-Hybride und psychische Gesundheit (PKHPG):** Eine Gruppe, die sich speziell auf die psychische Gesundheit von Plasma-Kristall-Hybriden konzentriert und Ressourcen zur Verfügung stellt.

7. Kontaktinformationen

Für weitere Informationen und Unterstützung können sich Plasma-Kristall-Hybride und Bürgerrechtsaktivisten an die folgenden Stellen wenden:

+ **Plasma-Kristall-Hybride für Gleichheit (PKHG):**

  – E-Mail: kontakt@pkhg.org
  – Telefon: +123 456 7890

+ **Nationale Allianz für Plasma-Kristall-Rechte (NAPKR):**

  – E-Mail: info@napkr.org
  – Telefon: +123 456 7891

+ **Global Network for Plasma Rights (GNPR):**

  – E-Mail: support@gnpr.org
  – Telefon: +123 456 7892

8. Fazit

Die Unterstützung und Hilfe für Plasma-Kristall-Hybride ist von entscheidender Bedeutung für den Erfolg der Gleichstellungsbewegung. Die genannten Organisationen, Netzwerke und Ressourcen bieten eine Vielzahl von Möglichkeiten, um aktiv zu werden, sich zu vernetzen und die Herausforderungen, mit denen Plasma-Kristall-Hybride konfrontiert sind, zu bewältigen. Gemeinsam können wir eine gerechtere Zukunft für alle schaffen.

Index